Parcours d'écritures francophones

© L'Harmattan, 2005
ISBN : 2-7475-8560-3
EAN : 9782747585606

Chiara Molinari

Parcours d'écritures francophones

Poser sa voix dans la langue de l'autre

L'Harmattan	**L'Harmattan Hongrie**	**L'Harmattan Italia**
5-7,rue de l'École-Polytechnique	Kossuth L. u. 14-16	Via Degli Artisti, 15
75005 Paris	1053 Budapest	10124 Torino
FRANCE	HONGRIE	ITALIE

Remerciements

Je tiens à remercier M. Daniel Coste et Mme Enrica Galazzi d'avoir été à mes côtés : sans leurs conseils précieux, cette recherche n'aurait pu être menée à bien. Je tiens aussi à manifester ma profonde reconnaissance à M. Jean-Paul Dufiet pour la patiente relecture du manuscrit. Que les collègues et amis qui m'ont soutenue tout au long de ce travail – et que je ne cite pas de peur d'en oublier – trouvent ici l'expression de ma profonde gratitude.

La présente recherche et sa publication ont été partiellement financées par l'Université Catholique dans le cadre de ses programmes de promotion et de diffusion de la recherche scientifique.

Questa ricerca e la sua pubblicazione sono state parzialmente finanziate dall'Università Cattolica nell'ambito dei suoi programmi di promozione e diffusione della ricerca scientifica.

À Tommy et à mes parents

INTRODUCTION

Inscrite dans un espace plurilingue et pluriculturel, la littérature francophone est traversée par la problématique des relations entre les langues qui coexistent au sein de la francophonie. Le constat du plurilinguisme représente le point de départ pour une étude des modalités d'écriture mobilisées par les écrivains francophones afin de poser leurs voix à l'intérieur d'un cadre linguistique multiple et hétérogène, qui toutefois reste dominé par le français hexagonal. Faire entendre sa voix dans la langue de l'autre, donc ; dans une langue fortement marquée et qui, bien que maîtrisée, n'est pas pour autant absorbée complètement. "Le problème des littératures francophones, c'est d'être écrites en français", remarque Dominique Combe[1], résumant par ces mots la contradiction dans laquelle sont pris les écrivains qui choisissent le français hexagonal comme langue d'écriture préférentielle pour reproduire des voix non hexagonales, voire non françaises[2]. Est-ce vraiment une contradiction ? Ou est-ce plutôt une chance qui oblige l'écrivain à un acte de *surconscience linguistique* lui permettant de suivre des voies inexplorées et de représenter à l'écrit des voix inouïes, des voix de la différence ?[3] Mot polysémique, le terme "voix" est ici employé afin de désigner des voix culturelles, des voix de peuples ou de groupes ethniques gravitant dans l'espace francophone et dont les écrivains se font porte-parole.

Dans cette optique, notre projet consiste à étudier les techniques que les écrivains francophones élaborent en vue de fixer à l'écrit une oralité complexifiée. En effet, l'immersion dans le plurilinguisme oblige à redéfinir la nature de l'oralité dont les écrivains rendent compte : s'agit-il de l'oralité française, d'une oralité expression d'une

---

[1] Combe, D., *Poétiques francophones*, Paris, Hachette, coll. « Contours Littéraires », 1995, p.4.
[2] Précisons que l'association de l'espace francophone à l'espace extra-hexagonal amène à une vision incomplète de la francophonie. Le positionnement de Didier de Robillard et de François Gaudin qui argumentent pour que la France aussi soit intégrée dans la communauté francophone au sens large est préférable. Néanmoins, l'usage majoritaire étant de référer le terme *francophonie* aux territoires, cultures et langues non hexagonales, c'est avec cette connotation qu'il sera employé au cours de notre travail. En revanche, lorsqu'il sera question du français parlé en France, les expressions "français hexagonal" et/ou "français de France" seront employées. Voir Laroussi, F., Babault, S. (sous la direction de), *Variations et dynamique du français. Une approche polynomique de l'espace francophone*, Paris, L'Harmattan, 2001, pp.170-171.
[3] L'expression *surconscience linguistique* est empruntée à Lise Gauvin. Voir Gauvin, L., *L'écrivain francophone à la croisée des langues. Entretiens*, Paris, Karthala, 1997, pp.6-10 ; Gauvin, L., *Langagement. L'écrivain et la langue au Québec*, Montréal, Boréal, 2000.

culture et d'une identité ethniques différentes ou encore d'une oralité produite par le contact entre des langues et des cultures diverses ? La question est incontournable et amène à suivre le parcours, tortueux ou linéaire selon les cas, des dynamiques déclenchées par de tels contacts et dont les oralités sont supposées rendre compte.

Deux perspectives, qui s'éclairent mutuellement, constituent les lignes directrices de ce travail. D'une part, il sera question d'explorer les enjeux symboliques de l'oralité. Bien évidemment, la portée de ce questionnement est subordonnée à l'hypothèse que la dimension orale est à même de refléter la culture et l'identité d'un groupe ethnique[4]. De l'autre, l'analyse des outils d'écriture grâce auxquels une oralité autre se coule dans les structures du français hexagonal permettra de s'interroger sur l'attitude des écrivains non hexagonaux à l'égard de l'oral français hexagonal et de la langue française tout court. Le choix d'explorer les relations entre l'oral et l'écrit dans un corpus romanesque situe d'emblée notre recherche dans la sphère des travaux consacrés à cette ligne thématique[5]. D'illustres ouvrages et de précédentes recherches accomplies en ce sens sur des romans français nous ont permis de constater à quel point les liens entre les dimensions orale et écrite sont problématiques[6].

Ces liens sont ici plus complexes du fait de l'origine non hexagonale des écrivains étudiés et dont l'appartenance à des

---

[4] Les relations entre culture et oralité s'inscrivent dans la dimension plus ample des rapports entre culture et langue conçue dans un sens plus général. Voir Sapir, E., *Anthropologie*, Paris, Éd. de Minuit, 1967 ; Lévi-Strauss, C., *Anthropologie structurale*, Paris, Plon, 1974.

[5] Signalons à ce sujet, le volume collectif dirigé par S. Cigada, *Il linguaggio metafonologico. Ricerche sulle tecniche retoriche nell'opera narrativa di G.Cazotte, M.G.Lewis, E.A.Poe, G.Flaubert, O.Wilde*, Brescia, La Scuola, 1989. Citons aussi Gelas, N., "Dialogues authentiques et dialogues romanesques", in Cosnier, J., Gelas, N., Kerbrat-Orecchioni, C. (sous la direction de), *Échanges sur la conversation*, Paris, CNRS éd., 1988, pp.223-233 ; Durrer, S., *Le dialogue romanesque. Style et structure*, Genève, Librairie Droz, 1994 ; Durrer, S., *Le dialogue dans le roman*, Paris, Nathan, 1999.

[6] Molinari, C., *Il linguaggio metafonologico nell'opera narrativa di Gérard de Nerval (Contes et Facéties, Les Illuminés, Les Filles du feu, Pandora, Aurélia)*, Mémoire de maîtrise sous la direction de M. S. Cigada, Univ. Catholique, Milan, 1995 ; Molinari, C., *Le langage métaphonologique dans le roman du XXe siècle et ses applications didactiques dans le cadre du français langue étrangère*, mémoire pour l'obtention de D.E.A. en Didactologie des Langues et des Cultures, sous la direction de M. Louis Porcher et de M. Pierre-Edmond Robert, Université de Paris III-Sorbonne Nouvelle, U.F.R. de Français Langue Étrangère, 1997 ; Molinari, C., "Faits prosodiques dans le roman du XXe siècle : analyse et applications pédagogiques", in Guimbretière, E. (sous la direction de), *Apprendre, enseigner, acquérir : la prosodie au cœur du débat*, Rouen, Publications de l'Université de Rouen, coll. « Dyalang », 2000, pp.185-204 ; Molinari, C., "Working with dialogue, literatures and cultures", in *L'analisi linguistica e letteraria* 2, anno VII, 1999, pp.495-507.

contextes plurilingues déclenche la réflexion sur les conditions d'écriture dans des situations de contacts interlinguistiques où rarement la langue d'écriture coïncide avec la(les) langue(s) maternelle(s).

Au cours de la présente réflexion, notre attention portera notamment sur le Mali, la Martinique et le Québec. Le Mali sera examiné à travers les récits autobiographiques (*Amkoullel, l'enfant peul* et *Oui mon commandant !*) et le roman (*L'étrange histoire de Wangrin ou Les Roueries d'un interprète africain*)[7] de Amadou Hampâté Bâ. Ensuite, les récits autobiographiques de Patrick Chamoiseau (*Une enfance créole I. Antan d'enfance* et *Une enfance créole II. Chemin-d'école*) et les romans (*Solibo Magnifique* et *Texaco*) seront le point de référence pour la Martinique[8]. Enfin, le *Cycle des Chroniques du Plateau Mont-Royal* (*La grosse femme d'à côté est enceinte, Thérèse et Pierrette à l'école des Saints-Anges, La duchesse et le roturier, Des nouvelles d'Édouard, Le premier quartier de la lune, Un objet de beauté*)[9] de Michel Tremblay représente le terrain d'enquête de la situation québécoise.

Le choix du corpus obéit à plusieurs invariants établis en relation à la problématique principale. Le premier concerne l'importance accordée à l'oralité, objet de thématisation au niveau du contenu et également objet de représentation au niveau de l'écriture. Entre parenthèses, la priorité accordée à l'oralité est d'autant plus justifiée que le Mali et la Martinique sont des sociétés à oralité primaire, c'est-à-dire des sociétés où la culture est transmise oralement[10]. Le deuxième porte sur la nature plurilingue et pluriculturelle des

---

[7]Hampâté Bâ, A., *Amkoullel, l'enfant peul*, Arles, Actes Sud, 1991, 1992 ; *id., Oui mon commandant !*, Arles, Actes Sud, 1994 ; *id., L'étrange destin de Wangrin ou Les Roueries d'un interprète africain*, Paris, Union générale d'Éditions, 1973 et 1992. C'est à ces éditions que nous ferons référence tout au long de notre travail. Lors des citations qui suivront, nous nous limiterons donc à rappeler l'ouvrage de référence, sans réitérer les références bibliographiques.

[8]Chamoiseau, P., *Une enfance créole I. Antan d'enfance*, Paris, Gallimard, coll. « Folio », 1996 (1990, 1ère éd.) ; *id., Une enfance créole II. Chemin-d'école*, Paris, Gallimard, coll. « Folio », 1996 (1994, 1ère éd.) ; *id., Solibo Magnifique*, Paris, Gallimard, coll. « Folio », 1988 ; *id., Texaco*, Paris, Gallimard, coll. « Folio », 1992.

[9]Tremblay, M., *La grosse femme d'à côté est enceinte*, Montréal, Leméac, 1990 (1978, 1ère éd.) ; *id., Thérèse et Pierrette à l'école des Saints-Anges*, Montréal, Leméac, 1980 ; *id., La duchesse et le roturier*, Montréal, Leméac, 1992 (1982, 1ère éd.) ; *id., Des nouvelles d'Édouard*, Montréal, Leméac, 1989 ; *id., Le premier quartier de la lune*, Montréal, Leméac, 1989 ; *id., Un objet de beauté*, Montréal, Leméac, 1997. Tout au long de la réflexion sur le corpus québécois, d'autres romans de Michel Tremblay seront pris en considération. Nous signalerons les références bibliographiques au fur et à mesure.

[10]L'expression est empruntée à Ong, W.J., *Oralità e scrittura. Le tecnologie della parola*, Bologna, Il Mulino, 1986.

contextes considérés : l'oralité est appelée non seulement à transmettre les valeurs culturelles et identitaires d'un groupe ethnique, mais surtout à refléter les dynamiques linguistiques et identitaires qui se déclenchent au moment où se produisent des contacts entre groupes ethniques différents. Le troisième axe pertinent dans la délimitation du corpus concerne le rôle de l'institution scolaire, conçue en tant que terrain d'observation privilégié des enjeux identitaires et linguistiques. La plupart des romans choisis relatent la vie de l'écrivain qui revient sur son parcours personnel. Tout au long de cette évocation, la période de la scolarisation joue un rôle capital, car c'est au cours de l'expérience scolaire que les écrivains découvrent et se rapprochent, bon gré mal gré, de la langue française hexagonale perçue dans son rôle de norme de référence[11]. L'examen de la manière dont ce contact se déroule et des conséquences qu'il entraîne sur les dynamiques linguistiques et identitaires en jeu permettra de réfléchir au pouvoir de l'école dans le processus de reproduction de la "distribution du capital culturel et, par là, la structure de l'espace social"[12]. En outre, du point de vue des sujets francophones, l'intégration d'un code linguistique nouveau amène l'individu à revivre l'expérience d'une construction représentative du monde, pendant laquelle un autre soi-même est élaboré[13]. Il sera donc question d'examiner si la découverte et la multiplication identitaire sont vécues sur le mode de l'enrichissement ou sur celui de la perte de repères.

Si les représentations écrites d'une oralité complexifiée correspondent au fil conducteur de la présente réflexion, les considérations exposées ci-dessus permettent d'élaborer trois hypothèses qui seront vérifiées par la confrontation directe aux textes et en fonction desquelles se justifie l'agencement du corpus.

Étant donné que le présent travail examine des contextes plurilingues et, notamment, des contextes où les langues en contact ne bénéficient pas de la même valeur, la première hypothèse consiste à supposer qu'il existe une relation entre la proximité *vs* l'éloignement des

---

[11] Les seuls romans qui s'écartent sensiblement de ce paramètre sont les romans du cycle des *Chroniques du Plateau Mont-Royal* de Michel Tremblay, où l'écrivain ne revient pas sur son parcours personnel, mais il met en scène les épisodes d'une tranche de la société montréalaise. Bien que le passage par l'école de certains des personnages principaux ne soit pas négligé, il n'en est pas moins vrai que ce thème n'a pas le même relief que dans la production romanesque malienne et créole. Hampâté Bâ et Chamoiseau, en effet, font de leur expérience scolaire un moment-clé du processus de rencontre avec la langue et la culture coloniale.

[12] Bourdieu, P., *Raisons pratiques. Sur la théorie de l'action*, Paris, Seuil, coll. « Points-Essais », 1994, p.39.

[13] Bourdet, J.-F., "Fiction, identité, apprentissage", in *Étude de Linguistique Appliquée*, n°115, juillet-septembre 1999, pp.264-267.

langues en question et la manière dont le plurilinguisme diglossique est vécu par les sujets francophones ainsi que par les écrivains chargés de reproduire à l'écrit des cadres plurilingues aussi hétérogènes[14].

Nous avons donc opté pour une articulation qui commence par la prise en compte des situations de diglossie éloignée et qui évolue, progressivement, vers l'analyse de situations plurilingues dont les composantes se rapprochent jusqu'à se positionner selon un continuum. L'adoption de cet ordre devrait permettre de relever les retombées identitaires des phénomènes oraux qui se produisent lorsqu'on passe d'une situation d'éloignement à une proximité croissante.

La deuxième hypothèse consiste à conjuguer la présence *vs* absence de dispositifs de médiation avec les situations d'éloignement *vs* proximité linguistique. Traiter de la médiation signifie envisager la possibilité d'établir des relations entre deux (ou plusieurs) sujets (ou entités) de nature différente grâce à l'entremise d'une troisième figure[15]. Dans cette optique, toute opération de médiation comporte la création de passerelles entre groupes ethniques diversifiés. Il sera donc question de vérifier s'il existe une relation entre la présence *vs* absence de figures médiatrices et la manière dont les liens entre les langues et les identités ethniques en jeu se développent. Nous supposons que la communication sera moins aisée lorsque les vecteurs chargés de la médiation font défaut.

Enfin, le croisement des deux premières hypothèses amène à supposer qu'il existe une relation entre les choix stratégiques effectués sur le plan de l'écriture et les conditions de sécurité vs insécurité ethniques et identitaires.

Suite à ces prémisses, nous allons procéder selon un ordre qui part du corpus malien pour se déplacer ensuite vers le contexte martiniquais et s'achever avec l'examen du cadre québécois.

Étant donné l'articulation du sujet sur plusieurs niveaux, la réponse au questionnement initial déclenche un parcours interdisciplinaire résultant de l'interaction entre plusieurs outils méthodologiques : c'est par le biais d'une approche linguistique, sociolinguistique et ethnographique que nous comptons développer la problématique posée.

---

[14] Le terme *diglossie* est employé pour indiquer la coexistence plus ou moins conflictuelle de deux ou plusieurs langues (ou variétés de langues) ayant un rôle et une valeur différents. La notion sera reprise à la note 41.

[15] "La médiation est fondamentalement ternaire dans sa structure. Sans le troisième élément, la médiation n'existe pas" affirme Guillaume-Hofnung, M., *La médiation*, Paris, P.U.F., coll. « Que sais-je ? », 2000 (2ème éd.), pp.76-77.

La linguistique, et notamment les études qui s'intéressent aux relations complexes entre les dimensions orale et écrite, permettront de sonder les représentations écrites de la langue orale, c'est-à-dire de relever les marques stylistiques qui enregistrent des traces d'oralité. Traitant de la dimension orale, il est indispensable de souligner que celle-ci résulte de l'emboîtement de composantes segmentales et suprasegmentales. En d'autres termes, aux phonèmes qui composent les codes linguistiques (les composantes segmentales) s'ajoutent les variations prosodiques (ou suprasegmentales) qui accompagnent le message verbal : ton, intonation, accents, rythme, débit et pauses parviennent à modifier la valeur communicative du message verbal en y ajoutant une charge sémantique supplémentaire mais non moins indispensable pour une compréhension globale et exhaustive des informations transmises : "on parle, mais on dit plus ou autre chose que ce que les mots disent" observait Marivaux[16].

Cela étant dit, si la transposition à l'écrit des composantes segmentales est assurée par les graphèmes, il n'existe pas un système de symboles graphiques en mesure de transcrire l'ensemble complexe et multiforme des composantes suprasegmentales, à l'exception des signes diacritiques : "[...] la ponctuation dans la poétique d'un texte est sa gestuelle, son oralité."[17] Toutefois, leur effet mimétique reste faible[18] : en dépit d'une certaine régularité qui caractérise les signes

---

[16] Jean Rousset, "Une langue à part : le paralangage dans le roman. Stendhal, Balzac, Proust", in Jean Rousset, *Laurea Honoris Causa in Lingue e Letterature Straniere*, 4 mai 1995, Università Ca' Foscari, Facoltà di Lingue e Letterature Straniere, éd. Dipartimenti di francesistica, 1996, p.45. Cette articulation reproduit la distinction proposée par Bally entre la *prononciation* et l'*intonation*, définie comme *un commentaire perpétuel de la parole*. Voir Bally, Ch., *Traité de stylistique française*, Paris, Librairie C. Kliencksieck, t. 1, 3ème éd., 1921, p.94. Par ailleurs, Fónagy aussi remarque que "le système intonatif est une composante essentielle du langage au même titre que le système des signes lexicaux et grammaticaux." Fónagy, I., "La vive voix : dynamique et changement", in *Journal de psychologie normale et pathologique* n°3-4, juillet-décembre, 1976, p.283. Voir aussi Salins, G.-D. (de), "Ethnographie de la communication : "la voix" et ses valeurs socio-culturelles" in Guimbretière, E. (sous la direction de), *Apprendre, enseigner, acquérir : la prosodie au cœur du débat, op.cit.*, p.263.
[17] Meschonnic, H., *La rime et la vie*, Lagrasse, Verdier, 1989, p.252.
[18] Galazzi, E., "Plaisir des sons, diversité des voix. Le langage métaphonologique dans «L'Enfirouapé» et «Le Matou» d'Y. Beauchemin", in *Africa, America, Asia, Australia*, n°7, 1990, pp.39-69. Une tentative de classifier les fonctions de la ponctuation est proposée par Vedenina, L.G., "La transmission par la ponctuation des rapports du code oral avec le code écrit", in *Langue Française*, n°19, septembre 1973, pp.33-40.

diacritiques, il n'y a pas de correspondance biunivoque entre la ponctuation et les valeurs transmises[19].

Il est donc possible de conclure au manque d'instruments convenables pour inscrire dans le tissu narratif cette composante fuyante et aérienne qu'est la prosodie : "le texte oral n'existe plus aussitôt qu'il est énoncé, sinon dans le souvenir, et [...] pour maintenir son existence, il a besoin de réalisations successives."[20] Toute tentative de transcription entraîne inévitablement une perte de signification irrémédiable. "L'écrit, observe Durrer, oblige à traiter sur un mode spécifique les caractéristiques vocales"[21], dont les transformations sont inévitables. La principale consiste en une dissociation des composantes segmentales et suprasegmentales : associées et simultanées à l'oral, elles sont agencées dans un rapport de succession qui convient au caractère linéaire de l'écrit[22].

Confrontés à la nécessité de donner à entendre des conversations dans leur intégralité (et donc sans exclusion de l'apport prosodique), les écrivains vont explorer plusieurs solutions. Si celles-ci changent selon les époques et selon les écrivains, des traits récurrents peuvent être identifiés. L'un des procédés les plus communs (surtout au 19ᵉ siècle)[23] consiste en l'élaboration du *discours attributif*[24]. Par cette expression, Prince désigne les phrases qui accompagnent (le précédant, le suivant ou encore le coupant au milieu) les répliques des personnages[25]. Caractérisées par une structure souple, les phrases

---

[19] Nous renvoyons à Galazzi, E., "Les voies de la voix. Phonétique et dialogues littéraires dans le roman français du XIXᵉ siècle", in *Discorrere il metodo. Il contributo della francesistica agli studi metodologici*, Atti del Convegno della Società Universitaria degli Studi di Lingua e Letteratura Francese, Ferrara, 28-29 ottobre 1994, Ferrara, éd. Centro Stampa Università, 1995, p.180.
[20] Derive, J., cité par Meschonnic, H., *La rime et la vie*, op.cit., p.278. Pour des approfondissements, voir Galazzi, E., "Plaisir des sons, diversité des voix. Le langage métaphonologique dans « L'Enfirouapé » et « Le Matou » d'Y. Beauchemin", *op.cit.*, pp.39-40.
[21] Durrer, S., *Le dialogue dans le roman, op.cit.*, p.13.
[22] Durrer, S., *Le dialogue romanesque. Style et structure, op.cit.*, p.38. Nous renvoyons aussi à Galazzi, E., "Les voies de la voix. Phonétique et dialogues littéraires dans le roman français du XIXe siècle", *op.cit.*, p.180.
[23] Galazzi, E., "Les voies de la voix. Phonétique et dialogues littéraires dans le roman français du XIXe siècle", *op.cit.*
[24] L'expression est empruntée à Prince, G., "Le discours attributif et le récit", *Poétique* n°35, septembre 1978, p.305.
[25] Nous précisons que la présence du discours attributif n'est pas indispensable. De nombreuses répliques sont transposées à l'écrit à la manière d'un texte théâtral. Connues sous l'appellatif de *formules elliptiques*, elles se caractérisent par l'absence de phrases attributives indiquant le locuteur ainsi que le ton de la réplique. Elles ne seront pas traitées dans la présente étude. Voir *ibid.* p.307. Entre parenthèses, Prince ne manque pas d'observer que "la présence même du discours attributif fait ressortir la

attributives peuvent être constituées par des verbes - neutres ou contenant des marques métaphonologiques (verbes marqués) - ou bien par des périphrases sémantiques plus articulées. Celles-ci correspondent à des commentaires dans lesquels les qualités prosodiques (et, plus en général, les composantes sonores) de la voix des locuteurs sont décrites à l'aide d'adjectifs et d'adverbes. L'oralisation de la langue écrite est ici atteinte au moyen d'une traduction intralinguistique des phénomènes sonores et prosodiques[26], qualifiée par Sergio Cigada de *langage métaphonologique*, à savoir un langage qui parle du niveau phonologique du langage même[27].

Le recours au discours attributif n'est qu'une des possibilités envisagées par les écrivains[28]. Nombreux sont les cas où la description du niveau suprasegmental rentre dans un projet plus ambitieux qui englobe aussi le niveau segmental. Cherchant à reproduire à l'écrit les innombrables variations phonétiques et prosodiques qui accompagnent la chaîne sonore, les écrivains cherchent à opérer une association du niveau auditif au niveau visuel dans le cadre de la page écrite. Aussi, parviennent-ils à une déformation imitative des mots d'après leur prononciation : la visualisation des particularismes phonétiques est censée permettre au lecteur de remonter aux sons produits[29]. Les exemples de langue graphiée abondent surtout là où l'écrivain doit reproduire des prononciations étrangères et dialectales[30]. Pour conclure, signalons aussi la présence d'astuces graphiques de nature différente, telles que l'emploi de l'italique, des lettres capitales ou la répétition du même graphème afin de transposer dans la narration des changements prosodiques.

Commentaires sémantiques, fausses orthographes, déformations graphiques peuvent caractériser la dimension dialogique mais aussi

---

condition paradoxale de l'écriture narrative. S'il est employé, c'est bien parce que le discours direct [...] est insuffisant". *ibid.* p.313.

[26] Une présentation du discours attributif et des formes stylistiques sur lesquelles il s'appuie est contenue en Cigada, S. (sous la direction de), "Il linguaggio metafonologico e le sue applicazioni stilistica e linguistica", in *Il linguaggio metafonologico. Ricerche sulle tecniche retoriche nell'opera narrativa di G. Cazotte, M.G. Lewis, E.A. Poe, G. Flaubert, O.Wilde, op.cit.*, pp.25-50.

[27] *ibid.* pp.25-28.

[28] Entre parenthèses, Prince ne manque pas d'observer que "la présence même du discours attributif fait ressortir la condition paradoxale de l'écriture narrative. S'il est employé, c'est bien parce que le discours direct [...] est insuffisant." Prince, G., "Le discours attributif et le récit", *op.cit.*, p.313.

[29] "[...] la voix est invisible, le rythme est invisible, mais ils appellent une visualisation, une notation." Meschonnic, H., *La rime et la vie*, *op.cit.*, p.266.

[30] Un riche éventail des déformations subies par l'orthographe en relation avec des voix étrangères nous est fourni par Galazzi, E., "(D)'Écrire la voix", in Perrot, J. (sous la direction de), *Polyphonie pour Ivan Fónagy*, Paris, L'Harmattan, 1997, pp.149-162.

être enchâssés dans le tissu narratif, si bien que le texte, dans sa globalité, participe au processus d'oralisation.

Finalement, les résultats de l'intervention des écrivains consistent en l'élaboration d'un style oralisé qui ne peut, toutefois, être placé dans une relation mimétique avec l'oral authentique : "le style oralisé, rappelle Durrer, est un artefact littéraire [...]"[31] ; c'est une "image" idéalisée de l'oral, ajoute Marie-Christine Hazaël-Massieux[32]. La remarque de Hazaël-Massieux prouve que la préférence accordée à l'une ou à l'autre de ces techniques n'est pas à mettre en relation simplement avec le style de l'écrivain, mais aussi avec l'arrière-plan social, ethnique et culturel dans lequel l'œuvre est enracinée.

Par ailleurs, la réflexion sur les moyens dont l'écrivain dispose afin d'oraliser la narration écrite ne peut se passer de prendre en considération le rôle du *rythme*. Conçu comme "mouvement de la parole dans l'écriture"[33], le rythme préside, d'après Meschonnic, à l'organisation même du discours[34] et est à l'origine de la *signifiance*, définie comme "la production de sens à partir du signifiant prosodique et rythmique"[35]. De ce point de vue, le rythme n'est plus envisagé en tant qu'écho du contenu véhiculé ; en revanche il devient lui-même producteur de sens. Son apport sera mis en valeur là où la relation entre la signifiance qu'il dégage et les dynamiques socio-ethniques ne peut être passée sous silence.

Les données obtenues par le biais d'une exploration linguistique seront aussi examinées dans une perspective sociolinguistique afin de relever dans quelle mesure les choix stylistiques des écrivains reflètent les contextes sociaux et ethniques, dont leur production romanesque rend compte. L'approche sociolinguistique convient d'autant mieux à notre réflexion que la coprésence de langues ou de variétés de langues au cœur d'une communauté linguistique constitue l'un des premiers

---

[31] D'après Durrer, le style oralisé est "un artefact littéraire, qui entretient des rapports fantasmatiques avec la communication orale telle qu'elle vient d'être rapidement évoquée". Durrer, S., *Le dialogue romanesque. Style et structure*, op.cit., p.39. En fait, Sylvie Durrer observe que "l'air d'oralité résulte du concours de marques relevant de plusieurs niveaux" telles que des marques phoniques, prosodiques, morphosyntaxiques, lexicales, sémantiques et pragmatiques. Voir *ibid*. pp.41-64.

[32] Hazaël-Massieux, M.-C., "Oralité et variation du français", in Robillard, D. (de), Beniamino, M., *Le français dans l'espace francophone. Description linguistique et sociolinguistique de la francophonie*, t. I, Paris, Champion, 1993, p.372. Dans sa contribution, Hazaël-Massieux insiste particulièrement sur les écarts entre les dimensions orale et écrite mettant l'accent sur la redondance des discours oraux et sur les fonctions grammaticales de l'intonation. Voir *ibid*. pp.371-381.

[33] Meschonnic, H., *La rime et la vie*, op.cit., p.246.

[34] *ibidem*.

[35] Cappello, S., *Le réseau phonique et le sens. L'interaction phono-sémantique en poésie*, Bologna, Clueb, 1990, p.112.

objets explorés par cette discipline³⁶. Plus précisément, notre démarche consiste à conjuguer une approche microsociolinguistique avec une approche macrosociolinguistique, dans la mesure où l'interaction entre deux ou plusieurs locuteurs sera le point de départ pour remonter aux pratiques linguistiques groupales et, ensuite, pour suivre l'évolution des dynamiques linguistiques et sonores dérivant du contact entre langues différentes et, du moins pour ce qui est des cadres malien et martiniquais, dans des contextes perturbés par la domination coloniale³⁷.

Dans cette perspective, il sera question de vérifier si la coprésence de langue normée et de variétés de cette langue ou de langues autres se déploie sous la forme d'un contact paisible et harmonieux ou, au contraire, se traduit en une relation conflictuelle³⁸ : "il y a conflit linguistique, décrètent les spécialistes de linguistique catalane, quand deux langues clairement différenciées s'affrontent, l'une comme politiquement dominante […] et l'autre comme politiquement dominée. […]. Un conflit linguistique peut être latent ou aigu, suivant les conditions sociales, culturelles et politiques de la société dans laquelle il se présente."³⁹ Deux issues sont envisageables : d'une part le conflit linguistique peut aboutir à la substitution de la langue dominée par la langue dominante ; de l'autre il peut mener à la normalisation de la langue dominée, qui se voit donc réinvestie de son rôle social⁴⁰. Conçue de la sorte, la notion de conflit linguistique implique nécessairement celle de diglossie⁴¹, mais exige aussi "une

---

[36] Boyer, H., (sous la direction de), *Sociolinguistique : territoire et objets*, Lausanne-Paris, Delachaux et Niestlé S.A., 1996, pp.9-34 ; Calvet, L.-J., *La sociolinguistique*, Paris, P.U.F., coll. « Que sais-je ? », 1998 (3ème éd.), p.24.

[37] Les notions de *macrosociolinguistique* et *microsociolinguistique* sont traitées dans Dumont, P., Maurer, B., *Sociolinguistique du français en Afrique francophone. Gestion d'un héritage, devenir d'une sience*, Paris, Edicef, coll. « Universités Francophones », 1995, p.136 et par Boyer, H., "Les domaines de la sociolinguistique", in Boyer, H. (sous la direction de), *Sociolinguistique : territoire et objets, op.cit.*, pp.9-10. Nous renvoyons aussi à Boyer, H., *Langues en conflit. Études sociolinguistiques*, Paris, L'Harmattan, coll. « Logiques Sociales », 1991, pp.10-11.

[38] Boyer, H., *Langues en conflit. Études sociolinguistiques, op.cit.*, pp.9-11 ; Boyer, H. (sous la direction de), *Plurilinguisme : « contact » ou « conflit » de langues ?*, Paris, L'Harmattan, 1997.

[39] Telle est la définition formulée au cours du Congrès de Cultura Catalana (1978), cité par Cichon, P., Kremnitz, G., "Les situations de plurilinguisme", in Boyer, H. (sous la direction de), *Sociolinguistique : territoire et objets, op.cit.*, p.120.

[40] Boyer, H., "Conflit d'usages, conflit d'images", in Boyer, H. (sous la direction de), *Plurilinguisme : « contact » ou « conflit » de langues ?, op.cit.*, p.10.

[41] Concept problématique, celui de diglossie est au centre de nombreux débats dont les assises sont synthétisées par Lambert-Félix Prudent. Voir Prudent, L.-F., "Diglossie et interlecte", in "Bilinguisme et diglossie", *Langages*, n° 61, mars, 1981, pp.13-38. Une synthèse rapide de la genèse de la notion de diglossie permettra de compléter le cadre

redéfinition dynamique de la *diglossie*"[42], normalement appliquée à des relations linguistiques asymétriques mais figées[43]. Envisagée de manière dynamique, la diglossie se traduit dans de différents cas de figure : des situations diglossiques marquées par un écart profond entre acrolecte et basilecte alternent avec des contextes où la distance diminue jusqu'à aboutir à une solution de continuum linguistique sans exclure, pour cela, une hiérarchisation fonctionnelle des langues en jeu.

Conformément à la perspective écolinguistique, proposée par Calvet[44], les dynamiques linguistiques seront explorées dans une double optique : d'une part, il sera question d'examiner les relations entre des langues qui coexistent mais qui diffèrent quant au statut ; de l'autre, seront analysées les influences mutuelles entre les langues en présence et l'environnement, ce qui porte au premier plan le conditionnement réciproque se produisant entre dynamiques linguistiques et dynamiques sociales.

La dimension francophone sera donc envisagée comme un système gravitationnel[45], à l'intérieur duquel le français hexagonal fonctionne en tant que langue hyper-centrale entourée par un certain nombre de

---

théorique et méthodologique dans lequel s'inscrit notre réflexion. Introduite dans le cadre des études helléniques, la notion de *diglossie* est relancée notamment par Charles A. Ferguson en 1959, afin de décrire des situations de coexistence conflictuelle entre "une variété haute (H) et une ou plusieurs variétés basses (L) d'une seule langue ou de deux langues génétiquement étroitement apparentées, et qui remplissent des fonctions différentes dans leurs sociétés respectives : H est réservée aux situations formelles et jouit d'un prestige plus élevé". Cichon, P., Kremnitz, G., "Les situations de plurilinguisme", *op.cit.*, p.118.
[42]Cichon, P., "Contact vs. Conflit. Quelques remarques sur la valeur explicative des deux concepts dans l'analyse sociolinguistique", in Boyer, H. (sous la direction de), *Plurilinguisme : « contact » ou « conflit » de langues ?*, *op.cit.*, p.38. C'est l'auteur qui souligne.
[43]"[...] Ferguson pose comme définitoire la durée, la stabilité de la situation diglossique." Beniamino, M., in Moreau, M.-L. (éd.), *Sociolinguistique, Les concepts de base*, Sprimont, P. Mardaga éd., 1997, p.126. Ensuite, Joshua A. Fishman (1971) reprend le concept de diglossie en excluant le critère de proximité, voire de parenté, entre les variables linguistiques en jeu et l'étend à "toutes les sociétés où deux langues ou variétés de langues sont employées avec des différences fonctionnelles". Boyer, H. (sous la direction de), *Sociolinguistique : territoire et objets*, *op.cit.*, p.119.
[44]Calvet, L.-J., *Pour une écologie des langues du monde*, Paris, Plon, 1999, p.17. Précisons que la paternité de la notion d'écologie ne revient pas à Calvet, mais à Einar Haugen et qu'elle a ensuite été reprise par d'autres chercheurs, dont Salikoko Mufwene et Albert Bastardas. Voir *ibid.* pp.17-22. Voir aussi, Boudreau, A., Dubois, L., Maurais, J., McConnel, G., *L'écologie des langues / Ecology of languages. Mélanges William Mackey / Homage to William Mackey*, Paris, L'Harmattan, 2002, pp.26-27.
[45]Nous opérons ici un rétrécissement par rapport à la vision de Calvet, d'après qui l'articulation du système gravitationnel concerne toutes les langues du monde. Voir Calvet, L.-J., *Pour une écologie des langues du monde*, *op.cit.*, pp.74-88.

constellations linguistiques constituées par les langues (ou variétés de langues) présentes dans l'espace francophone et reliées à la langue hyper-centrale (le français hexagonal) par l'intermédiaire de sujets médiateurs bilingues. L'avantage de ce système est d'insister sur le dynamisme relationnel : en d'autres termes, loin d'être figée, la position des langues est susceptible de varier selon l'influence exercée par l'environnement situationnel.

Les aires malienne, martiniquaise et québécoise fonctionnent comme autant de constellations qui gravitent autour du français hexagonal et dont le positionnement est proportionnel à la force d'attraction qui les rattache à celui-ci. Cela revient à reconnaître non seulement le plurilinguisme qui caractérise le système gravitationnel francophone, mais surtout la relation diglossique entre une variété haute - le français hexagonal normé - et des variétés basses plurielles et de différentes natures : des langues autres (tel est le cas du Mali), une ou des variétés de français (comme au Québec)[46] ou un mélange des deux (Martinique)[47].

Articulée sur les relations qui se tissent entre la langue et le milieu, l'approche écolinguistique inclut aussi la prise en compte des réaménagements produits par l'insertion de la langue hyper-centrale dans des constellations autres ainsi que des réajustements éventuels subis par le français hexagonal lorsqu'il est introduit dans un nouveau milieu. De plus, l'approche écolinguistique sera resituée dans le cadre sonore qui fait office d'arrière-fond à notre réflexion. Autrement dit, les phénomènes sonores ainsi que les retombées sociales et ethniques, dérivant de l'influence, voire de l'imposition, du français hexagonal dans les constellations linguistiques examinées, correspondent au point de départ de notre étude[48].

Sur le plan des dynamiques linguistiques, la régulation que les langues opposent aux stimuli extérieurs se traduit soit par un mouvement de véhicularisation, soit par un mouvement de vernacularisation[49]. À leur tour, véhicularisation et vernacularisation peuvent aboutir aux étapes finales d'assimilation ou bien de

---

[46]En fait, la situation québécoise est plus complexe, étant donné la présence de l'anglais qui remet en question l'attribution au français hexagonal du rôle de langue hyper-centrale. Toutefois, dans la production de Michel Tremblay, la présence de l'anglais est signalée sans être centrale. C'est le conflit entre français hexagonal *vs* français québécois, voire le joual, qui fera le centre de notre intérêt. Voir ch.3, par.1.1.

[47]À la Martinique le français entre en contact avec des variétés régionales plus ou moins déformées, mais aussi avec des langues autres.

[48]Dans les romans analysés, nombreux sont les cas où la dimension orale est responsable des phénomènes de variation linguistique.

[49]Voir Calvet, L.-J. in Moreau, M.-L. (éd.), *Sociolinguistique, op.cit.*, pp.292-294.

normalisation de la (des) langue(s) dominée(s)[50]. L'assimilation repose sur l'hypothèse que la langue en position de force se substitue, progressivement, et finit par remplacer définitivement la (ou les) langue(s) en position de faiblesse[51]. Cette possibilité est très proche de ce que Calvet appelle *glottophagie*, indiquant par ce terme le cas où les langues dominées seraient avalées par la langue dominante[52]. Base du colonialisme et donc d'un contexte profondément conflictuel[53], l'hypothèse d'une glottophagie achevée est difficile à envisager, le processus de glottophagie étant long et complexe, et les forces de résistance assez intenses pour empêcher son aboutissement.

En revanche, la normalisation résulte d'un processus qui vise à l'autonomisation de la (des) langue(s) dominée(s) contre la tendance de la langue dominante à l'assimilation. Deux niveaux sont en jeu : d'une part la normalisation affecte les systèmes linguistiques, de l'autre elle implique aussi les contextes sociolinguistiques auxquels appartiennent les langues en jeu, étant donné qu'elle implique une réorganisation des fonctions sociales de la langue d'après le changement des conditions externes[54].

Une dernière possibilité, qui se réalise rarement, implique le maintien de l'écart entre les langues en jeu. Cela suppose qu'il n'y ait pas d'influence d'une variable sur l'autre et, notamment de la langue dominante sur la (les) langue(s) dominée(s).

Les considérations exposées ci-dessus prouvent que la langue n'est pas considérée comme un objet inerte, transmis de manière passive, mais est à chaque fois reconquise par les groupes qui l'intègrent et remodelée selon les exigences culturelles, sociales et identitaires[55]. En d'autres termes, il existerait une relation spéculaire entre les langues (ou variétés de langue) d'une part et le positionnement des groupes sociaux et ethniques de l'autre. Il s'ensuit que si, comme l'affirme Bourdieu, "toute la structure sociale est présente dans chaque

---

[50] Cichon, P., Kremnitz, G., "Les situations de plurilinguisme", *op.cit.*, pp.120-121.
[51] À propos de l'assimilation, voir aussi la contribution de Jacques Maurais in Moreau, M.-L. (éd.), *Sociolinguistique*, *op.cit.*, pp.51-56.
[52] Calvet, L.-J., *Linguistique et colonialisme : petit traité de glottophagie*, Paris, Payot, 1974.
[53] Nous rappelons que, à ce propos, Calvet parle de "guerre des langues". Voir Calvet, L.-J., *La guerre des langues et les politiques linguistiques*, Paris, Hachette, coll. « Pluriel », 1999.
[54] Aracil, L. V. cité par Boyer, H., *Langues en conflit*, *op.cit.*, p.32.
[55] À ce sujet, nous renvoyons à Robillard, D. (de), Beniamino, M., Bavoux, C., "Le français dans l'espace francophone : problématique", in Robillard, D. (de), Beniamino, M., *Le français dans l'espace francophone*, *op.cit.*, pp.21-22.

interaction"[56], les dynamiques linguistiques se métamorphosent en miroir des dynamiques sociales et ethniques si bien que la distribution des langues dans un contexte donné découle de la hiérarchie entre les ethnies en jeu. Conséquence ultime : les évaluations portées sur les variétés des langues en présence doivent être recadrées à l'intérieur d'un *marché linguistique* dans lequel la valeur attribuée aux produits est estimée en fonction des valeurs sociales et ethniques considérées.

Point d'observation privilégié des dynamiques linguistiques sera le binôme *pratiques-représentations* linguistiques : les usages linguistiques concrets[57] seront examinés en relation à ce que les locuteurs pensent des langues et des pratiques mêmes. Le rapport pratiques-représentations est à double sens : si c'est à partir des pratiques que s'élaborent les représentations, il n'en est pas moins vrai que, à leur tour, "les représentations déterminent les pratiques"[58]. Leurs retombées s'inscrivent dans la réalité et manifestent une valeur performative en ce qu'elles influencent les attitudes et les pratiques des locuteurs et, pour une partie considérable, le déroulement des dynamiques linguistiques. Si elles sont produites par l'individu, l'élaboration des représentations ne peut se passer du contact avec l'environnement social (c'est-à-dire avec les pratiques qui y circulent) et cela à plusieurs niveaux : premièrement, c'est la réalité sociale externe qui fournit aux sujets les éléments à élaborer ; deuxièmement, c'est à travers le contact avec le groupe social ou ethnique que la représentation est construite et réajustée[59]. En conséquence, d'une part les représentations sont présentées sous la forme de préconstructions caractérisées par une large diffusion dans un groupe, et donc

---

[56]Bourdieu, P., *Ce que parler veut dire. L'économie des échanges linguistiques*, Paris, Fayard, 1982, p.61.

[57]"Nous avons donc, à un premier niveau, observe Calvet, un ensemble de pratiques, ou d'usages [...]. De ces pratiques, qui sont éminemment concrètes, les linguistes ont extrait une abstraction, la *langue* [...]." Calvet, L.-J., *Pour une écologie des langues du monde*, op.cit., pp.14-15. C'est l'auteur qui souligne. Voir aussi Lafontaine, D., *Le parti pris des mots*, Paris, P. Mardaga éd., 1986, p.14. Le rapport indissoluble qui lie les pratiques aux représentations est aussi approfondi par Boyer. Voir Boyer, H., "Matériaux pour une approche des représentations sociolinguistiques", in *Langue Française*, n°85, février 1990, p.108.

[58]Calvet, L.-J., *Pour une écologie des langues du monde*, op.cit., p.11.

[59]Comme elles n'appartiennent entièrement ni au domaine individuel ni au domaine social, Jodelet propose de les situer au point de rencontre de ces deux dimensions : "[...] elle (la représentation) porte la marque du sujet et de son activité. Ce dernier aspect renvoie au caractère constructif, créatif, autonome de la représentation qui comporte une part de reconstruction, d'interprétation de l'objet et d'expression du sujet." Jodelet, D. (sous la direction de), *Les représentations sociales*, Paris, P.U.F., coll. « Sociologie d'aujourd'hui », 1997 (5ème éd.), p.54. Au sujet des représentations, voir aussi Gueunier, N., in Moreau, M.-L. (éd.), *Sociolinguistique*, op.cit., pp.246-252.

"partagées, reconnues et/ou reconnaissables ; [...] largement implicites et stables"[60]. De l'autre, elles sont conçues en tant que produit d'une co-construction, négociées tout au long de l'interaction et de la confrontation aux pratiques, et par conséquent changeantes[61].

À l'intérieur de ce corpus, la réflexion sur les représentations procédera d'une analyse menée *dans* le discours (donc sémantique) et *par* le discours (ou bien métalinguistique). L'intégration des contenus des répliques et de leurs formes linguistiques, notamment les manifestations prosodiques et intonatives, permettra de remonter aux représentations sociales et ethniques des locuteurs.

À la lumière de ces considérations, nous redéfinirons la sociolinguistique selon la perspective adoptée par Boyer, d'après qui "la sociolinguistique est inséparablement une linguistique des usages sociaux de la/des langue(s) et des représentations de cette/ces langue(s) et de ses/leurs usages sociaux [...] et tente donc d'analyser des dynamiques linguistiques et sociales."[62]

Les considérations au sujet de la nature et des enjeux de la notion de représentation constituent une étape préliminaire à la réflexion sur la représentation du français hexagonal dans les constellations examinées. En ébauchant le système gravitationnel francophone, nous avons posé que le français hexagonal y joue le rôle de langue hyper-centrale considérée en tant que modèle linguistique prestigieux à imiter, autrement dit comme la *norme*[63].

L'imposition du français hexagonal, en tant que langue supérieure à laquelle il faut s'aligner, trouve sa justification dans un passé qui a élu le français parlé en France au rang de langue nationale et unificatrice. La vocation centralisatrice du français standard dépasse les frontières de l'Hexagone pour s'étendre à l'empire colonial où il est imposé en

---

[60] Gajo, L., "Disponibilité sociale des représentations : approche linguistique", *Travaux neuchâtelois de linguistique* n°32, 2000, p.40.

[61] Voir Bonardi, C, Roussiau, N., *Les représentations sociales*, Paris, Dunod, coll. « Les Topos », 1999, p.25. Abdallah-Pretceille remarque aussi que, comme les représentations puisent en même temps à la structure sociale, à l'identité et à la culture des sujets, elles s'inscrivent dans une dynamique double, articulée sur un plan synchronique et diachronique : d'une part, elles changent d'une communauté à l'autre, de l'autre "elle(s) évolue(nt) avec le sujet, le temps, la société, l'histoire... et est (sont) l'objet de modifications périodiques". Abdallah-Pretceille, M., *Vers une pédagogie interculturelle*, Paris, Anthropos, 1999, p.30.

[62] Boyer, H., "Matériaux pour une approche des représentations sociolinguistiques", *op.cit.*, p.104.

[63] Pour ce qui est du concept de norme, signalons que le flou terminologique est considérable. Les tentatives de définition des différents types de normes sont nombreuses et changent selon la perspective adoptée, étant donné qu'il n'existe pas de correspondance biunivoque entre les réalités ou phénomènes linguistiques normatifs et la terminologie employée.

tant que seule langue officielle que les peuples colonisés doivent intégrer afin d'avoir accès à la culture et à la civilisation par excellence. En ce sens, dans les constellations malienne, martiniquaise et québécoise[64], le français hexagonal est considéré en tant que norme prescriptive exogène[65] autour de laquelle s'élabore l'*imaginaire linguistique* des locuteurs : "imaginaire parce qu'il s'agit d'un idéal de langue, d'une fiction de langue une, homogène, monolithique, donc d'une langue idéale, idéalisée."[66] En outre, les contextes malien, martiniquais et québécois mettent en scène une confrontation constante entre norme exogène et normes endogènes[67]. Au cours du contact avec les langues ethniques, le français hexagonal se heurte à "l'usage courant admis par l'ensemble des locuteurs comme ordinaire, comme neutre […]"[68], autrement dit aux normes endogènes. Loin d'être établies *à priori*, elles sont élaborées par la communauté où elles sont actives dans des circonstances particulières et, notamment, lorsqu'elles sont confrontées à la norme exogène[69]. Normalement, normes endogènes et normes exogènes fonctionnent selon une répartition fonctionnelle des tâches, la norme exogène convenant davantage aux usages formels et officiels et la norme endogène à l'usage commun et quotidien.

La dynamique entre norme exogène *vs* normes endogènes (langue coloniale *vs* langues colonisées) sera approfondie en relation à la notion de *marché linguistique*, défini par Bourdieu comme l'espace

---

[64]Signalons que, pour ce qui nous concerne, les renvois au colonialisme concernent notamment les aires malienne et martiniquaise. Il n'empêche que la suprématie du français hexagonal est telle que seront stigmatisées non seulement les langues autres mais aussi les variétés du français (le français québécois, par exemple).

[65]Les circonstances historiques qui ont amené le français hexagonal à assumer le rôle de norme prescriptive sont développées en Balibar, R., Laporte, D., *Le français national. Politique et pratiques de la langue nationale sous la Révolution française*, Paris, Hachette, 1974 ; Gadet, F., *Le français populaire*, Paris, P.U.F., 1992 ; Galazzi, E., "Il francese in Europa, tra cacofonia e polifonia. Riflessioni che l'Europa multilingue ispira a una fonetista", in *Réalités et perspectives francophones dans une Europe plurilingue*, Actes du XIXe Colloque de la « Società Universitaria per gli Studi di Lingua e Letteratura Francese », Saint-Vincent, 6-9 mai 1993.

[66]Houdebine, A.-M., "De l'imaginaire des locuteurs et de la dynamique linguistique. Aspects théoriques et méthodologiques", in Francard, M. (éd.), *L'insécurité linguistique dans les communautés francophones périphériques*, Actes du colloque de Louvain-la-Neuve, 10-12 Novembre 1993, Cahiers de l'Institut de linguistique de Louvain, Louvain-la-Neuve, 1993, vol. I, p.33.

[67]La forme au pluriel est employée pour indiquer que les normes endogènes varient d'une aire géographique à l'autre, alors que la norme exogène est constante et s'impose toujours comme norme prescriptive.

[68]Manessy, G., in Moreau, M.-L. (éd.), *Sociolinguistique, op.cit.*, p.223.

[69]"[…] il n'est de norme endogène que consciente et opposée à une autre norme parallèle appliquée à la même langue, mais réputée exogène." *ibid.* p.225.

social dans lequel se déroule la négociation entre les forces linguistiques en jeu. "Lorsqu'une langue domine le marché, rappelle Bourdieu, c'est par rapport à elle, prise comme norme, que se définissent les prix attribués aux autres expressions et du même coup la valeur des différentes compétences."[70] Tel est le cas du français hexagonal : fort de la légitimité qui lui est conférée par les conditions socio-historiques qui préexistent, le français standard s'impose en tant que norme prescriptive à laquelle les autres variétés doivent s'assujettir et en fonction de laquelle elles seront évaluées. L'idéologie de l'unilinguisme unificateur s'accompagne, inévitablement, du refus de la pluralité linguistique et normative qui caractérise l'espace francophone : au nom de la Norme, l'hétérogénéité et la variation sont dévalorisées et stigmatisées. La relation entre norme légitime et variétés est donc une relation de forces symboliques[71]. Le français hexagonal devient un capital symbolique qui confère à ceux qui le maîtrisent un pouvoir sur la langue et sur les utilisateurs et dont l'efficacité dépend de la reconnaissance qui lui est accordée[72]. Son efficacité est garantie par l'efficacité des mécanismes qui assurent sa reproduction[73] ainsi que par l'unité du marché auquel il appartient[74].

L'imposition du français hexagonal dans les territoires colonisés trouve donc dans l'idéologie coloniale, ainsi que dans la structure sociale qui en découle, non seulement sa justification mais aussi la condition même de sa permanence et de son pouvoir : "il existe une relation très claire de dépendance, continue Bourdieu, entre les mécanismes de domination politique et les mécanismes de formation des prix linguistiques caractéristiques d'une situation sociale déterminée."[75]

Pour nous tenir à la métaphore économique, les constellations francophones que nous examinerons représentent autant de marchés linguistiques dans lesquels le français hexagonal, légitimé par les conditions socio-historiques qui l'ont produit ainsi que par l'autorité de ceux qui le représentent, est perçu en tant que *capital linguistique* : "parler de capital, nous informe Bourdieu, c'est dire qu'il y a des

---

[70]Bourdieu, P., "L'économie des échanges linguistiques", in *Langue Française*, n° 34, mai 1977, pp.17-34.
[71]À ce propos, Bourdieu remarque que "la structure du rapport de forces symboliques n'est *jamais définie par la seule structure des compétences proprement linguistiques en présence* […]". *ibid.* p.23. C'est l'auteur qui souligne.
[72]Bourdieu, P., *Ce que parler veut dire, op. cit.*, p.69.
[73]*ibid.* p.71.
[74]"[…] il faut que le marché soit relativement unifié, c'est-à-dire que l'ensemble des locuteurs soit soumis à la même loi de formation des prix des productions linguistiques […]." Bourdieu, P., *Questions de sociologie*, Paris, Les éditions de Minuit, 1984, p.128.
[75]*ibid.* pp.124-125.

profits linguistiques [...]"[76], ceux-ci consistant essentiellement dans la possibilité que le capital fournit de s'élever dans la structure sociale et ethnique.

Étant donné les structures coloniales sur lesquelles il s'appuie, le marché linguistique dominé par le français de France atteint le statut de marché officiel. Néanmoins, loin de couvrir à lui seul la totalité des relations linguistiques en jeu, celui-ci est côtoyé par des marchés plus restreints où les produits sont évalués selon des échelles de valeurs différentes, de sorte que "les produits non légitimes (sur le marché officiel) sont susceptibles de recevoir une valeur qui dépasse parfois celle des produits légitimes."[77] En général, ces marchés linguistiques sont dominés par l'attachement affectif aux langues ethniques qui participent de l'identité des peuples colonisés. La force de ce lien est telle que, parfois, leur prix dépasse celui de la langue officielle.

L'évaluation portée sur les langues en jeu est strictement liée à la dynamique pratique *vs* représentation[78]. Décrites par Calvet comme "la façon dont les locuteurs pensent les pratiques"[79], les représentations renseignent sur le positionnement du sujet, sur son attitude à l'égard de sa propre langue ainsi que des autres langues en présence et, par conséquent, renvoient à l'évaluation que les individus portent sur les variables linguistiques en jeu[80]. En ce sens, le parcours entrepris nous amènera aussi à explorer les représentations que les locuteurs francophones se construisent de leur langue maternelle perçue dans les rapports avec la langue dominante. Dans la mesure où c'est à partir de l'opération évaluative que s'élaborent les représentations, il sera indispensable de réfléchir d'une part à l'évaluation que les individus font de leur langue maternelle (ou auto-évaluation), de l'autre à celle qu'ils portent sur les autres langues et,

---

[76] *ibid.* p.124.

[77] Lafontaine, D., "Le parfum et la couleur des accents", in *Le français moderne*, 1988/2, p.72.

[78] Dominique Lafontaine pose explicitement la proximité qui existe entre ces concepts lorsqu'il indique que "dans son acception la plus large, le terme d'*attitude* linguistique est employé parallèlement, et sans véritable nuance de sens, à *représentation*, *norme subjective*, *évaluation subjective*, *jugement*, *opinion*, pour désigner tout phénomène à caractère épilinguistique qui a trait ou rapport à la langue". Lafontaine, D., in Moreau, M.-L. (éd.), *Sociolinguistique*, *op.cit.*, pp.56-57.

[79] Calvet, L.-J., *Pour une écologie des langues du monde*, *op.cit.*, p.158.

[80] Le lien entre représentation et évaluation est souligné par Bourgain, lorqu'elle remarque que "[...] tout objet entrant dans un échange, et singulièrement un objet symbolique comme l'est un produit langagier dans une communication, donne lieu à une évaluation". Bourgain, D., "Des représentations sociales de la norme dans l'ordre scriptural", in *Langue Française* n°85, février 1990, p.82. Nous renvoyons aussi à Boyer, H., "Matériaux pour une approche des représentations sociolinguistiques", in *ibid.* p.105.

notamment, sur le français hexagonal perçu dans son rôle de langue dominante. Le croisement entre pratiques et évaluations (et/ou auto-évaluations) permet de poser un premier écart distinctif entre *sécurité vs insécurité* linguistique[81]. Les représentants du français hexagonal seraient en situation de sécurité linguistique, dans la mesure où ils ne se sentent pas remis en cause dans leur façon de parler. Par contre, les sujets percevant l'éloignement de leur langue maternelle par rapport à la langue dominante, seraient des victimes d'un état d'insécurité linguistique.

En fait, le système articulé sur l'opposition entre sécurité *vs* insécurité linguistique ne reproduit qu'une image partielle de la réalité. Afin de prendre en considération l'ensemble des attitudes manifestées par les sujets, Calvet propose un système complexe que nous adapterons à notre corpus[82]. Comme les représentations concernent la forme des langues, leur statut et leur fonction identitaire, ces trois niveaux seront distingués selon les perspectives considérées. Si l'on prend en compte la relation entre la manière dont les locuteurs déclarent parler une langue et la manière dont ils pensent qu'il faut parler, il sera possible d'envisager un état de sécurité-insécurité formelle. Ensuite, la sécurité-insécurité statutaire résulte du rapport entre la langue que les sujets croient parler et celle qu'ils pensent qu'il faut parler. Enfin, la sécurité-insécurité identitaire renvoie à la relation entre la langue que les sujets déclarent parler et la langue qu'ils considèrent comme caractéristique des communautés linguistique, sociale et ethnique auxquelles ils appartiennent. Dans la plupart des cas, ces catégories sont emboîtées les unes aux autres, ce qui comporte une complexification du système. Autrement dit, un locuteur peut manifester un état de sécurité statutaire (le sujet croit parler la langue légitime) accompagné d'insécurité formelle et identitaire (bien que la langue soit statutairement légitime, le sujet pense ne pas parler la forme correcte et il considère que cette langue ne correspond pas à la

---

[81] Introduite par Labov, la notion d'insécurité linguistique résulte de la distance perçue par les locuteurs entre la langue qu'ils parlent et un modèle plus valorisé qu'ils ne maîtrisent pas. En revanche, il y a sécurité linguistique lorsque les locuteurs considèrent leur façon de parler comme étant la norme, c'est-à-dire la langue légitime. Reprenant les travaux de Labov, Anne-Marie Houdebine déclare que "est en état de *sécurité linguistique* un locuteur évaluant son comportement comme a et considérant que la norme de prestige est a. Est en état d'*insécurité* celui qui s'évalue comme faisant b et considère a comme la référence de prestige." Houdebine, A.-M., "De l'imaginaire des locuteurs et de la dynamique linguistique. Aspects théoriques et méthodologiques", *op.cit.*, p.32 ; Labov, W., *Sociolinguistique*, Paris, Les Éditions de Minuit, 1976.

[82] La réflexion sur cette problématique et la présentation du système proposé par Calvet sont contenues en Calvet, L.-J., *Pour une écologie des langues du monde*, *op.cit.*, pp.144-182. Voir spécialement les pages 167-173.

langue de sa communauté). Il sera aisé de prévoir les autres cas possibles.

Décrivant le système d'évaluation des langues, Calvet sépare le point de vue du sujet du point de vue de l'environnement dans lequel le sujet est plongé. Un tel écart entraîne une distinction entre les conditions de *sécurité/insécurité* (formelle, statutaire et identitaire) résultant des représentations subjectives des locuteurs et les conditions de *sécurisation/insécurisation* dérivant de l'influence que le discours de l'autre, ainsi que le contexte externe, exercent sur les représentations des sujets[83].

Finalement, les situations d'insécurité statutaire et formelle sont aussi responsables des phénomènes d'hypercorrection linguistique produits par l'aspiration à s'élever dans la hiérarchie socio-ethnique. Le désir de s'approprier des formes valorisées se traduit sur le plan linguistique dans la reproduction exagérée du modèle convoité, ce qui, au lieu de produire un profit de distinction, manifeste davantage la provenance du sujet parlant[84].

Pour ce qui est des situations auxquelles nous serons confrontée, les réactions et les attitudes des sujets francophones à l'égard du français hexagonal seront relevées, dans une optique comparative, au moyen de représentations écrites et non pas d'enquêtes directes. Plus précisément, ce sont les transcriptions littéraires de la manière dont les personnages parlent, ainsi que leurs réflexions métalinguistiques, qui nous renseigneront sur la sécurité-insécurité/sécurisation-insécurisation statutaire, formelle et identitaire des personnages.

Si le recours à la sociolinguistique permet d'établir le lien entre des donnés purement linguistiques et l'environnement social et ethnique, c'est par le biais de l'ethnographie de la communication que seront explorées les retombées identitaires et culturelles dérivant des contacts, plus ou moins conflictuels, entre variables linguistiques et culturelles différentes.

Discipline aux enjeux multiples, l'ethnographie de la communication partage le même positionnement que la

---

[83] De même que sécurité et insécurité, sécurisation et insécurisation s'exercent au niveau formel (le discours de l'autre, au moyen de la correction, fait comprendre au sujet qu'il parle bien/mal), statutaire (le discours social fait croire au sujet que sa langue est appréciée/dépréciée comparativement à d'autres langues) et identitaire (la communauté reconnaît/ne reconnaît pas le sujet à cause de la langue qu'il parle). Voir *ibid.*, pp.172-173.
[84] Labov, W., *Sociolinguistique, op.cit.*, pp.193-200. Nous précisons que, d'après Labov, le phénomène de l'hypercorrection caractérise surtout la petite bourgeoisie. En ce qui nous concerne, nous traiterons de l'hypercorrection surtout en référence aux groupes ethniques défavorisés suite à l'imposition du français hexagonal.

sociolinguistique[85] à l'égard du langage conçu "comme activité sociale et non comme produit cognitif"[86]. Du point de vue ethnographique, le langage est considéré comme étant inscrit dans le non-linguistique, de sorte que son analyse ne peut se passer de la prise en compte de plusieurs facteurs, dont l'impact du contexte, du cadre situationnel et participationnel et du statut des participants[87].

Néanmoins, l'ethnographie déborde le cadre de la sociolinguistique dans la mesure où elle prend en compte non seulement les contextes socio-ethniques auxquels les discours interactionnels appartiennent, mais aussi les compétences communicationnelles des sujets, ainsi que leur arrière-plan culturel[88]. Sur le plan linguistique, cela implique la transition de la compétence linguistique à la *compétence communicative* (ou de communication), définie par Hymes comme "l'ensemble des connaissances que doit acquérir sur la langue et ses utilisations adéquates tout individu qui devient un membre à part entière de sa communauté de parole (*speech community*)"[89]. En ce sens, la communication ne se réduit pas au partage des règles linguistiques, mais résulte de la maîtrise "des règles de conversation, des normes de comportement, des attitudes, valeurs et croyances qui, au même titre que les règles de grammaire, contribuent à la coordination de l'interaction"[90]. L'examen des échanges langagiers ne sera plus réduit à leur structure interne, mais il

---

[85] Signalons la tendance, relevée chez certains spécialistes, à considérer l'ethnographie de la communication comme une branche développée à partir de la sociolinguistique même. Voir Ducrot, O., Schaeffer, J.-M., *Nouveau dictionnaire encyclopédique des sciences du langag*e, Paris, Seuil, coll. « Points-Essais », 1995, pp.143-146.

[86] Winkin, Y. (éd.), *La nouvelle communication*, Paris, Seuil, coll. « Points-Essais », 1981, p.85. Rappelons que dans le manifeste *The Ethnography of Speaking* (1962) suivi par *The Ethnography of Communication*, Dell H. Hymes et John Gumperz contestent les théories linguistiques chomskyennes et, notamment, "la place qu'il (Chomsky) accorde à la seule compétence linguistique, négligeant de ce fait l'incidence du social sur le langage". Salins, G.-D. (de), "La communication et ses rituels", in Boyer, H., *Sociolinguistique : territoire et objet, op.cit.*, p.216.

[87] Salins, G.-D. (de), *Une approche ethnographique de la communication. Rencontres en milieu parisien*, Paris, Hatier/Didier, coll. « LAL », 1988, pp.9-11. Quant à la participation du contexte dans l'acte communicatif, voir Goffman, E., *Façons de parler*, Paris, Les Éditions de Minuit, 1987 (trad.), p.38.

[88] Toutefois, identifier avec exactitude les frontières qui séparent la sociolinguistique de l'ethnographie de la communication s'avère une opération complexe, étant donné l'interdisciplinarité et les relations multiples qui se tissent entre les chercheurs dans les années de l'essor de l'ethnographie (les années 60-70). Voir Salins, G.-D. (de), *Une introduction à l'ethnographie de la communication. Pour la formation de l'enseignement du français langue étrangère*, Paris, Didier, 1992, p.29.

[89] Winkin, Y, *Anthropologie de la communication. De la théorie au terrain*, Paris, Seuil, coll. « Points-Essais », 2001, p.100.

[90] Salins, G.-D. (de), "La communication et ses rituels", *op.cit.*, p.216.

prendra en considération aussi leur "disponibilité culturelle"[91]. Une telle démarche suppose qu'il existe une relation entre langue et culture, de sorte que les phénomènes linguistiques seraient influencés et refléteraient la culture du groupe social et/ou ethnique auquel ils réfèrent[92].

C'est dans ce cadre que se situe notre projet, celui-ci consistant à considérer le niveau sonore comme un indice culturel organisé selon des rituels qui se modifient d'une ethnie à l'autre[93]. Plus évidents lorsque l'on se place du point de vue de la structure conversationnelle[94], les rituels sont aussi repérables dans la dimension orale : modulations intonatives et facteurs prosodiques (débit, rythme, longueur, durée, etc.) s'organisent selon des modèles culturels, sociaux et ethniques. En ce sens, la dimension vocale (dans ses aspects prosodiques et phonétiques) sera considérée comme une *action pratique*[95], permettant au sujet d'exprimer sa visibilité identitaire et ethnique.

Une analyse comparative, dont les variables correspondent aux systèmes sonores des groupes ethniques considérés, permettra

---

[91] *ibid.* p.218.
[92] Déjà mise en relief dans le passé, cette relation est ensuite reprise par Lévi-Strauss, lorsqu'il souligne l'homologie entre les structures de la langue et les codes symboliques constituant la culture, et par Edward Sapir. D'après Sapir, la langue de tout peuple est un réservoir d'informations concernant l'ensemble des éléments qui structurent une culture donnée ainsi que l'histoire culturelle du peuple qui la parle (de l'itinéraire géographique suivi par le peuple en question, aux évolutions subies). Voir Lévi-Strauss, C., *Anthropologie structurale*, *op.cit.*, ch. IV, pp.83-97 ; Sapir, E., *Anthropologie*, *op.cit.*,pp.57-69.
[93] Notion qui dépasse le niveau sonore et qui s'applique aux comportements propres à un groupe social et/ou ethnique, le rituel est défini comme "« l'ensemble des règles d'habitudes » lié à la coutume ou aux habitudes comportementales de toute communauté". Son rôle est double et relève, en apparence, d'une contradiction : d'une part il a une valeur démarcative, en ce qu'il permet au sujet de se distinguer de certains groupes ; de l'autre il manifeste une valeur intégrative, dans la mesure où le sujet s'en sert pour marquer son appartenance à une communauté. Salins, G.-D. (de), *Une approche ethnographique de la communication*, *op.cit.*, p.15.
[94] Les relations entre variations culturelles et échanges rituels sont approfondies notamment par Kerbrat-Orecchioni, C., *Les interactions verbales. Variations culturelles et échanges rituels*, t. III, Paris, A. Colin, 1998 (2ᵉ éd.). Nous renvoyons aussi à Kerbrat-Orecchioni, C., "Universali e variazioni culturali nei sistemi conversazionali", in Galimberti, C. (sous la direction de), *La conversazione. Prospettive sull'interazione psico-sociale*, Milano, Guerini e Associati éd., 1992, pp.157-184.
[95] Le concept d'*action pratique* est emprunté à l'ethnométhodologie de Garfinkel. L'*action pratique* est constituée par l'ensemble de " toutes ces petites manifestations sociales qui participent de la **forme sociale**". Salins, G.-D. (de), *Une introduction à l'ethnographie de la communication*, *op.cit.*, pp.12-13. C'est l'auteur qui souligne. Voir aussi, Coulon, A., *L'ethnométhodologie*, Paris, P.U.F., coll. « Que sais-je ? », 1996, (4ᵉᵐᵉ éd.).

d'observer les retombées sonores dérivant de la rencontre entre rituels sonores différents sur les visibilités identitaires des sujets.

Néanmoins, souvent, les rituels sonores sont réduits à l'état d'*évidences invisibles*[96]. Enfuies dans un état occulté et subconscient, celles-ci peuvent être qualifiées de *cryptotypes* qu'il s'agit d'extérioriser et de faire évoluer à l'état de *phénotypes*, explicites et observables. La transition de la condition de cryptotype à celle de phénotype, consistant essentiellement à "rendre visible l'invisible des comportements quotidiens"[97], correspond à l'un des objectifs préférentiels de toute recherche qui se veut ethnographique.

Le dévoilement des évidences invisibles s'avère particulièrement productif lorsqu'on prend en considération le contact entre cultures différentes. Piste privilégiée pour les recherches ethnographiques, la confrontation avec l'altérité est d'autant plus actualisée dans notre étude que celle-ci porte sur des contextes plurilingues et pluriculturels et se traduit par deux attitudes principales. D'une part, les situations de contact interculturel sont marquées par les phénomènes d'ethnocentrisme, dont la fréquence est élevée[98]. De l'autre, l'attitude opposée suppose un décentrage de la perception, aboutissant à la reconnaissance de l'altérité[99]. En tant qu'action pratique, la dimension sonore correspond au paramètre qui permettra de mieux tracer le contour et le jeu relationnel entre les visibilités identitaires et ethniques en jeu. Parfois, bien que reconnue en tant que telle, l'altérité fait l'objet d'une simple description objectivante. De ce point de vue, l'autre est identifié sur le mode de la distinction et son existence est délimitée par des frontières évidentes. Dans d'autres cas, la description de l'altérité ne correspond nullement à l'étape conclusive du parcours ayant amené à sa reconnaissance. Au contraire, le projet

---

[96]L'expression est empruntée à Raymonde Carrol et sert à indiquer tous ces comportements et attitudes culturels intégrés de manière tellement profonde qu'ils sont considérés comme naturels et comme allant de soi par les représentants d'une culture. Voir Carrol, R., *Les évidences invisibles*, Paris, Seuil, 1987 (trad.).

[97]Salins, G.-D. (de), "La communication et ses rituels", *op.cit.*, p.223. Proposées par Whorf en relation à la description des systèmes linguistiques (anglais notamment), les notions de cryptotype et de phénotype s'avèrent opérationnelles à plusieurs niveaux, en particulier aux niveaux sonore et culturel. Voir Whorf, B.L., *Linguistique et Anthropologie. Les origines de la sémiologie*, Paris, Denoël, 1969 (trad.), pp.29-33 et pp.66-68.

[98]Par ethnocentrisme nous faisons référence à l'attitude à "ériger de manière indue, les valeurs propres à la société à laquelle j'appartiens en valeurs universelles". Todorov, T., *Nous et les autres. La réflexion française sur la diversité humaine*, Paris, Seuil, 1992, p.21. Nous renvoyons aussi à Ladmiral, J.-R., Lipiansky, E.-M., *La communication interculturelle*, Paris, A. Colin, 1989, pp.137-138.

[99]Geertz, C., *Savoir local, savoir global, les lieux du savoir* Paris, P.U.F., 1999 (2ème éd., trad.), p.58.

qui sous-tend ce positionnement vise plutôt à établir avec l'altérité une relation dynamique et constructive entre les altérités en jeu. Une telle démarche possède les qualités typiques du discours interculturel, défini comme un mode d'approche interactif, et non pas descriptif, de l'altérité[100]. D'ailleurs, "un aspect comparatif interethnique, observe G.-D. de Salins, est fortement recommandé, car c'est de la confrontation des comportements observés d'un groupe à l'autre que peut jaillir la différence significative."[101]

Quoique les concepts évoqués conviennent à la démarche élaborée, celle-ci ne coïncide pas avec une démarche ethnographique authentique. La différence principale qui sépare notre parcours d'une démarche de terrain proprement ethnographique réside dans la nature du « terrain », dans la mesure où nos considérations seront développées à partir de textes écrits de nature littéraire et non pas sur des données objectives. Par conséquent, la pratique de l'*observation participante* sera aussi négligée[102]. En revanche, la problématique en question sera développée par le biais d'une enquête menée sur un corpus littéraire. Par conséquent, nos réflexions porteront sur des données filtrées par le regard des écrivains.

Deux ordres de raisons justifient la préférence accordée aux textes littéraires. Premièrement, quoique la dimension littéraire produise une mise à distance de la réalité, elle se pose, tout de même, comme un moyen préférentiel afin d'explorer "une pluralité de personnages, de situations, de cultures"[103]. "Médiateur dans la rencontre et la découverte de l'Autre"[104], le roman est le lieu privilégié de la confrontation identité vs altérité et donc, en dernière instance, de l'interculturel.

---

[100] Abdallah-Pretceille, M., *Vers une pédagogie interculturelle*, op.cit., p.138.

[101] Salins, G.-D. (de), *Une introduction à l'ethnographie de la communication*, op.cit., p.14.

[102] Le chemin évolutif des méthodes propres à l'ethnographie de la communication est évoqué par Winkin Y., *Anthropologie de la communication*, op.cit., p.139. L'observateur participant est celui qui s'engage dans une expérience de « terrain », observe sans être conditionné par son identité culturelle, du moins à un niveau idéal, et restitue le contenu de ses remarques sous forme d'écriture.

[103] Abdallah-Pretceille, M., Porcher, L., *Éducation et communication interculturelle*, Paris, P.U.F., 1996, p.139.

[104] *ibid.* p.138. Christiane Albert aussi porte au premier plan les relations complémentaires qui s'établissent entre littérature, langue et culture : la littérature est envisagée en tant qu'"espace privilégié où peuvent s'exprimer des identités culturelles spécifiques". Albert, Ch. (sous la direction de), *Francophonie et identités culturelles*, Paris, éd. Karthala, 1999, p.5.

Deuxièmement, "le roman, affirme Bakhtine, c'est la diversité sociale de langages [...], diversité littérairement organisée"[105], soulignant de la sorte que la relation mimétique que la littérature entretient avec le réel se résout non pas dans l'exactitude ethnographique, mais plutôt dans une mise à distance et dans la tension des forces linguistiques en jeu. En ce sens, il sera question d'interroger la mise en scène textualisée des voix afin d'aboutir au discours sur la langue produit par l'œuvre littéraire elle-même. Laboratoire de langue, elle permet d'explorer les retentissements que les situations de contacts en contextes diglossiques produisent non seulement au niveau du contenu, mais aussi au niveau de la forme littéraire. En conséquence, c'est la façon dont les choix formels reflètent et construisent les contacts de langues et de cultures qui retiendra notre attention.

Tout en ayant choisi d'enquêter un terrain littéraire, notre positionnement se tient en dehors du champ littéraire. Nous porterons le regard essentiellement sur les voies d'écriture empruntées par les écrivains afin de rendre compte du choc entre des oralités différentes et, parfois, éloignées, et de la rencontre dialectique entre oralité et écriture. À l'évidence que les références à la dimension sémantique seront nécessaires dans la mesure où elle participe de l'élaboration même des formes stylistiques.

S'agissant de textes littéraires, la dimension esthétique liée au projet d'écriture qui les définit ne peut être passée sous silence, sans pour cela glisser vers des analyses purement stylistiques. Cela est d'autant plus vrai que notre questionnement consiste à réfléchir à la manière dont les effets d'oralité produits par la pluriglossie sont transmis et reproduits à l'écrit ; ce qui engendre, dans certains cas, une recherche esthétique qui débouche sur de véritables poétiques.

Pour conclure, nous nous proposons de relever si et, éventuellement, dans quelle mesure les choix d'écriture opérés par Hampâté Bâ, Chamoiseau et Tremblay composent un espace de représentation autre, voire un tiers-espace apte à accueillir des voix inouïes[106].

---

[105] Bakhtine, M., *Esthétique et théorie du roman*, Paris, Gallimard, coll. « Tel », 1978, p.88.
[106] Bhabha, H. K., *The location of culture*, London, Routledge, 1994.

CHAPITRE I -
LE SYSTÈME LINGUISTIQUE MALIEN :
UNE POLYPHONIE INTÉGRATRICE

> *La plus grande partie du patrimoine culturel du Mali est fondée sur la puissance et sur la beauté de la Parole.*
> (A. Hampâté Bâ, "Préface", in *Notre Librarie*, n° 75-76, juillet, 1984, p.7)

1. Prémisses

Témoin des événements de son siècle, auxquels il a participé de manière active, Hampâté Bâ est l'un des acteurs principaux de la littérature malienne[107] qu'il considère comme un instrument pour conserver et pour transmettre la culture orale de son pays : "hâtons-nous de sauvegarder, grâce à l'enregistrement et à l'écrit, ce qui peut encore être sauvé de ce grandiose héritage."[108]

Étant donné notre projet de réfléchir aux représentations écrites de l'oralité ainsi qu'aux valeurs symboliques de la dimension orale, le corpus malien sera examiné selon un parcours articulé en deux étapes principales : la mise en relief des instruments de transcription de la dimension orale sera précédée d'une réflexion sur la nature même de l'oralité à laquelle l'écrivain est confronté. Ce détour, au cours duquel seront portées au premier plan les composantes de l'oralité malienne ainsi que les relations qui s'établissent entre elles, permettra de mieux saisir les enjeux liés à l'opération de transposition à l'écrit.

2. La constellation linguistique malienne : une configuration complexe

La configuration de la constellation malienne, de ses composantes à leur articulation, sera explorée par le biais de l'approche écolinguistique proposée par Calvet. D'après le regard d'Hampâté Bâ, quatre catégories linguistiques principales couvrent le panorama linguistique malien. La première, que nous définirons de *langues*

---

[107] Quoique remarquable et digne d'attention, le point de vue d'Amadou Hampâté Bâ ne résume pas la position de tous les écrivains maliens. La comparaison avec la production romanesque d'autres écrivains, dont le regard sur la colonisation s'écarte de celui d'Hampâté Bâ, aboutirait sans doute à des considérations intéressantes. Toutefois, le corpus de cette recherche étant assez vaste, nous n'avons pas pu prendre en compte cette perspective.
[108] Hampâté Bâ, A., "Préface", in *Notre Librairie*, n° 75-76, juillet, 1984, p.10.

ethniques, regroupe les langues parlées au Mali par les nombreuses ethnies qui l'habitent. Le peul et le bambara sont, sans aucun doute, les langues dont la présence, dans les œuvres d'Hampâté Bâ, est majoritaire. Toutefois, nombreuses sont les références à d'autres langues telles que le dogon, le wolof, le moré, l'arabe, le baoulé, le samo et le haoussa[109]. Un tel plurilinguisme ne consiste pas seulement en un voisinage entre des codes linguistiques différents, mais affecte aussi les locuteurs, dont la plupart maîtrise deux, voire trois langues ethniques :

> Un matin, on entendit résonner, dans les rues de Bandiagara, le petit tam-tam d'aisselle de Diêli Bâba, le griot "crieur public". Tout en frappant de son instrument, il criait en peul, en bambara et en dogon : "Ohé, habitants de Bandiagara ![...]"[110]

La facilité d'apprentissage des maliens, plongés dans un état de plurilinguisme diglossique permanent, est considérée comme l'un des facteurs à l'origine de la polyglossie que Hampâté Bâ cherche à reproduire :

> [...] la plupart des enfants africains, vivant dans des milieux où cohabitaient généralement plusieurs communautés ethniques (il y avait à Bandiagara des Peuls, des Bambaras, des Dogons, des Haoussas...), étaient déjà peu ou prou polyglottes et habitués à absorber une nouvelle langue aussi facilement qu'une éponge s'imbibe de liquide.[111]

Le panorama linguistique malien ne se réduit pas à un ensemble hétérogène de langues ethniques, mais il est complexifié par la présence du *français hexagonal*. Langue parlée presque exclusivement par les administrateurs des colonies, les capitaines et les commandants (ou grands commandants) d'origine française, le français participe aussi de l'éventail de langues maîtrisées par les locuteurs maliens. C'est ainsi que, à côté de Wangrin, dont les facultés linguistiques sont exceptionnelles[112], d'autres autochtones interviennent directement en français.
Ensuite, à côté du français hexagonal et des langues ethniques, le *français des tirailleurs* ou *forofifon naspa* occupe un espace non

---

[109] Rappelons que le panorama linguistique malien retenu correspond à celui qu'on peut déduire des romans examinés.
[110] *Amkoullel, l'enfant peul*, p.126.
[111] *ibid.* pp.339-340.
[112] Les connaissances linguistiques de Wangrin feront l'objet d'une réflexion plus approfondie dans la suite. Voir par.4.1., p.41.

négligeable dans la constellation linguistique malienne. Né du contact entre les langues ethniques et le français de France, le français des tirailleurs correspond au français tel qu'il est perçu et apprivoisé par les ethnies colonisées et notamment par les sujets intégrés dans les systèmes administratifs et scolaires coloniaux français : gardes, chefs de garde de cercle, caporaux, ex-adjudants et interprètes[113]. Étant donné leur origine disparate, l'apprentissage de la langue de la mère-patrie représente la solution la plus rapide afin de posséder une langue véhiculaire commune. L'apprentissage hâtif et dans des conditions précaires serait la cause principale des distorsions imposées au français hexagonal :

> Quant au surveillant auxiliaire Mamadou Sissoko, autrement dit "Don Quichotte", avec lui le pittoresque était total. Il ne parlait que le *forofifon naspa* ou "français des tirailleurs", langage coloré et piquant où la cuisse se dit "gigot" et la bouche "le grand trou de la tête". Quand il entrait dans le dortoir il commençait par se présenter : "Ici moi je Don Quichotte ! Allez, dévout - dévout ! Ch'est le matin - ch'est le matin ! Dévout - dévout ! Soleil y va ouvri son zoÿ ! Dévout - dévout ! Fait-le-lit - fait-le-lit ! Problème attend, dictée attend, Don Quichotte aussi attend. Dernier levé du lit y sera dernier son classe. Dévout - dévout! Jé soulter pas (je n'insulte pas), jé frapper pas, mais clairon y sonner dans l'armée : « Cochon lève-toi, cochon lève-toi, cochon lè-è-ve ». Vous même chose cochons. Alors vous lève-toi, lève-toi vite vite sinon directeur fâcher et vous gueule y casser !"[114]

Langue aisément reconnaissable, parfois l'auteur n'estime même pas nécessaire de préciser que les personnages parlent en forofifon naspa :

> À ce moment un garde entra brusquement dans le bureau. Il se mit au garde-à-vous : "Ma coumandan ! Le grand coumandan y demander vous véni toussuite dans bureau !"[115]

Entre parenthèses, rappelons la présence du *français local* dont il est possible de déduire la présence dans la production romanesque de Hampâté Bâ. Variété du français proche du français des tirailleurs par ses origines (il apparaît, en effet, suite au contact entre les langues ethniques et le français hexagonal), il s'en distingue du fait qu'il est

---

[113] Nous faisons référence, en particulier, aux personnages de Racoutié et de Romo Sibedi qui interviennent dans le roman *L'étrange destin de Wangrin, ou les roueries d'un interprète africain*. Nous y reviendrons à plusieurs reprises tout au long de ce chapitre.
[114] *Amkoullel, l'enfant peul*, p.497.
[115] *Oui mon commandant*, p.62.

parlé par l'ensemble de la population et non seulement par les représentants du cadre administratif ou par les interprètes :

> Dans les rues bondées de la ville, où déambulaient des militaires et des gens vêtus des costumes les plus variés, on entendait parler à peu près toutes les langues soudanaises, saupoudrées de mots ou d'expressions françaises assaisonnées "façon locale" et que l'on appelait alors non pas "petit nègre" mais "moi ya dit toi ya dit".[116]

Comme les références à cette variété sont extrêmement rares, il sera associé au français des tirailleurs.

La dernière catégorie linguistique relevée à l'intérieur du panorama linguistique malien est représentée par l'*arabe*. Non moins important par rapport aux autres langues, l'espace que l'écrivain lui consacre est, cependant, décidément plus réduit. Exception faite pour quelques références directes, l'arabe n'est cité que comme facteur participant de la constellation malienne.

C'est dans cette mosaïque de langues que s'inscrivent des locuteurs dont les compétences linguistiques ne peuvent qu'étonner le lecteur occidental :

> Bien des adultes, réputés "illettrés" selon la conception occidentale, parlaient quatre ou cinq langues, en tout cas rarement moins de deux ou trois ; Tierno Bokar lui-même en parlait sept. S'y ajoutaient parfois l'arabe et, maintenant, le français - ce dernier souvent parlé, il est vrai, à la façon piquante des tirailleurs, que l'on appelait le *forofifon naspa*.[117]

Après avoir présenté, de manière synthétique, les langues qui tracent les contours de constellation malienne (du moins d'après la représentation qui ressort des ouvrages de Hampâté Bâ), nous tâcherons d'évaluer, dans la perspective qui nous est offerte par l'écrivain, "[...] les rapports entre les ensembles de pratiques et les effets sur ces pratiques des stimuli extérieurs"[118]. Plus précisément, nous allons nous questionner au sujet des modifications qu'entraîne l'insertion du français hexagonal, langue coloniale, dans le contexte linguistique malien. Plusieurs hypothèses peuvent être avancées :

---

[116] *Amkoullel, l'enfant peul*, p.428.
[117] *ibid.* p.339-340. En ce qui concerne les langues parlées par Tierno Bokar, dans un autre passage, Hampâté Bâ précisera : "En plus du peul, sa langue maternelle, il possédait à la perfection les langues bambara et haoussa et en parlait couramment plusieurs autres, notamment le dogon, ce qui lui permettait de se faire comprendre facilement de beaucoup de monde." *Oui mon commandant*, p.470.
[118] Calvet, L.-J., *Pour une écologie des langues du monde*, op.cit., p.73.

premièrement, il sera question de vérifier si, bien que leurs relations soient marquées au plus haut degré par une diglossie manifeste, la langue coloniale et les langues colonisées parviennent à interagir ou si elles se côtoient tout en restant séparées dans des compartiments étanches. Ensuite, au cas où l'hypothèse de l'interaction serait confirmée, deux cas seront pris en compte : le premier correspond à la théorie classique selon laquelle la langue coloniale s'impose, influence et modifie les langues colonisées[119] ; le deuxième, en revanche, consiste à reconnaître des influences exercées par les langues ethniques (et/ou colonisées) sur le français hexagonal. À ce sujet, la présence du français des tirailleurs - dont l'apparition s'explique en relation au phénomène colonial - est essentielle. Produit de la régulation et des *stimuli* dérivant de la présence d'autres langues[120], le français des tirailleurs rend compte des métamorphoses que le français hexagonal subit dans un contexte autre et se situe dans une position intermédiaire, ce qui ne va pas sans une profonde ambiguïté : doit-il être considéré comme une étape vers la décolonisation, bien que celle-ci ne soit pas encore atteinte complètement ? Ou, au contraire, ne représente-t-il pas plutôt une marque supplémentaire de la colonisation dont les pays africains ne parviennent pas à se dégager ?[121]

Par conséquent, la langue coloniale subirait un processus d'adaptation à plusieurs niveaux : du niveau grammatical mentionné par l'écrivain

> En « forofifon naspa », les verbes n'avaient ni temps ni mode et les noms, prénoms et adjectifs, ni nombre ni genre.[122]

au niveau phonétique et syntaxique, que l'on peut reconsruire à partir des fragments en forofifon naspa reproduits graphiquement, comme il apparaît dans l'extrait cité ci-dessous :

> Ma coumandan, marabout là, ya pas tué moi, mais ya tué lui-même. Tout monde là-bas y crier si fort que missié sénégalais, le patron Pétété, y sont véni. L'affaire là, maintenant, c'est véni grand affaire. Voilà ma contrendu.[123]

---

[119]De telles modifications constituent une condition préalable au phénomène de glottophagie envisagé par Calvet.
[120]Calvet, L.-J., *Pour une écologie des langues du monde, op.cit.*, pp.73-74.
[121]L'aspect dramatique, voire tragique, de cette situation apparaîtra de manière plus évidente dans la production de l'antillais Patrick Chamoiseau.
[122]*L'étrange destin de Wangrin*, p.29.
[123]*Oui mon commandant*, p.281. Voilà un autre exemple : "[...] « Moussé Lekkol, poser ici, attendre commandant parler toi. Tu froid ton coeur, commandant lui pas pressé

Cependant, en dépit des interférences et des subversions produites par les langues ethniques, l'adoption sans adaptation est possible, comme le témoigne le personnage de Wangrin. C'est l'interprète du commandant qui, ayant écouté furtivement la conversation entre Wangrin et le commandant, s'exclame

> « Ah ! Moussé Lekkol, toi parler beaucoup beaucoup avec commandant. Mais toi pas parler en "forofifon naspa", toi parler le français tout neuf, couleur vin rouge de Bordeaux »[124]

soulignant ainsi tout l'écart qui sépare le français de France du forofifon naspa. La question des frontières entre les langues est ici abordée indirectement : paradoxalement, plus les variétés se rapprochent, plus leurs contours sont nets et distincts et les relations délicates.

3. La constellation linguistique malienne et la visibilité identitaire des locuteurs

Les enjeux identitaires du paysage linguistique malien reproduisent l'articulation des langues en jeu telle qu'elle a été décrite ci-dessus. En fait, les retombées identitaires du plurilinguisme malien concernent exclusivement les sujets en contact avec le français hexagonal et sa variété ethnique, le français des tirailleurs. Les locuteurs des langues ethniques ne sont nullement touchés par phénomènes de sécurité/insécurité.

Langue véhiculaire née pour satisfaire à des besoins communicatifs dans un espace plurilingue, le français des tirailleurs est tout de même en relation avec la dimension identitaire[125].

---

jamais. Cé comme ça avec grand chef »." *L'étrange destin de Wangrin*, p.29. Signalons aussi que rien ne nous est dit à propos de la dimension prosodique, mais nous ne croyons pas qu'elle soit immune de l'influence des langues ethniques colonisées. En outre, d'après les exemples rapportés, il est possible d'inférer que les passages en français des tirailleurs ne sont qu'une représentation stéréotypée et ne peuvent être considérés comme une transcription fidèle, d'autant plus qu'ils contredisent les règles signalées par l'écrivain même. L'expression "ma contrendu" au féminin en est une preuve.

[124] *L'étrange destin de Wangrin*, pp.32-33.

[125] Rappelons que "les langues véhiculaires naissent de cette nécessité de trouver une solution au problème de l'intercommunication dans un contexte de déplacements et d'échanges de plus en plus nombreux". Vigner, G., "École et choix linguistiques : le cas du Cameroun", in Coste, D., Hébrard, *Vers le plurilinguisme ?*, Tunis, Hachette, 1991, p.105. Voir aussi Calvet, L.-J., in Moreau, M.-L. (éd.), *Sociolinguistique, op.cit.*, p.289 ; Calvet, L.-J., "Véhicularité, véhicularisation", in Robillard, D. (de), Beniamino, M., *Le français dans l'espace francophone, op.cit.*, pp.451-456.

Toutefois, son positionnement relève, encore une fois, d'une forme d'ambiguïté : d'une part, ses traits phonétiques, syntaxiques et lexicaux manifestent l'attachement de ses locuteurs aux langues d'origine et donc une forme de sécurité statutaire et identitaire au profit des langues ethniques ; de l'autre, il représente les tentatives - non complètement réussies - de parler le français hexagonal et, par conséquent, il est convoité en tant que voie donnant accès au pouvoir et à la culture et permettant de monter dans la hiérarchie sociale.

Les considérations de l'interprète Racoutié à propos de la manière dont Wangrin parle français prouvent que les locuteurs du forofifon naspa, et notamment la catégorie des interprètes, font aussi état d'une insécurité formelle :

> Racoutié qui, au début, avait eu une peur bleue de Wangrin, parce que celui-ci savait parler au commandant non pas en « forofifon naspa », mais en français couleur vin de Bordeaux, avait repris courage.[126]

Dans l'imaginaire linguistique et sonore d'un locuteur du français des tirailleurs, le français de France correspond donc au modèle auquel les locuteurs des autres variétés se rapportent et en fonction duquel ils évaluent leur propre compétence.

4. Le français hexagonal, le français des tirailleurs et la figure de l'interprète

Le dernier extrait mentionné amène à réfléchir sur le rôle des interprètes et notamment sur leurs relations avec les langues qui participent du système gravitationnel malien. La position de premier plan accordée aux interprètes dans le milieu africain se justifie en fonction de la complexité du contexte plurilingue que Hampâté Bâ met en scène : même si la plupart des sujets maliens maîtrisent plusieurs langues, la présence des interprètes s'avère indispensable.

De l'analyse des récits et du roman de Hampâté Bâ, il ressort que, leur activité s'étend sur deux axes : le premier, qui intervient plus fréquemment, est un axe vertical tout au long duquel, par le biais du forofifon naspa, se déploie la relation entre français hexagonal et langues ethniques. Le deuxième, moins apparent mais non moins essentiel, est un axe horizontal et sert à établir une communication

---

[126] *L'étrange destin de Wangrin*, p.39. Rappelons aussi le passage déjà cité : "« Ah! Moussé Lekkol, toi parler beaucoup beaucoup avec commandant. Mais toi pas parler en "forofifon naspa", toi parler le français tout neuf, couleur vin rouge de Bordeaux »." *ibid.* p.33.

entre les langues ethniques elles-mêmes. En fait, comme les interprètes qui maîtrisent un grand nombre de langues ethniques sont rares, la compréhension à l'intérieur de l'ample éventail polyphonique du contexte malien est loin d'être garantie[127].

C'est surtout dans le deuxième tome des récits autobiographiques, *Oui mon commandant*, et dans le roman *L'étrange histoire de Wangrin ou Les Roueries d'un interprète africain* que Hampâté Bâ fournit les éléments essentiels pour dresser un portrait des interprètes[128].

En général, cette catégorie est composée d'anciens tirailleurs : leurs connaissances linguistiques et, plus précisément, la maîtrise de la variété véhiculaire leur octroie l'accès au pouvoir colonial. Dans cette perspective, le forofifon naspa constitue une "plus-value"[129] qui contribue à asseoir l'autorité des interprètes. D'ailleurs, l'appellatif de "grand interprète" dont l'écrivain se sert pour les désigner, n'est pas sans évoquer les avantages de leur position :

> Dans le bureau du cercle, je fis la connaissance du "grand interprète" du commandant, un Peul du Wassoulou qui s'appelait Moro Sidibé [...]. En tant que compatriote, il me proposa très cordialement de venir prendre mes repas chez lui durant nos deux jours d'arrêt. [...]. La cour de sa concession était aussi achalandée que celle de l'empereur et chaque soir s'y tenait une grande séance de musique et de causerie où conteurs et traditionalistes rivalisaient de connaissances. Accompagnés par d'éminents guitaristes, ils narraient à tour de rôle ce qu'ils avaient appris des anciens.[130]

Grâce aux compétences linguistiques élargies dont ils disposent, la fonction des interprètes consiste à opérer la médiation entre deux univers différents ; ce qui s'accompagne d'une forme d'ambiguïté. En effet, la médiation s'actualise dans deux sens opposés : des langues

---

[127] Tel est le cas qui se présente au moment où il s'agit d'assurer la communication entre les représentants de l'ethnie Samos et les commandants occidentaux. Les dialectes samos n'étant pas connus par la plupart des gens, le lien avec le français est entretenu grâce à une double traduction : d'abord du samos au bambara et ensuite du bambara au français. C'est Hampâté Bâ même qui, grâce à une bonne connaissance du français hexagonal et de plusieurs langues ethniques, assume les fonctions d'interprète. Voir *Oui mon commandant*, pp.368-369.

[128] Ce dernier roman est entièrement élaboré autour de cette figure.

[129] Bourdieu, P., *Questions de sociologie, op.cit.*, p.124.

[130] *Amkoullel, l'enfant peul*, pp.102-103. Le passage cité non seulement nous permet de nous familiariser avec l'image de l'interprète, mais il offre aussi un aperçu des traditions orales maliennes qui seront approfondies dans la suite. La description de Racoutié, le premier interprète que Wangrin rencontre sur son chemin est également révélatrice. Voir *L'étrange destin de Wangrin*, pp.28-29.

ethniques vers le français de France et l'inverse. Cette double participation est à l'origine du renforcement de leur pouvoir par rapport aux représentants de l'administration coloniale auxquels ils sont soumis. Ces derniers se voient donc placés au même niveau que les peuples assujettis, les deux étant obligés de s'adresser aux interprètes afin de communiquer. À ce titre, la description que l'écrivain ébauche de Racoutié est évocatrice : "l'interprète Racoutié [...] était le second personnage du cercle et venait immédiatement après le commandant. Parfois même celui-ci dépendait de lui. Il pouvait à volonté monter et démonter les affaires."[131] En ce sens, l'interprète peut se métamorphoser de médiateur en écran ; il peut opposer un barrage à son gré entre les deux pôles diglossiques qu'il est censé mettre en relation, ce qui confère au français des tirailleurs un pouvoir opérationnel supérieur à la variété prestigieuse.

4.1. Wangrin : un interprète hors du commun

"Remarquablement doué pour les langues"[132], Wangrin se distingue des autres interprètes grâce à des compétences linguistiques extrêmement diversifiées : à un regroupement multiforme de langues ethniques (bambara, peul, dogon, mossi, djerma, haoussa, baoulé et bété)[133], s'ajoute le français hexagonal, "le français tout neuf, couleur vin rouge de Bordeaux"[134]. La maîtrise du français hexagonal amène Wangrin à mépriser le français des tirailleurs. Voici sa réaction après avoir entendu parler l'interprète Racoutié :

> L'interprète serra énergiquement la main de Wangrin, puis lui montra un banc et lui dit : « Moussé Lekkol, poser ici, attendre commandant parler toi. Tu froid ton cœur, commandant lui pas pressé jamais. Cé comme ça avec grand chef ». Outré de voir ainsi maltraiter la belle langue française, Wangrin alla s'asseoir sans grand enthousiasme.[135]

Les remarques de Wangrin laissent deviner que le rapport entre le forofifon naspa et le français des tirailleurs est loin d'être paisible. L'écart entre les deux variables est tel que son impact sur le

---

[131] *L'étrange destin de Wangrin*, p.39.
[132] *ibid.* p.38.
[133] *ibid.* p.221.
[134] *ibid.* p.33.
[135] *ibid.* p.29. Wangrin ne sera pas plus indulgent vis-à-vis de Romo Sidebi : "Il serait inconvenant qu'un "goujat" se pavanât dans un paradis, y assourdissant tout le monde avec les accents de son "forofifon naspa", alors que des hommes lettrés, sur qui doivent descendre bénédiction et miséricorde du ciel et de la France, peinent dans l'enfer de la pauvreté." *ibid.* p.105.

déroulement de l'action ne peut être négligé. L'ayant écouté parler français, le commandant de cercle, chez qui Wangrin se rend avant de commencer son nouveau travail de moniteur de l'enseignement, remarque immédiatement que le nouvel instituteur se distingue des autres indigènes par l'éducation reçue, conforme aux valeurs de la mère-patrie[136]. La variété du panorama linguistique, enrichie de la maîtrise du français hexagonal (variété légitime dans la perspective coloniale), représente la clé du succès et de l'ascension sociale du protagoniste. La richesse de l'éventail linguistique dont il dispose et la ruse qui le caractérise lui permettront d'exploiter l'opposition binaire transparence *vs* opacité (médiateur vs écran), qui caractérise les interprètes, en jouant sur les deux plans[137].

Finalement, en dépit de sa richesse, le paysage linguistique wangrinien n'est constitué que par deux des catégories linguistiques identifiées : le français de France et les langues ethniques. En revanche, le français des tirailleurs, qui participait de la constellation malienne mais que Wangrin dénigre profondément, disparaît. Si la compétence en français hexagonal implique la compréhension du forofifon naspa, la pratique en est exclue. Le portrait de la manière dont Wangrin parle le français hexagonal tracé par Hampâté Bâ est intéressant à plusieurs égards :

> Il avait fait l'école de Kayes et y avait si bien, paraît-il, appris à parler la langue française que, lorsqu'il s'exprimait dans ce dialecte de mange-mil, les blancs-blancs eux-mêmes, nés de femmes blanches de France, s'arrêtaient pour écouter. Il ne fallait pas, disait-on, moins de dix ans pour apprendre, imparfaitement d'ailleurs, les gestes supports du parler français, dont voici les plus caractéristiques : tendre de temps à autre le cou en avant ; tantôt écarquiller les yeux, hausser les épaules, froncer les sourcils ; tantôt tenir les bras en équerre, paumes ouvertes ; croiser les bras sur la poitrine et fixer son interlocuteur, imprimer à ses lèvres des moues diverses ; toussoter fréquemment, se pincer le nez ou se tenir le menton, etc. Ignorer comment ces gestes se combinent pour souligner les mots que la bouche égrène, c'est tomber dans le ridicule dit de « vieux tirailleur ».[138]

En fait, c'est un double portrait qui nous est livré : le français hexagonal pur, non souillé par les inflexions venant des langues ethniques, parlé par Wangrin permet à l'écrivain d'introduire une caricature de la langue française. La description du français ébauchée

---

[136] Voir *ibid.* p.33.
[137] À ce sujet, nous renvoyons à l'épisode de la dispute entre Wangrin et Romo qui se déroule dans le bureau du commandant Tolber. Voir *ibid.* p.242.
[138] *ibid.* p.26.

dans cet extrait n'est pas sans rappeler une mise en scène théâtrale, de sorte que parler le français de France revient à jouer un rôle théâtral[139], dans lequel les dimensions linguistique et culturelle sont strictement associées : la maîtrise de la variété normée et plus prestigieuse suppose l'association des compétences verbales (lexicale, sonore, syntaxique etc.) et non verbales (proxémique, kinésique, mimique)[140]. Par ailleurs, l'acquisition d'une visibilité linguistique et culturelle autre se traduit en un processus tellement complexe que la rapidité de Wangrin et la maîtrise du français hexagonal qu'il atteint ne peuvent qu'étonner les locuteurs natifs, produisant ainsi un choc culturel[141].

4.2. La prononciation de Wangrin : un choc dans le marché linguistique malien

La prononciation conforme au français hexagonal de Wangrin bouleverse la configuration du marché linguistique malien. S'"il y a marché linguistique toutes les fois que quelqu'un produit un discours à l'intention de récepteurs capables de l'évaluer, de l'apprécier et de lui donner un prix"[142], il s'ensuit que l'évaluation du prix du produit linguistique résulte du rapport de force entre les compétences linguistiques des locuteurs. Comme le rapport de forces linguistiques

---

[139] À ce propos, les considérations de M.Ngal méritent d'être rappelées : "Dans les civilisations africaines traditionnelles, toute création littéraire s'accomplit dans la théâtralisation. Celle-ci constitue le fond permanent des cultures africaines et structure les œuvres." Ngal, G., "Présupposés théoriques et méthodologiques à une théorie de la littérature africaine" in *African literature and literary theory*, Münster/Hambourg, J.Gugler, H-J. Lüsebrink, J. Martini éd., 1993, p.16.

[140] Kerbrat-Orecchioni, C., *Les interactions verbales. Variations culturelles et échanges rituels*, op.cit., pp.15-24 . La valeur culturelle de la proxémie est aussi traitée par Hall, E.T, *La dimension cachée*, Paris, Seuil, coll. « Points-Essais », 1978,

[141] Signalons que le portrait caricatural de l'acte de parler français n'est pas un trait propre seulement à Hampâté Bâ. L'extrait rapporté ci-dessus n'est pas sans rapport avec la description que Cheikh Hamidou Kane ébauche de la manière dont, pendant son enfance, il s'amusait à parler français avec ses camarades. L'aspect parodique et théâtral (accentué par l'emploi du mot *mascarade*) est nettement plus marqué que dans la description esquissée par Hampâté Bâ : "« Chacun de nous, retroussant les pans très amples du boubou qu'il portait les serra sur son buste pour faire une veste ou une chemise ; en roulant autour de nos cuisses les larges drapés de nos pantalons, nous en fîmes des "culottes" et des "pantalons à l'européenne". Nous nous procurâmes ensuite une cendre blanchâtre à l'aide de laquelle chacun se dota d'un visage blanc. La mascarade achevée, nous essayâmes les gestes de la mimique des Blancs lorsqu'ils conversent entre eux : mains dans les poches ou poings aux hanches ou bras croisés, pour ce qui est du jeu des mains. Station debout immobile, ou petit ballet de chacun autour de l'autre, pour ce qui est des jeux de jambe »." Hamidou Kane, C., "Langue française et identité culturelle", in *Le Soleil* (Dakar), supplément *Arts et Lettres* des 14 et 21 octobre 1977.

[142] Bourdieu, P., *Questions de sociologie*, op.cit., p.123.

ne se joue pas dans la dimension strictement linguistique mais est en relation avec la structure sociale dont l'influence n'est pas négligeable[143], la prononciation correcte de Wangrin est perçue comme un produit dont la valeur est fixée par l'appartenance sociale et ethnique des sujets auquel il est destiné. En ce sens, elle devient immédiatement objet d'évaluation de la part des représentants du pouvoir colonial français et des autres interprètes et, dans les deux cas, elle est identifiée avec le "français-langue coloniale", norme légitime et modèle à partir duquel on juge les variétés.

Si avant l'arrivée de Wangrin, le forofifon naspa représentait un surplus de valeur par rapport aux langues ethniques, au point que le pouvoir colonial accordait de grands privilèges aux interprètes, il est rapidement relégué au deuxième plan au moment où le terme de comparaison est le "français tout neuf couleur vin rouge de Bordeaux". Pour nous tenir à la métaphore économique, le français de France constitue un capital linguistique plus rentable que le français des tirailleurs, et cela en termes de profits linguistiques, sociaux et ethniques qu'il apporte sur un certain marché : c'est grâce à la maîtrise du français hexagonal que Wangrin parvient à se distinguer des autres interprètes et à gagner la confiance des commandants occidentaux[144]. L'introduction du français hexagonal entraîne donc un élargissement du marché linguistique malien et une redistribution des pôles linguistiques ayant une valeur économique. Pour ce qui est des interprètes, leur attitude à l'égard du français hexagonal fait état du décalage entre *connaissance* et *reconnaissance* de la langue légitime[145] : s'ils reconnaissent les traits phonétiques propres au français hexagonal et qu'ils l'acceptent dans sa valeur de capital linguistique dominant, ils ne la maîtrisent pas. C'est ainsi que se manifeste leur conscience de la *distinction* : "propriété *relationnelle* qui n'existe que dans et par la relation avec d'autres propriétés"[146], la distinction est perçue en relation à la prononciation de Wangrin. Par ailleurs, les répliques des interprètes contenues dans le corpus analysé ne font pas état d'éventuelles tentatives de nier tout écart distinctif en s'appropriant la variété socialement et ethniquement valorisée[147]. Leur attitude relève plutôt d'une acceptation de la distinction que Wangrin,

---

[143]Bourdieu, P., *Ce que parler veut dire*, *op.cit.*, p.61. Nous opérons ici à un déplacement des considérations de Bourdieu d'un plan social à un plan ethnique.
[144]Nous renvoyons au passage contenu en *L'étrange destin de Wangrin*, pp.220-221.
[145]Bourdieu, P., *Ce que parler veut dire*, *op.cit.*, p.54.
[146]Bourdieu, P., *Raisons pratiques*, *op.cit.*, p.20. C'est l'auteur qui souligne.
[147]Les tentatives de reproduction de la variété socialement et ethniquement valorisée pourraient engendrer des phénomènes d'hypercorrection. Voir Labov, W., *Sociolinguistique*, *op.cit.*, pp.193-200.

au contraire, grâce à sa prononciation et à ses connaissances littéraires et culturelles, parvient à nier. Chez Wangrin connaissance et reconnaissance du français hexagonal se rejoignent, ce qui lui permet d'acquérir, au niveau linguistique, la visibilité ethnique valorisée et de marquer sa distinction par rapport aux autres interprètes. Par contre, les interprètes sont pris dans une condition proche de la *double contrainte* batesonienne : ils reconnaissent la valeur du code linguistique dominant, sans pour cela y avoir accès complètement[148].

5. L'école dans le contexte polyphonique et plurilingue malien : une voie de promotion du français hexagonal

Langue du pouvoir colonial et surtout véhicule de la culture française, le français hexagonal est diffusé notamment par le biais de l'école. Vers la fin du premier tome des récits autobiographiques, Hampâté Bâ remarque :

> L'un des buts de toute colonisation […] a toujours été de commencer par défricher le terrain conquis […]. Il faut d'abord arracher des esprits, comme de mauvaises herbes, les valeurs, coutumes et cultures locales pour pouvoir y semer à leur place les valeurs, les coutumes et la culture du colonisateur, considérées comme supérieures et seules valables. Et quel meilleur moyen d'y parvenir que l'école ?[149]

Néanmoins, à côté de l'école coloniale, constituée à son tour par l'école des otages et l'école de Fantirimori, le corpus malien relève la présence de l'"école orale traditionnelle"[150] et de l'école coranique. Leurs relations réciproques retiendront notre attention.

---

[148] Notion empruntée aux études que Bateson a mené sur le système familial, le *double bind* ou *double contrainte* renvoie aux liens entre "personnes prises dans un système permanent qui produit des définitions conflictuelles de la relation". Bateson, G., Jackson, D.D., Haley, J., Weakland, J.H., « A note on the Double Bind –1962 », *Family Process*, 2, 1963, cité par Winkin, Y., *La nouvelle communication*, *op.cit.*, p.41.
[149] *Amkoullel, l'enfant peul*, p.492.
[150] *ibid*, p.253.

5.1. L'école des otages *vs* l'école de Fantirimori

Le roman consacré à Wangrin met en scène, mieux que les autres, la relation entre les deux écoles coloniales : l'école des otages et l'école de Fantirimori[151].

Dès le début, l'écrivain décrit la formation de Wangrin, "réquisitionné pour être envoyé à l'établissement dit « École des otages »"[152] : cherchant à s'assurer leur soumission, les autorités françaises obligeaient les fils de chefs ou de notables autochtones à suivre leur formation dans cette école, où l'éducation reçue leur permettrait de s'intégrer plus facilement dans les structures coloniales en devenant domestiques[153], fonctionnaires subalternes ou, comme Wangrin, "moniteurs d'enseignement"[154]. En revanche, les informations sur Fantirimori sont fournies indirectement, mais l'écart entre les deux écoles est évident. Si à l'école des Otages, Wangrin apprend "rapidement à lire, à écrire, à compter et à parler correctement le français"[155], tel n'est pas le cas des interprètes Racoutié et Romo Sibedi :

> Ce dernier (Romo Sibedi) n'était pas un interprète provenant de l'École des otages, comme Wangrin, mais était issu de « Fantirimori », tout comme Racoutié, et *parlait comme lui le « forofifon naspa »*.[156]

Associée au français hexagonal, l'école des otages, représente une *plus value* par rapport à Fantirimori, car c'est ici que les enfants des chefs apprennent la langue grâce à laquelle ils pourront s'élever dans l'échelle sociale[157].

Les considérations de l'écrivain au sujet de l'école de Fantirimori permettent de mieux définir les contours du français des tirailleurs. Né

---

[151] En fait, *L'étrange histoire de Wangrin* n'est pas le seul roman où Hampâté Bâ renvoie à l'école des otages. Dans le premier tome des récits autobiographiques, *Amkoullel, l'enfant peul*, les références à l'école des otages sont aussi nombreuses, mais nous y reviendrons dans les paragraphes qui suivent.

[152] *L'étrange destin de Wangrin*, p.18.

[153] Voir *Amkoullel, l'enfant peul*, p.343.

[154] Voir *L'étrange destin de Wangrin*, Notes, pp.367-368.

[155] *ibid.* p.18.

[156] *ibid.* p.101. C'est nous qui soulignons.

[157] « Le commandant me dévisagea une bonne minute, puis déclara : "Jeune homme, tu n'es pas comme les autres indigènes. Tu es allé à l'école française. Tu y as reçu une bonne éducation morale et intellectuelle. Tu fus un très bon élève et, pour couronner le tout, tu as été major de ta promotion. [...]. Ce diplôme t'a ouvert les portes de la plus noble des carrières : l'éducation des enfants, c'est-à-dire la formation des hommes de demain »." *ibid.* p.33.

en tant que langue véhiculaire afin de rendre possible la communication entre les ethnies colonisées et les colonisateurs, le français des tirailleurs possède tout de même le statut de langue reconnue et légitimée par l'école, ce qui justifie sa présence à l'intérieur de la constellation malienne[158].

En outre, la distinction entre les deux écoles prouve que, malgré le statut privilégié dont il jouit dans le milieu malien, l'implantation du français hexagonal ne rentre pas dans les visées du système colonial[159]. Malgré la valorisation dont il jouit sur le marché linguistique, le français hexagonal est loin de déployer une force centripète visant à éclipser les langues ethniques. Le dynamisme du panorama linguistique malien n'est donc pas remis en cause.

5.2. L'*école orale traditionnelle* : une école "chantée" en plein air

L'expression "école orale traditionnelle" surprend, sans doute, le lecteur occidental, dans la mesure où elle associe trois niveaux - la dimension scolaire, l'oralité et les traditions - normalement séparés dans le système occidental de référence[160]. D'après la description que l'écrivain ébauche, l'école orale traditionnelle consiste en la

---

[158] Nous adoptons la définition de *légitimité* proposée par Robillard, d'après qui est légitime ce qui jouit "d'une certaine forme de reconnaissance sociale. Cette reconnaissance sociale, renforcée par celle qui émane de l'autorité scolaire, peut être explicitée et formalisée à différents degrés : juridique par exemple, ou simplement « coutumière » ou socialement codée". Les considérations de Robillard portent sur la polynomie, mais elles nous paraissent convenir aussi à la problématique dont nous traitons. Voir Robillard (de), D., "Polynomie, légitimité, standard : quels enjeux dans l'espace francophone ?", in Laroussi, F., Babault, S. (sous la direction de), *Variations et dynamisme du français. Une approche polynomique de l'espace francophone, op.cit.*, p.59.

[159] Si l'on considère l'implantation comme l'étape finale d'un parcours constitué par plusieurs phases (innovation, connaissance, persuasion, acceptation et diffusion), il est évident que le dispositif colonial est loin d'entamer un tel processus. Voir *ibid.* pp.72-79.

[160] Quoique, dans l'évocation de l'enfance d'Amkoullel, l'école orale traditionnelle ne soit mentionnée qu'après l'école coranique, nous préférons la présenter avant, bien que notre choix ne respecte pas la dynamique temporelle suivie par l'écrivain dans la construction de son récit. Toutefois, non seulement elle représente une étape fondamentale dans la formation de l'enfant, mais surtout elle n'est pas sans incidence sur son évolution. De plus, alors que entre l'école coranique et l'école des blancs il y a un rapport de succession temporelle, l'école orale traditionnelle accompagne le protagoniste tout au long de sa vie. Voir Genette, G., *Figures III*, Paris, Seuil, 1972, pp.77-121.

participation aux soirées animées par les chants des griots, conteurs et traditionalistes[161] :

> À la belle saison, on venait le soir à Kérétel pour regarder s'affronter les lutteurs, écouter chanter les griots musiciens, entendre des contes, des épopées et des poèmes. Si un jeune homme était en verve poétique, il venait chanter ses improvisations. On les retenait de mémoire et, si elles étaient belles, dès le lendemain elles se répandaient à travers toute la ville. C'était là un aspect de cette *grande école orale traditionnelle* où l'éducation populaire se dispensait au fil des jours.[162]

Tout au long de ces séances, les facultés intellectives mobilisées sont l'écoute de contes, d'épopées et de poèmes et leur mémorisation en vue de la reproduction et de la répétition. L'oralité est, donc, l'une des dimensions centrales qui participent de l'enseignement dispensé à cette école[163]. D'autres traits typiques de l'enseignement à l'école orale traditionnelle concernent la fréquence des séances et l'ambiance des cours : dispensé selon les circonstances et selon l'attention du public[164], l'enseignement des maîtres maliens obéit au principe d'"instruire en amusant"[165].
La nature du public qui assiste aux séances orales est loin d'être homogène : l'ambiance désinvolte et décontractée justifie la présence d'enfants et d'adultes. Néanmoins, la participation des enfants est massive, car c'est dans cette école que se déroule une partie considérable de leur apprentissage :

> [...], assis dans un coin de la cour auprès de Koullel, silencieux comme devait l'être tout enfant au milieu des adultes, je ne perdais pas une miette de tout ce que j'entendais. C'est là qu'avant même de savoir écrire j'ai appris à tout emmagasiner dans ma mémoire, déjà très exercée par la technique de mémorisation auditive de l'école coranique. Quelle que fût la longueur d'un conte ou d'un récit, je

---

[161] Terme qui recouvre un champ sémantique vaste et qui peut prêter à des équivoques, l'acception actualisée est précisée par l'écrivain : "Le terme « traditionaliste » désigne généralement tous ceux, griots ou non, qui connaissent les « traditions », c'est-à-dire les récits ou les connaissances hérités des anciens dans un ou plusieurs domaines : religion, histoire, généalogie, contes, etc., et qui les transmettent avec fidélité. Il serait plus juste de traduire le terme africain par « connaisseur »." *L'étrange destin de Wangrin*, note 248, p.379. Voir aussi *Oui mon commandant!*, note p.38.
[162] *Amkoullel, l'enfant peul*, p.253. C'est nous qui soulignons.
[163] Voir Hampâté Bâ, A., "Préface", *op.cit.*, p.8.
[164] Voir *Amkoullel, l'enfant peul*, p.254.
[165] *ibid.* p.255.

l'enregistrais dans sa totalité et le lendemain, ou quelques jours après je le resservais tel quel à mes camarades d'association.[166]

L'écrivain reviendra à plusieurs reprises sur la formation historique et culturelle qu'il reçoit à l'école orale traditionnelle, décrivant les soirées passées à écouter les récits et chansons des conteurs et des griots/griottes[167], autrement dit des "maîtres de la parole"[168]. Le portrait qu'il ébauche des ces instituteurs locaux est révélateur à plusieurs égards et mérite qu'on s'y arrête, d'autant plus que cela permettra d'établir, par la suite, une comparaison avec l'image du maître à l'école des blancs. Reprenons les mots de Hampâté Bâ :

> De tels hommes pouvaient aborder presque tous les champs de la connaissance d'alors, car un "connaisseur" n'était jamais un spécialiste au sens moderne du mot, c'était plutôt une sorte de généraliste. La connaissance n'était pas compartimentée. Le même vieillard (au sens africain du terme, c'est-à-dire *celui qui connaît*, même si tous ses cheveux ne sont pas blancs) pouvait avoir des connaissances approfondies aussi bien en religion ou en histoire qu'en sciences naturelles ou en sciences humaines de toutes sortes. C'était une connaissance plus ou moins globale selon la qualité de chacun, une sorte de vaste "science de la vie", la vie étant ici conçue comme une unité où tout est relié, interdépendant et interagissant, où matériel et spirituel ne sont jamais dissociés.[169]

Ces considérations laissent inférer que le but principal de cet enseignement est de créer un lien entre les enfants et la vie, de leur faire découvrir le contact avec leurs racines en les plongeant dans un passé à la fois historique et mythique :

> Dans ma petite enfance, j'avais déjà entendu beaucoup de récits historiques liés à l'histoire de ma famille tant paternelle que maternelle, et je connaissais les contes et historiettes que l'on racontait aux enfants. Mais là, je découvris le monde merveilleux des mythes et des grands contes fantastiques dont le sens initiatique ne me serait révélé que plus tard, l'ivresse des grandes épopées relatant les hauts

---

[166]*ibid.* p.255. Voir aussi la description des séances organisées par Koullel. *ibid.* p.280. En ce qui concerne la description des potentialités de la mémoire africaine, nous renvoyons à *Oui mon commandant*, p.429.
[167]Voir *Amkoullel, l'enfant peul*, p.253.
[168]"Plus que jamais mon milieu familial était pour moi une grande école permanente, celle des maîtres de la Parole." *ibid.* p.255.
[169]*ibid.* pp.253-254.

faits des héros de notre histoire, et le charme des grandes séances musicales et poétiques ou chacun rivalisait dans l'improvisation.[170]

Néanmoins, l'adjectif "traditionnelle" n'est pas inconciliable avec le côté créatif propre à cette école : "l'enseignement oral était gardé et transmis par ceux qui possédaient un talent particulier et ceux-ci, à leur tour créaient et improvisaient. Ces grands artistes du verbe étaient à la fois des continuateurs et des créateurs qui venaient enrichir le patrimoine commun."[171]

L'écoute de conteurs, griots et traditionalistes permettra à Amkoullel d'intégrer les qualités du vrai conteur qu'il développera par la suite :

> On m'a demandé un jour quand j'avais commencé à récolter les traditions orales ; je répondis qu'en fait je n'avais jamais cessé de le faire, et cela depuis ma prime jeunesse, ayant eu la chance de naître et de grandir dans un milieu qui était pour moi une sorte de grande école permanente pour tout ce qui touchait à l'histoire et aux traditions africaines. Tout ce que j'entendais le soir dans la cour de mes parents, je le transmettais dès le lendemain à mes petits camarades de jeu, faisant mes premières armes de conteur ; mais je ne le ferai d'une manière systématique que quelques années plus tard, quand nous serons revenus à Bandiagara et que j'y fonderai ma première association (*waaldé*), laquelle regroupera jusqu'à soixante-dix gamins de mon âge.[172]

5.3. De l'école coranique à l'école des blancs

5.3.1. D'un écart...

Conformément aux traditions de sa famille et de son ethnie, c'est l'école coranique qui représente la première expérience scolaire d'Amkoullel, exception faite pour l'école orale traditionnelle. Bien que limitée du point de vue temporel, l'empreinte que l'école coranique laisse dans l'éducation d'Amkoullel est telle qu'elle ne peut être négligée. Comme son nom l'indique, l'éducation coranique est

---

[170] *ibid.* p.202.

[171] Hampâté Bâ, A., "Préface", *op.cit.*, p.8. La méthode d'enseignement à l'école orale traditionnelle se rapproche de ce que Isidore Okpewho appelle formation de type informel, dans la mesure où celle-ci n'implique aucun lien explicite entre les maîtres de la parole et les élèves-écouteurs. Pour une vision globale, signalons que Okpewho indique aussi l'existence d'une forme d'art oral qui se situe à un niveau plus élevé. Celle-ci nécessite d'une formation formelle, qui consiste pour l'enfant à devenir "l'élève d'un artiste confirmé auprès duquel il vit pendant de nombreuses années. Celui-ci lui enseigne les règles de langage, les secrets de la sagesse, les modes d'élocution propres à ces genres poétiques". Okpewho, I., *Littérature orale en Afrique subsaharienne*, Paris, éd. Mentha, 1992, pp.15-17.

[172] *Amkoullel, l'enfant peul*, pp.202-203.

investie d'une valeur sacrée très élevée, évoquée par les propos de Tidjani, le père d'Amkoullel :

> [...] Tu vas apprendre à lire et à retenir par cœur les textes du livre sacré, le Coran, que l'on appelle aussi Mère des livres.[173]

La cérémonie rituelle qui accompagne l'acceptation d'Amkoullel à l'école coranique insiste davantage sur le caractère éminemment religieux de celle-ci[174].

L'école des blancs (ou école coloniale) se situe dans une dimension absolument différente. Loin de toute perspective religieuse, elle vise à l'acculturation des enfants, à leur intégration dans le contexte culturel colonial et se donne donc une mission civilisatrice : à l'école coloniale, expression directe du pouvoir colonial, les enfants apprendront "à lire, à écrire et à parler français", la langue qui permettra "d'acquérir le pouvoir et la richesse"[175]. Toutefois, malgré son attachement aux traditions transmises par l'école orale traditionnelle, c'est avec un sentiment d'enthousiasme et d'orgueil qu'Amkoullel s'ouvre à l'école des blancs :

> Son calme retrouvé, le commandant reprend : "Veux-tu aller à l'école pour apprendre à lire, à écrire et à parler le français qui est une langue de chef, une langue qui fait acquérir pouvoir et richesse ?". Je réponds avec force : "Oui, papa commandant ! Et je t'en conjure par Dieu et son prophète Mohammad, ne me renvoie pas, garde-moi et envoie-moi à ton école le plus vite possible !"[176]

Par son discours profondément ethnocentrique, le maître met en œuvre, du moins indirectement, une hiérarchisation des langues qui interviennent dans la constellation malienne comparable, à tous les égards, à celle adoptée par les commandants et par les autres représentants administratifs coloniaux, de sorte que l'apport de l'institution scolaire à la légitimation du français hexagonal est incontestable. Néanmoins, un tel enthousiasme n'est pas partagé par

---

[173] *ibid.* p.194.

[174] En ce qui concerne la description de la cérémonie d'initiation d'Amkoullel à l'école coranique, nous renvoyons aux pages, pp.195-197.

[175] À ce sujet, nous renvoyons à l'épisode décrivant le premier contact d'Amkoullel avec l'école coloniale. *Amkoullel, l'enfant peul*, p.323. Il n'est pas inintéressant de s'interroger sur la langue dans laquelle l'échange dialogique se déroule. Comme il s'agit d'enfants, la maîtrise du français hexagonal, tel que l'écrivain le restitue, nous paraît invraisemblable. Nous tâcherons d'expliquer les choix linguistiques de Hampâté Bâ dans la suite de cette recherche.

[176] *ibid.* p.324.

les membres de sa famille[177]. Sa mère Kadidja, sous prétexte de l'écart quasi insurmontable qui sépare les deux écoles - l'une tournée vers une dimension religieuse et spirituelle, l'autre vers la connaissance et l'appropriation de la civilisation coloniale - s'oppose à ce que son fils aille à l'école coloniale. En fin de compte, par son attitude Kadidja rejette la suprématie des marchés linguistique et scolaire coloniaux pour actualiser un marché scolaire dont les références sont représentées par des valeurs religieuses et fait ainsi preuve d'un éclatement des normes évaluatives. Au contraire, Amkoullel dépasse la dualité soulignée par sa mère et, renvoyant à un double système de référence ("[...] je t'en conjure par Dieu et son prophète Mohammad [...]"), il propose une conciliation entre des dimensions culturelles éloignées.

5.3.2. À un lien possible...

En dépit des différences relevées dans le paragraphe précédent, des liens entre les deux univers scolaires apparaissent au niveau des méthodes d'apprentissage proposées.
Décrivant son premier "cours" à l'école coranique, Hampâté Bâ met l'accent sur la répétition des formules :

> Sept fois Tierno Kounta me répéta la leçon, et sept fois je la râbachai après lui, après quoi il congédia mes parents. Je devais rester dans un coin de sa cour et répéter quatre cent huit fois la leçon en suivant les lettres du doigt. Cela me prit environ deux heures.[178]

Loin d'être un cas isolé, la méthode de la répétition reviendra de manière régulière à chaque fois que l'écrivain relate son expérience à l'école coranique[179].
Les méthodes appliquées par l'école coloniale reproduisent celles de l'école coranique :

> M. Moulaye Haïdara reprit sa leçon. Ce jour-là, les élèves devaient apprendre et réciter par cœur un texte que le maître énonçait bien distinctement en français, mot par mot puis phrase par phrase. Les élèves répétaient chaque mot après lui, puis chaque phrase, d'abord tous en chœur, puis chacun l'un après l'autre. Cela dura environ une demi-heure. Puis le maître demanda à chacun de répéter seul le texte

---

[177]Voir *ibid.* p.335.
[178]*ibid.* p.197.
[179]"Je m'installais dans un coin et la récitais à haute voix pour l'apprendre par coeur. Chaque élève clamait la leçon à tue-tête sans se soucier des autres, dans un vacarme indescriptible qui, curieusement ne gênait personne." *ibid.* p.230.

après lui, la classe le reprenant en chœur comme si l'élève était devenu le maître.

J'écoutais attentivement et répétais après les autres, m'appliquant à bien retenir les paroles même si je n'en comprenais pas le sens. *Ma mémoire auditive, comme celle de tout bon élève coranique, était dressée à ce genre de gymnastique*, habitués que nous étions à apprendre par cœur des pages entières du livre sacré sans en comprendre le sens. Ce simple exercice de mémoire ne présentait pour moi aucune difficulté, d'autant que, dans mon désir d'apprendre le plus vite possible la langue de "mon ami le commandant", j'y mettais toute mon ardeur.[180]

Le lien entre l'école coranique et l'école française est extériorisé par l'écrivain : les méthodes appliquées à l'école coranique, qui reposent sur une écoute attentive et sur un entraînement de la mémoire auditive détaché du sens véhiculé, favorisent aussi, quoique de manière indirecte, l'apprentissage de la langue française. Pour une vision complète de la question concernant les méthodes d'apprentissage, il est indispensable de rappeler que l'entraînement à la mémorisation qui procède de l'école coranique est renforcé par la formation reçue à l'école orale traditionnelle.

De plus, dans le cadre linguistique esquissé par l'écrivain, l'arabe se voit attribuer une valeur instrumentale dans la mesure où il est employé afin de maîtriser la technique de la mémorisation, sans qu'il y ait aucune tentative de percer le niveau sémantique, c'est-à-dire sans que la faculté de la compréhension soit mobilisée.

Décrivant la technique mnémonique en tant que moyen d'apprentissage d'une langue, le rôle de la dimension sonore est au premier plan tant qu'elle efface, momentanément, le niveau sémantique. C'est d'abord par la reproduction aussi exacte que possible de la pâte sonore de la langue cible que la mémorisation est acquise :

> Ma méthode d'apprentissage était particulièrement efficace : je tympanisais tout le monde à la maison en déclamant à tue-tête des séries de mots de même consonance, telles que : *au loin, du foin, un coin, des liens,* [...] élevant et laissant traîner la voix sur l'article ou le premier mot, comme le faisaient les élèves.[181]

En approfondissant la méthode de la répétition, Hampâté Bâ signale que la dimension prosodique (du ton monocorde et traînant au

---

[180] *ibid.* p.332. C'est nous qui soulignons.
[181] *ibid.* p.338.

rythme cadencé)¹⁸² aussi bien que la ressemblance phonétique sont envisagées comme des expédients dont les enfants se servent pour mémoriser les mots du français. L'anecdote suivante est révélatrice des distorsions phonétiques imposées à la langue française :

> L'autre camarade, un Dogon nommé Sagou K., eut un jour à réciter, comme chaque élève, une phrase dite par le maître. Cette phrase était : *"Le corps humain se compose de trois parties : la tête, le tronc et les membres"*. Quand son tour fut venu, Sagou, qui avait beaucoup de mal à retenir les mots français, improvisa et chantonna, en un français phonétique approximatif : "Le cor himin sin kin foossi (se compose) trois frati (parties) : la tête, soreeye (oreilles), né... *foufé* !". Ne se souvenant pas du mot "bouche", il avait inventé une sorte d'onomatopée à partir du verbe "souffler" qui, pour lui, évoquait la bouche. M. Moulaye Haïdara le fit recommencer plusieurs fois, mais jamais le malheureux ne put parvenir au bout de la phrase sans sortir de son sempiternel *foufé*. Le maître était hors de lui. Inutile de dire que Sagou eut droit, lui aussi, à une solide correction.¹⁸³

5.4. L'école française et les langues ethniques

Caractérisée principalement par le français hexagonal, l'école des blancs n'est pas pour autant imperméable aux langues ethniques. Bien au contraire, les deux variables linguistiques s'y côtoient mais, loin d'être positionnées au même niveau, elles se disposent sur un axe vertical :

> M. Moulaye Haïdara se tourna vers ses élèves et dit à haute voix en français en me montrant du doigt : "Amadou est un boucher. Répétez !" [...] Cette phrase fut la première que j'appris et retins en langue française.
> Le maître [...] fit asseoir à l'avant-dernière place et Madani à la dernière [...]. Pourquoi m'avait-on placé avant Madani, fils du chef du pays, et pourquoi Daye Konaré, l'un de ses captifs était assis au premier rang ? Peut-être était-ce une erreur ? Après un moment, je me levai pour céder ma place à Madani et m'installais à la sienne.
> "Qui vous a permis de changer de place ?" s'écria le maître *en bambara* : [...].
> Je me levai et répondis dans la même langue, que parlaient d'ailleurs la plupart des enfants : [...]¹⁸⁴

L'épisode cité signale la distribution des espaces consacrés aux langues : conformément à leur hiérarchie, le français est posé comme

---

¹⁸²Voir *ibid.* p.339.
¹⁸³*ibid.* p.341.
¹⁸⁴*ibid.* pp.330-331. C'est nous qui soulignons.

langue officielle dans laquelle se déroulent les cours, alors que le bambara apparaît comme langue d'une conversation plus relâchée. En conséquence, les langues deviennent des marqueurs indiquant des niveaux de conversation bien définis. La répartition des fonctions sera confirmée à nouveau par l'écrivain, lorsqu'il précisera non seulement que les cours étaient donnés exclusivement en français, mais aussi qu'il était interdit aux élèves de parler les langues ethniques à l'école, au prix de graves sanctions :

> À moins d'une nécessité particulière, il nous était d'ailleurs strictement interdit de parler nos langues maternelles à l'école, et celui qui était pris en flagrant délit se voyait affublé d'un signe infamant que nous appelions "symbole".[185]

Toutefois, la sévérité du maître et les punitions qu'il impose aux enfants n'instaurent pas dans la classe une atmosphère de terreur[186]. Dans le récit *Amkoullel, l'enfant peul* il y a un seul épisode où se manifeste une marque de mépris à l'égard de la visibilité ethnique d'un élève. Questionné par l'inspecteur de l'enseignement sur le nom de la capitale de la France, l'élève hésite et finit par se tromper ("La capitale de la France... la capitale de la France... c'est Djenné!")[187]. La réaction de l'inspecteur, sans doute d'origine métropolitaine, est violente :

> Assieds-toi, espèce de grand escogriffe de Djenné ! cria l'inspecteur au comble de l'indignation. Apprends que Djenné n'est pas la capitale de la France. La capitale de la France, c'est Paris : P-A-R-I-S, Paris ![188]

Malgré cet épisode, en général l'école coloniale n'est pas présentée comme un instrument qui vise à écraser les visibilités identitaires et ethniques des enfants. En revanche, elle paraît plutôt orientée à favoriser l'acceptation de la France, sans que cela s'accompagne d'un effacement des langues ethniques et, par

---

[185] *ibid.* pp.338-339. Par ailleurs, il sera intéressant de comparer l'attitude du maître de Hampâté Bâ avec celle du maître de Chamoiseau, décrite au ch. 2, par.2.3.2 et par.2.6.
[186] L'écrivain décrit aussi des épisodes plus drôles qui introduisent des parenthèses de soulagement. Il suffit de penser au jeu de mots qui se produit au moment où le maître prononce le mot français "babiller", homophone d'une expression bambara ayant une signification grossière. L'hilarité des enfants est telle qu'elle influence aussi le maître. Voir *Amkoullel, l'enfant peul*, pp.341-342.
[187] *ibid.* p.369.
[188] *ibidem.*

conséquent, d'un déracinement identitaire ou ethnique, voire d'un anéantissement de l'univers colonisé.

C'est dans cette perspective de découverte, conçue en tant qu'enrichissement, que se situe la volonté d'Amkoullel de découvrir l'univers français. Cette volonté, qui ne touche plus seulement à la langue mais à toute la culture française, est signe du désir de l'enfant d'acquérir une visibilité ethnique autre :

> - Ah ! C'est très bien cela ! Et qu'est-ce qu'on t'enseigne à l'école ?
> - On m'y apprend à lire, à écrire, à parler le français, à chanter, et surtout à aimer la France et à la servir même au prix de ma vie ou de la vie des miens.[189]

Le charme à l'égard de la France mère-patrie est illustré par Jean-Claude Blachère au moment où il affirme que "[...] l'apprentissage de l'écriture du français - malgré (ou à cause de) ses difficultés - induit des réactions qui témoignent du pouvoir de fascination du signe. L'enfant africain est fasciné par l'accès à un monde jusque là mystérieux. Il vit, par la découverte de l'écriture, une sorte d'initiation, ce qui lui assure l'accès à un nouveau cercle de pouvoir"[190]. Hampâté Bâ se situe dans la même perspective :

> À l'école nous apprenions surtout - avec des maîtres remarquables, il est vrai - les rudiments de l'arithmétique, l'écriture et la langue française, un peu de littérature classique, et surtout l'histoire de France et une certaine version de l'histoire coloniale. Ces quelques années eurent cependant l'immense mérite de me fournir pour l'avenir, en plus d'une bonne formation de base pour mon travail administratif, *l'outil inestimable de l'écriture et de l'expression dans une langue de communication universelle.*[191]

6. Vers une revendication de l'identité ethnique malienne

Si l'attitude d'ouverture des enfants laisse présumer un reniement de l'identité d'origine en vue de l'acquisition d'une identité ressentie comme plus valorisante, doit-on conclure à un oubli des visibilités identitaire et ethnique maliennes ? La recherche du terrain où l'identité malienne trouve son espace d'expression privilégiée aboutit

---

[189] *ibid.* p.415.
[190] Blachère, J.-C., *Négritures. Les écrivains d'Afrique noire et la langue française*, Paris, L'Harmattan, 1993, p.22.
[191] *Oui mon commandant*, p.35. C'est nous qui soulignons.

à la dimension sonore. L'exploration du corpus malien prouve que la caractérisation identitaire par la voie sonore exploite de préférence trois types de sonorités : la voix des conteurs, des traditionalistes et des griots, les instruments de musique et enfin les sonorités du paysage. Ces catégories ne présentent pas de frontières étanches entre elles, mais se superposent produisant ainsi l'atmosphère sonore élaborée du contexte malien.

6.1. Les exhibitions musicales : un événement central dans la vie malienne

Les renvois aux séances de musique qui agrémentent les soirées jalonnent les récits et le roman de manière rythmique, ce qui indique qu'elles occupent une position de premier plan dans la vie quotidienne malienne :

> Presque chaque soir de grandes veillées se tenaient dans la cour de la maison de mes parents, où se rencontraient les meilleurs conteurs, poètes, musiciens et traditionalistes aussi bien peuls que bambaras, et que dominaient sans conteste Koullel et Danfo Siné.[192]

Même si elles sont marquées par des traits communs (dont le mélange de musique et de récits), ces soirées ont des visées différentes. Parfois il s'agit tout simplement de soirées récréatives[193], parfois elles sont organisées en l'honneur de quelqu'un. C'est le cas de l'interprète Romo Sidebi qui, faisant confiance en la sincérité de Wangrin, l'accueille selon les règles de la bienséance africaine et lui offre des soirées animées par les chants et par la musique de guitaristes et de batteurs de calebasse[194]. Loin d'être simplement un moment de détente, ces soirées sont aussi un moyen privilégié pour la transmission orale de l'histoire : elles cherchent à réactualiser l'histoire du passé en la faisant revivre sur un arrière-fond musical[195]. Pour Amkoullel, les séances des conteurs et traditionalistes représentent une véritable initiation à la connaissance du passé, des traditions, mythes et légendes qui font l'histoire de son ethnie et des autres groupes maliens.

Les exhibitions chantées et musicales accompagnent et rythment aussi les moments les plus prenants et intenses de la vie dans

---

[192] *Amkoullel, l'enfant peul*, p.201.
[193] "Le dîner fut suivi d'une séance de musique où tambourineurs, violonistes, guitaristes, monocordistes et flûtistes bercèrent l'assemblée de leurs accords du début jusqu'à la fin du repas." *L'étrange destin de Wangrin...*, p.107.
[194] Voir *ibid.* p.103.
[195] Voir *Amkoullel, l'enfant peul*, p.367.

l'environnement malien : les litanies prononcées à l'occasion de la naissance d'un enfant[196], les devises chantées et les cris poussés pour célébrer un mariage[197], les complaintes pour le décès d'une personne proche ou d'un ami[198], les chants et les danses qui accompagnent la cérémonie de la circoncision des enfants :

> Après un vrai repas de fête, les servantes étalèrent les tam-tams d'eau (grande calebasse remplie d'eau sur laquelle on renverse une calebasse plus petite pour créer une résonance profonde) sur lesquels frapperaient tambourineurs et tambourineuses pour soutenir les danses et les chants.[199]

Un arrière-fond musical accompagne aussi le travail ("À la façon africaine, le travail se fit au son des tam-tams, des flûtes et des violons")[200] ou encore le déplacement des chefs[201].

Une dernière remarque concerne les références dispersées dans le roman et récits de Hampâté Bâ à la voix du muezzin, symbole de la religion musulmane et signe d'un environnement sonore extrêmement mélangé et complexe :

> Au moment même où Diofo finissait de parler, on entendit : « Allaahou akbar ! Allaahou akbar !... ». C'était la belle et puissante voix du muezzin de la grande mosquée de Witou. Du haut du minaret, son appel psalmodié invitait les fidèles à se préparer à la prière rituelle musulmane [...].[202]

---

[196] Voir *ibid.* p.169.
[197] *Oui mon commandant*, pp.157-160.
[198] La mort de Tierno Kounta, le vieux maître d'Amkoullel et ami intime de son père Tidjani Tall, est accompagnée par les prières de Tidjani, par les complaintes déchirantes de sa femme et par les litanies de formules coraniques de la foule. Voir *Amkoullel, l'enfant peul*, pp.210-212.
[199] *ibid.* pp.283-284.
[200] *Oui mon commandant*, p.174.
[201] Voir *ibid.* p.183.
[202] *L'étrange destin de Wangrin*, p.173. Les multiples fonctions de la musique sont résumées dans Chitour, M.-F., "Le murmure du balafon, la musique de la cora et le rythme des congas", in Teulié, G. (textes réunis par), *Afrique, musique & écriture*, Montpellier, Presses de l'Université Paul Valéry, Montpellier III, coll. « Les carnets du Cerpanac », n° 1, pp.55-65.

6.1.1. Griots et griottes : une personnification de la "tradition orale"

Tout au long de ces soirées, conteurs et traditionalistes alternent avec d'autres professionnels de la voix, les *griots*. Ceux-ci constituent une "caste comprenant des musiciens, des chanteurs et aussi des savants généalogistes, itinérants ou attachés à certaines familles dont ils chantent et célèbrent l'histoire. Ils peuvent être aussi de simples courtisans"[203]. Chez les griots, la connaissance de l'histoire et des traditions du passé se mêle à des qualités vocales extraordinaires et à une maîtrise profonde de ses possibilités sonores, ce qui en fait de véritables "artisans de la voix"[204]. Griots et griottes interviennent souvent au milieu d'une cérémonie, contribuant à augmenter l'intensité de l'atmosphère :

> Beydari avait fait venir cinq griots généalogistes-chanteurs : trois hommes et deux femmes. L'une d'elle était la célèbre griotte Lenngui, l'une des seules à pouvoir chanter d'une voix aussi fluette que puissante, dans l'aigu comme dans le grave. À côté de son chant, celui des autres paraissait monotone. Comme elle connaissait parfaitement la famille dont descendait mon père, elle était la plus qualifiée pour chanter notre généalogie et les exploits de nos ancêtres. L'assistance fit un grand cercle autour des griots. Certains commencèrent à jouer et à déclamer des louanges. En fait, c'est Lenngui qui menait la séance. Toute la nuit elle chanta, alternant chants de berger et chants nuptiaux, chants de guerre ou d'amour, chants épiques ou nostalgiques. Les tambourineurs donnaient la mesure. La foule, battant des mains en rythmes alternés, soutenait la cadence. De temps en temps, un griot généalogiste se levait et entrait dans le cercle. [...]. Il lançait d'abord, avec les onomatopées d'usage, l'air du thème musical traditionnel choisi par lui, lent ou rapide, gai ou triste et la foule reprenait en chœur. Il entamait alors sur cet air sa tirade improvisée.[205]

L'extrait ci-dessus offre une représentation exhaustive d'une performance où griots et griottes jouent un rôle central. En premier lieu, ce sont les acrobaties vocales de la griotte Lenngui, dont la voix est un mélange de caractéristiques antithétiques ("[...] aussi fluette que puissante, dans l'aigu comme dans le grave [...]"), qui touchent le

---

[203]*Amkoullel, l'enfant peul*, note 12, p.520. L'origine du terme "griot" est traitée par Kawada Junzo. Voir Junzo, K., *La voix. Étude d'ethno-linguistique comparative*, Paris, Éd. de l'École des Hautes Études en Sciences Sociales, 1998, pp.178-182. Un portrait exhaustif des tâches qu'ils sont appelés à accomplir est restitué au début du deuxième tome des récits autobiographiques. Voir *Oui mon commandant!*, p.11.
[204]Junzo, K., *La voix, op.cit.*, ch.11. pp.135-144.
[205]*Amkoullel, l'enfant peul*, pp.283-284.

lecteur. La faculté à exploiter une gamme mélodique hétérogène convient particulièrement aux différentes typologies de chants. Ensuite, les renvois aux tambourineurs et aux battements des mains de la foule évoquent un rythme bien marqué. Le dernier élément à relever concerne le rôle de la foule. Loin d'être passive, elle participe au spectacle, tout en marquant davantage le rythme par le battement des mains et en reprenant en chœur l'air proposé par les griots. Arrière-fond d'où surgit la voix des griots[206], la participation de la foule est à envisager comme un soutien aux griots plutôt que comme une manifestation d'admiration[207]. Par ailleurs, sa participation n'est pas vraiment spontanée dans la mesure où c'est le type de spectacle qui appelle son intervention. Cela instaure une relation de complicité très étroite entre les deux variables en jeu (griots et public). Le pouvoir envoûtant de la voix des griots est tel que, joint aux autres qualités, il parvient à magnétiser l'attention de la foule en occultant la dimension sémantique repoussée au deuxième plan :

> Douée (la griotte Diêli Yagaré) d'une voix remarquable, à la fois douce et puissante, elle chantait les faits de guerre de Mademba pendant la pénétration française au Soudan. [...]. Elle disait vraiment n'importe quoi, mais elle avait la voix si prenante, elle était si belle et si merveilleusement parée qu'à elle seule elle était tout un spectacle, vision enchanteresse pour les jeunes gens que nous étions. Le roi, bercé par la voix de sa griote, traversait la place à pas lents [...][208]

Encore une fois, la griotte se distingue par une voix extrêmement souple, en mesure de moduler des sonorités variées, douces et puissantes, berçantes et fortes à la fois[209]. L'aptitude à capter une ample variété mélodique et rythmique est présentée comme une qualité constante de la voix des griots : de *caverneuse* et *tonnante*, la voix peut se faire *hésitante* et *voilée* selon la nature des récits (historiques et légendaires) qu'il relate[210].

---

[206]Lorenza Coray-Dapretto définit de telles performances comme des « works in progress », insistant ainsi sur la primauté du processus comparativement au produit fini. Voir Coray-Dapretto, L., "Quelques réflexions sur le Temps et le Rythme dans l'Art de la représentation africaine" in Teulié, G. (textes réunis par), *Afrique, musique & écriture, op. cit.*, p.25.

[207]Voir Okpewho, I., *Littérature orale en Afrique subsaharienne, op.cit.*, pp.22-25.

[208]*Amkoullel, l'enfant peul*, p.481.

[209]Le contraste entre la richesse de la gamme sonore propre à la voix des griots (griottes) d'une part et la monotonie de la répétition qui caractérisait les milieux scolaires ne peut manquer de frapper "l'ouïe" des lecteurs.

[210]L'évocation de la virtuosité vocale de Namissé Sissoko révèle à quel point le griot maîtrise cet art vocal et sonore. Voir *Oui mon commandant*, pp.28-29.

Hampâté Bâ souligne aussi la faculté de la voix à imiter les sonorités produites par les instruments de musique[211] ainsi que les bruits du monde animal, ce qui ne manque pas d'étonner le lecteur dont les références n'appartiennent pas à l'univers malien. Le cas de Danfo Siné, dont le nom témoigne de la syntonie profonde qu'il atteint avec son instrument musical, le *dan*, est évocateur[212] :

> Musicien virtuose, il faisait ce qu'il voulait de ses mains, mais aussi de sa voix. Il pouvait faire trembler son auditoire en imitant les rugissements d'un lion en furie ou le bercer en imitant, à lui seul, tout un chœur d'oiseaux-trompettes. Il savait coasser comme le crapaud ou barrir comme un éléphant. Je ne connais pas un cri d'animal ni un son d'instrument de musique qu'il ne pouvait imiter. Et quand il dansait, c'était à rendre jaloux Monsieur Autruche lui-même, roi des danseurs de la brousse quand il fait la cour à sa belle. Souple comme une liane, aucune acrobatie ne lui était impossible.[213]

Dans cet extrait, l'aspect sonore ressort selon un mode paradoxal : les acrobaties vocales qui ont tendance à s'envoler et à fuir leur côté matériel (ce qui rend impossible toute tentative de les fixer à l'écrit), sont ici re-ancrées à la dimension physique.

D'après les exemples mentionnés dans la recomposition du portrait des griots/griottes, il ressort que la voix et la parole sont de véritables instruments ("[...] mais son projectile à lui c'est sa parole [...]")[214] dont ils disposent à leur gré. L'utilisation qu'ils peuvent en faire est fort différente : moyens aptes à la transmission du passé et aux louanges des nobles (princes et rois), la voix et la parole peuvent aussi se faire menaçantes et injurieuses[215]. Le griot est donc présenté dans toute son ambiguïté : soumis aux nobles du point de vue économique, il peut les

---

[211] Pour un approfondissement du rapport qui lie les sons phoniques et les sons instrumentaux, nous renvoyons à Junzo, K., *La voix*, *op.cit.*, ch.6, pp.73-83 et ch.7, pp.85-100.

[212] "On l'appelait Danfo Siné, c'est-à-dire "Siné le joueur de *dan*", sorte de luth à cinq cordes confectionné avec une moitié de grosse calebasse. Il en jouait avec une virtuosité étonnante, mais ce n'était pas un musicien ordinaire; lorsqu'il pinçait les cordes de son *dan*, s'il déclamait certaines incantations qui avaient la propriété de le plonger en transe, il se mettait alors à prédire l'avenir avec une exactitude qui stupéfiait tous les habitants de la région [...]." *Amkoullel, l'enfant peul*, pp.199-200. C'est l'auteur qui souligne.

[213] *ibid.* p.201. Voir aussi la description de la voix du griot Namissé Sissoko. Voir *Oui mon commandant*, pp.30-31.

[214] *Oui mon commandant*, p.11.

[215] Voir *ibid.* p.10. À propos des différentes utilisations que les griots peuvent faire de leur voix, nous renvoyons à Junzo, K., *La voix*, *op.cit.*, ch.12 "Voix qui flatte, voix qui menace", pp.145-153.

ensorceler grâce au pouvoir séducteur de sa voix et de ses chants[216] ou bien leur faire perdre la face.

6.2. L'apport des instruments de musique à la visibilité ethnique malienne

La variété d'instruments musicaux qui accompagnent les acrobaties vocales des griots et des conteurs est extraordinaire.

Vu la fréquence élevée de ses apparitions, le tam-tam est l'instrument qui domine dans l'univers musical malien. Plusieurs typologies de tam-tam interviennent selon les situations sociales : du "petit tam-tam d'aisselle" du griot "crieur public" au "grand tam-tam royal de guerre toucouleur"[217]. S'il constitue l'arrière-fond musical sur lequel s'inscrivent les voix des griots, le tam-tam, auquel s'ajoute parfois le clairon[218], sert aussi à établir la communication d'un village à l'autre selon le principe du langage tambouriné africain. La dimension suprasegmentale, qui se perd lors du passage à l'écrit, est ici récupérée : sa force sémantique est telle qu'elle s'exprime sans l'intervention du niveau segmental[219]. D'ailleurs, la priorité accordée aux traits suprasegmentaux signale le rôle central des sonorités dans l'univers de référence. Souvent, les sons des instruments de musique se croisent et se superposent, créant ainsi une atmosphère sonore particulièrement complexe :

> Le même jour, vers quinze heures, dans toute la ville de Dioussola on se mit à jouer des instruments de musique. Des chants improvisés s'élevaient de toutes parts. [...]. Les tam-tams, les balafons, les castagnettes, les flûtes, les cornes-trompes, les battements des mains, les youyous des griotes, les vociférations, des bouffons redoublèrent d'intensité comme chacun voulait gagner un premier prix.[220]

---

[216] *Oui mon commandant*, p.15.

[217] *Amkoullel, l'enfant peul*, p.126 et p.386.

[218] *L'étrange destin de Wangrin*, p.61.

[219] *Oui mon commandant*, p.106. Le langage tambouriné consisterait à reproduire "au moyen des sons de ces instruments les traits suprasegmentaux (ou prosodiques) propres au langage phonique". Junzo, K., *La voix, op.cit.*, p.74.

[220] *L'étrange destin de Wangrin*, p.268. L'effet produit par les instruments employés lors de l'exhibition du dieu Komo est aussi extrêmement fascinant : "Quelques instants plus tard, nous entendîmes au loin un son de corne. C'était la trompe du dieu Komo qui retentissait derrière l'une des collines. Dans le calme de la nuit, l'écho en amplifiait le son au point qu'il paraissait venir de partout à la fois. Un gros tam-tam y mêla bientôt ses notes profondes, auxquelles vint s'ajouter le vrombissement effrayant du rhombe." *Amkoullel, l'enfant peul*, p.173. D'après la définition du Petit Robert le "rhombe" est un "instrument de musique rituel ou magique, formé d'une lame de bois que l'on fait ronfler par rotation rapide au bout d'une cordelette". Voir *Le Petit Robert. Dictionnaire de la langue française*, 1996.

À côté des tam-tams, flûtes, balafons et guitares à quatre cordes qui accompagnent les chants des griots et les veillées africaines, d'autres instruments captivent l'attention du lecteur, dont le *dan* de Danfo Siné ("[...], sorte de luth à cinq cordes confectionné avec une moitié de grosse calebasse")[221], et des calebasses spéciales qui accompagnent le violoniste royal et son assistant[222] :

> [...] il s'agissait de vastes calebasses reversées sur le sol, plus ou moins emplies de tissus ou de vêtements afin d'atténuer leur sonorité, et sur lesquelles on frappait comme sur un tambour. Battant des doigts et de la paume avec une dextérité étonnante, d'un mouvement si rapide qu'on le distinguait à peine, ils arrachèrent à leurs instruments des cascades de notes précipitées que venaient scander des tonalités plus graves. La matité du son n'empêchait point les notes de répandre au loin leur rythme irrésistiblement enivrant.[223]

De telles descriptions révèlent non seulement la sensibilité profonde de l'écrivain à l'égard de l'univers musical, mais surtout la participation des instruments au processus d'élaboration de la visibilité ethnique malienne. Cela ressort d'autant mieux au moment où, décrivant la trompette du commandant français de Courcelles, Hampâté Bâ fait allusion à un univers sonore occidental qui côtoie les sonorités ethniques, rappelant ainsi la présence coloniale[224].

6.3. Les sonorités du paysage : un couronnement de la visibilité ethnique malienne

Les sonorités du paysage représentent le dernier paramètre qui concourt à compléter le portrait de l'identité ethnique malienne. L'ambiance sonore qui caractérise l'environnement malien est, encore une fois, caractérisée par la superposition de sons différents et par le mélange des voix humaines aux bruits animaux[225] :

---

[221]*Amkoullel, l'enfant peul*, p.199. L'extrait complet a été cité à la note 212, p.61.

[222]*Oui mon commandant*, pp.162-172.

[223]*ibid.* pp.165-166. Malgré leur large diffusion, les instruments de musique ne sont pas accessibles à tout le monde, mais sont subordonnés à l'appartenance sociale de l'artiste qui en dispose. Junzo remarque qu'il existe aussi un classement hiérarchique des instruments de musique "lié au statut de la personne à laquelle s'adressent les chants élogieux". Junzo, K., *La voix, op.cit.*, p.146.

[224]*Amkoullel, l'enfant peul*, p.142.

[225]Nombreux sont les passages consacrés aux chevauchements des voix humaines et animales. Voir à ce sujet, *Amkoullel, l'enfant peul*, p.360 et *Oui mon commandant*, pp.186-187.

> De loin en loin résonnaient des chants, des battements de mains rythmant le pas des danseurs, des cris d'enfants, des aboiements de chiens, en un mot tout ce concert de sons joyeux et paisibles, liés dans mon souvenir aux belles soirées de mon enfance à Bandiagara.[226]

Cependant, les aboiements lugubres et inquiétants des chiens à l'arrivée du dieu Komo prouvent que l'environnement sonore peut rapidement devenir sombre et menaçant[227]. Le paysage sonore fait donc preuve d'hétérogénéité, d'autant plus qu'aux sonorités naturelles s'ajoutent les bruits métalliques du train :

> Quand tous les voyageurs sont en place, le chef de gare siffle le départ, le chef de train souffle dans une corne, le mécanicien tire sur l'avertisseur, et la machine elle-même émet un long cri enroué. [...] Et c'est alors le chant rythmé des *apss-apss ! gan-gan ! -opss –opss ! gan-gan ! –opss –opss ! gan-gan !* Suivis de rapides *tchou-kou-tchou-gan-gan-gan ! tchou-kou-tchou-gan-gan-gan !* Entrecoupés de temps en temps d'un long sifflement joyeux.[228]

Indice de la présence coloniale, celle-ci parvient à modifier la gamme et l'agencement des sonorités de l'univers malien.

7. De l'évocation des voix et des sonorités maliennes à leur intégration dans la réalité textuelle : une transition possible ?

7.1. Bilan récapitulatif : l'oralité à la source d'un questionnement multiple

L'exploration du plurilinguisme malien, menée en fonction de l'oralité et développée sous le double signe de l'identification et du positionnement des composantes linguistiques et du système éducatif, aboutit à l'image d'une coexistence non-conflictuelle entre cultures qui diffèrent profondément. Loin de se figer, cette harmonisation s'avère d'autant plus dynamique qu'elle intègre, progressivement, de nouvelles sonorités, ce qui complexifie la problématique de la transition au tissu narratif. Par ailleurs, un tel questionnement est d'autant plus pertinent que Hampâté Bâ appartient à ce qu'on qualifie

---

[226] *Amkoullel, l'enfant peul*, p.267.
[227] *ibid.* p.174. Voir aussi *ibid.* pp.424-425.
[228] *ibid.* pp.419-420.

de "sociétés à littérature purement orale"[229]. Facteur incontournable dans la culture malienne, l'oralité est située par Hampâté Bâ dans une relation de continuité par rapport à la dimension écrite : "Après tout, qu'est-ce que la littérature, sinon de la parole couchée sur du papier ? Qu'elle ait été d'abord déclamée avant d'être recueillie, qu'elle ait éclos dans le secret de la pensée avant d'être consignée, la parole n'est-elle pas, de toute façon, mère de l'écrit ?"[230] Par ailleurs, une issue à cette problématique est d'autant plus urgente que le risque de la disparition progressive des savoirs oraux est désormais de plus en plus réel : d'une part la transmission des connaissances par la voie orale "s'est trouvée interrompue du fait d'une action extérieure, extra-africaine : l'impact de la colonisation"[231] ; de l'autre, les systèmes d'écriture pour les langues africaines, de nature orale, n'ont été mis au point que récemment[232]. Enfin, la description des qualités sonores de la voix des griots et des conteurs et des sonorités produites par les instruments qui participent de l'identité ethnique malienne, est un outil dont Hampâté Bâ se sert afin d'en imposer la vigueur, autrement étouffée par la présence coloniale.

7.2. Le choix de la langue d'écriture. Quelle langue pour quelles voix ?

Quoique l'adoption d'une langue autre signifie "abdiquer sa personnalité au profit de l'autre"[233], il n'en reste pas moins que, poussé par le besoin de sauvegarder les connaissances véhiculées oralement, Hampâté Bâ élit tout de même le français hexagonal comme langue d'écriture. Par une telle attitude, l'écrivain risque la dépossession, une sortie de soi, observe Dominique Combe : "le changement de langue [...] est une expérience de l'« étrangeté » et du décentrement.[234] Le recours au français hexagonal pourrait donc être lu comme un signe de soumission à la puissance coloniale et, par conséquent, d'acceptation de la culture qu'elle véhicule au détriment

---

[229]Maingueneau, D., *Énonciation littéraire III. Le contexte de l'œuvre littéraire. Énonciation, écrivain, société*, Paris, Dunod, 1993, p.89. À ce titre, l'écrivain rappelle que "en Afrique, quand un vieillard meurt, c'est une bibliothèque qui brûle", soulignant ainsi que traditions et connaissances ancestrales sont transmises oralement de génération en génération.
[230]Hampâté Bâ, A., "Préface", *op.cit.*, p.7.
[231]Hampâté Bâ, A., *Aspects de la civilisation africaine*, Paris, Présence Africaine, 1972, p.26.
[232]Rappelons le rôle de promoteur de ces systèmes de transcription joué par Hampâté Bâ. *ibidem*.
[233]Hampâté Bâ, A., "Préface", *op.cit.*, pp.29-30. Voir aussi Combe, D., *Poétiques francophones*, *op.cit.*, p.9.
[234]Combe, D., *Poétiques francophones*, *op.cit.*, p.119.

des langues et des cultures ethniques. Si cette hypothèse était validée, l'on pourrait parler d'une glottophagie accomplie.

Toutefois, si seules les langues africaines "peuvent permettre [...] de pénétrer l'âme réelle de l'Afrique"[235] et qu'un éloignement excessif ne peut qu'entraîner une *"dépersonnalisation"*[236], le recours au français hexagonal de la part d'Hampâté Bâ est loin de produire l'annihilation de ses origines ethniques, culturelles ou linguistiques. Au contraire, il s'avère être un outil de médiation emprunté en vue d'aboutir non pas à une perte mais à un enrichissement[237] : ouverture et intégration sont supposées favoriser une communication et une circulation égalitaire entre les identités ethniques qui participent à cet échange et cela d'autant plus que l'intégration de nouveaux facteurs culturels et identitaires est une disposition naturelle chez les Peuls (tribu d'origine de l'écrivain) et chez les Africains en général sans que cela puisse nuire à leur identité d'origine[238]. De plus, la réduction de la richesse de l'oralité malienne aux structures plus rigides de l'écriture occidentale s'expliquerait aussi par la prise en compte d'un public occidental auquel l'écrivain se propose de faire connaître une culture autre.

En ce sens, le français hexagonal n'est plus perçu comme une marque de la colonisation : "la langue française dès lors qu'elle est *appropriée*, ne s'oppose plus à l'identité africaine. Elle devient un des terrains où elle se manifeste, et donc participe [...] à cette identité, puisqu'elle est devenue la propriété des Africains."[239] Cette perspective dépasse le positionnement d'Hampâté Bâ : dans le corpus

---

[235] Hampâté Bâ, A., *Aspects de la civilisation africaine, op.cit.*, p.33.

[236] *ibid.* p.32 et p.34. C'est l'écrivain qui souligne.

[237] La prise de position de Hampâté Bâ ne peut pas être considérée comme représentative de tous les écrivains et intellectuels africains. Nous signalons rapidement le cas de V.Y. Mudimbé, qui conçoit le rapport entre français et langues africaines en termes de conflits. D'après lui, ce sont les langues africaines qui vont contribuer davantage au développement du continent africain. Une synthèse des propos de V. Y. Moudimbé est contenue en Dumont, P., Maurer, B., *Sociolinguistique du français en Afrique francophone, op.cit.*, pp.128-131.

[238] *Amkoullel, l'enfant peul*, p.339. De plus, la conservation intacte des traditions orales ne rentre pas dans les objectifs principaux d'Hampâté Bâ ; au contraire, tout nouvel apport est accepté, voire revendiqué comme indispensable par l'écrivain. C'est à l'aide d'un court récit métaphorique que Hampâté Bâ exprime son point de vue : "la tradition doit être considérée comme un arbre. Il y a le tronc mais il y a les branches. Et un arbre qui n'a pas de branches ne peut donner d'ombre. C'est pourquoi il faudrait que les traditions élaguent elles-mêmes les branches qui meurent. Je suis contre la conservation aveugle et totale des traditions parce que ce serait une négation, une abdication de la personnalité africaine." Hampâté Bâ, A., *Sur les traces d'Amkoullel l'enfant peul*, Arles, Actes Sud/Leméac, 1998, p.133.

[239] Soubias P., "Entre langue de l'Autre et langue à soi", in Albert, C., *Francophonie et identités culturelles, op.cit.*, p.128. C'est l'auteur qui souligne.

étudié, en effet, l'on ne peut conclure à une appropriation de la langue française par les sujets maliens. Le protagoniste (et Wangrin avec lui) est le seul qui parvient à habiter la langue de l'autre, à l'apprivoiser et à deviner en elle la faculté à exprimer une réalité qui au début lui est étrangère[240].

Néanmoins, suite aux transcriptions en français hexagonal des répliques des locuteurs maliens, Hampâté Bâ s'éloigne de la réalité orale effective à un double niveau : d'une part le plurilinguisme malien subit une brusque réduction ; de l'autre, la transcription en français de France empêche l'écrivain de reproduire les traits authentiques de la voix des personnages[241].

7.3. Du choix de la langue aux techniques de transcription des sonorités maliennes

7.3.1. Un premier degré d'analyse : un aperçu quantitatif

Une confrontation aux techniques de transcription de l'oral dans l'écrit mises en œuvre par l'écrivain afin de fixer à l'écrit les qualités suprasegmentales de la voix des personnages permettra de mieux saisir les enjeux de la relation oral *vs* écrit dans le corpus malien. Les techniques classiques de présentation du discours direct, *formules elliptiques, verbes sans marques suprasegmentales* (ou *neutres*), *verbes avec marques suprasegmentales* (ou *marqués*) et *périphrases sémantiques*[242], interviennent régulièrement dans les romans analysés. Une étude quantitative visant à relever la fréquence d'utilisation des différentes techniques prouve que les formes simples ou sans marques suprasegmentales (formules elliptiques et verbes non marqués) dépassent de loin les formes contentant des indications suprasegmentales conformément aux techniques relevées dans les romans français du XIXe et du XXe siècle[243]. En général, la section

---

[240] Des tentatives plus audacieuses caractérisent la production romanesque d'Ahmadou Kourouma. Voir Ngalasso, M. M., "De *Les soleils des indépendances à En attendant le vote des bêtes sauvages*. Quelles évolutions de la langue chez Ahmadou Kourouma ?", in Centre d'Études Francophones, *Littératures Francophones : langues et styles*, Actes du Colloque International organisé par Papa Samba Diop, Paris, L'Harmattan, 2001, pp.13-47.
[241] Nous rappelons que parler d'authenticité dans les dialogues littéraires appelle quelques réserves. Voir Durrer, S., *Le dialogue romanesque. Style et structure*, *op.cit.*, p.39.
[242] Nous nous réservons de commenter celles qui acquièrent un rôle de relief dans la dynamique dialogique et textuelle.
[243] Des résultats intéressants des recherches menées sur les romans français du XIXe et du XXe siècle se trouvent en Cigada, S. (sous la direction de), *Il linguaggio metafonologico*, *op.cit.* ; Galazzi, E., "Les voies de la voix. Phonétique et dialogues littéraires dans le roman français du XIXème siècle", *op.cit.* ; Galazzi, E., "(D')écrire la

contenant des marques suprasegmentales (périphrases sémantiques et verbes marqués) atteint des valeurs comprises entre 15.48% (*L'étrange destin de Wangrin*) et 32.22% (*Amkoullel, l'enfant peul*), alors que la section neutre (formules elliptiques et verbes neutres), d'un minimum de 67.78% *Amkoullel, l'enfant peul*) atteint un maximum de 84.52% (*L'étrange destin de Wangrin*).

À cela s'ajoute la variété surprenante des verbes non marqués et marqués relevés dans les romans. Dans chaque roman, les verbes non marqués composent un ensemble comprenant de 42 à 46 verbes simples[244] ; les groupes des verbes marqués regroupent d'un minimum de 20 à un maximum de 48 verbes[245]. L'intérêt de ces données ressort davantage si l'on esquisse une comparaison avec des écrivains français : Proust, dont les ouvrages se caractérisent par une richesse extrême à ce niveau, emploie dans *Du côté de chez Swann* 30 verbes simples et 10 verbes marqués environ[246] ; Gide, dans *Les caves du vatican*, recourt à 16 verbes marqués[247] et Flaubert domine le palmarès avec les 18 verbes contenant des marques prosodiques relevés dans *Madame Bovary*. En revanche, l'attitude de Hampâté Bâ à l'égard des verbes marqués se rapproche de celle de Massa Makan Diabaté. Dans sa trilogie (*Le lieutenant de Kouta*, *Le coiffeur de Kouta*, *Le boucher de Kouta*)[248], le total des verbes avec marques métaphonologiques correspond à 65 lexèmes[249]. L'hypothèse selon laquelle la fréquence élevée des verbes marqués serait un trait culturel propre aux écrivains maliens est, à notre avis, amplement validée par ces données.

7.3.2. Un deuxième degré d'analyse : une enquête qualitative

Une analyse qualitative des choix verbaux opérés par Hampâté Bâ renseigne davantage sur le style de l'écrivain quant à la manière de reproduire à l'écrit la relation entre oralité et identité ethnique.

---

voix", *op.cit.* ; Molinari, C., "Faits prosodiques dans le roman du XXe siècle : analyse et applications pédagogiques", in Guimbretière, E. (sous la direction de), *Apprendre, enseigner, acquérir : la prosodie au cœur du débat*, *op.cit.*, pp.185-204.

[244] Plus précisément, les données obtenues sont les suivantes : 42 verbes non marqués dans *Amkoullel, l'enfant peul*, 44 dans *Oui mon commandant* et 46 dans *L'étrange destin de Wangrin*.

[245] Voilà les données détaillées : 48 verbes marqués dans *Amkoullel, l'enfant peul*, 27 dans *Oui mon commandant* et 21 dans *L'étrange destin de Wangrin*.

[246] Molinari, C., *Le langage métaphonologique dans le roman du XXe siècle et ses applications dans le cadre du français langue étrangère*, Mémoire pour l'obtention du D.E.A. en Didactologie des langues et des cultures, 1997, p.29.

[247] *ibid.* p.33.

[248] Diabaté, M.M., *Le coiffeur de Kouta*, Paris, Hatier, 1980 ; *id.*, *Le boucher de Kouta*, Paris, Hatier, 1982 ; *id.*, *Le lieutenant de Kouta*, Paris, Hatier, 1989.

[249] Molinari, C., "Working with dialogue, literatures and cultures", *op.cit.*, p.500.

Pour ce qui est des verbes neutres, à côté des verbes traditionnels directs (*dire, répondre, demander, ajouter, reprendre, répliquer*...etc., pour ne citer que les principaux)[250], on retrouve un petit groupe de lexèmes verbaux indirects dont la fonction principale consiste à indiquer une action de mouvement, sans aucun rapport avec une prise de parole éventuelle, ni avec une variation suprasegmentale quelconque. N'empêche que des verbes tels que *s'approcher, (s')avancer, se tourner* et *se retourner* sont employés à plusieurs reprises afin d'introduire les répliques des personnages :

> Elle se tourna vers moi : "Amkoullel, voici ton petit frère que ta maman a fait exprès pour toi. [...]"[251]

Quant aux verbes marqués, la distinction proposée par Fónagy entre les verbes qui renvoient directement à l'acte verbal (les *verbes primaires*) et ceux qui indiquent premièrement des activités non verbales (ou *verbes secondaires*) convient au traitement du matériel relevé[252]. Toutefois, la variété des verbes secondaires est telle qu'ils ne peuvent être rassemblés dans le même groupe indistinctement. La nature de ces lexèmes est un paramètre indispensable afin de structurer un classement permettant de faire ressortir les préférences de l'écrivain. Pour ce faire, nous prendrons comme point de départ les catégories indiquées par Fónagy[253], nous réservant de les adapter aux verbes choisis par l'écrivain malien. Les résultats obtenus sont visualisés dans le schéma suivant[254] :

---

[250] Voilà la liste complète des verbes neutres relevés globalement dans les trois romans. Les verbes sont cités selon un ordre alphabétique et non pas selon la fréquence de leur apparition (celle-ci, en effet, change selon les romans) : aborder le sujet, accorder pour réponse, accuser, adresser la prière, ajouter, annoncer, apaiser, apostropher, avouer, citer, commander, commencer, conclure, concéder, confier, conseiller, conter, continuer, débiter, décider, déclarer, donner son accord, écouter, enchaîner, entendre, exhorter, expliquer, faire, faire le récit, fanfaronner, jurer, improviser, interpeller, interroger, interrompre, intervenir, lire, livrer une nouvelle, monologuer, opiner, ordonner, penser, poser la question, prendre la parole, préciser, prévenir, promettre, prononcer (la formule, les mots), protester, questionner, raconter, rapporter, rappeler, réciter, réclamer, reconnaître, rectifier, remarquer, répéter (la formule), répliquer, reprendre, réprimander, rétorquer, retrouver la parole, riposter, rompre le silence, saluer, s'adresser, s'approcher, s'avancer, se demander, se dire, se mettre à parler, se présenter, se retourner, se tourner, surenchérir, tenir un discours.
[251] *Amkoullel, l'enfant peul*, p.170.
[252] Fónagy, I., "Reported speech in French and Hungarian", in *Direct and indirect speech*, F. Coulmas éd., Berlin/Mouton de Gruyter, 1986, p.264.
[253] *ibid.* pp.264-267.
[254] La distribution proposée ne prétend pas avoir une valeur absolue, les frontières entre les sous-groupes n'étant pas étanches.

Verbes primaires

ânonner, balbutier, bégayer, bredouiller, chanter, chantonner, chuchoter, entonner, héler, lancer, murmurer, s'écrier, vociférer

Verbes secondaires

Mouvement	faire irruption, se jeter sur, se précipiter sur
Sonorités humaines non-verbales	crier, clamer, gémir, hurler, jurer[255], pleurer, ricaner, rire, rugir, sangloter, s'esclaffer, s'exclamer, siffler
Phénomènes sonores naturels et/ou mécaniques	éclater, exploser, fulminer, tempêter, tonner
Expressions du visage	Sourire
Attitudes émotives qui n'impliquent pas d'actes verbaux	s'émerveiller, s'emporter, s'étonner, s'extasier, s'indigner, s'inquiéter, se fâcher, se faire câline, s'offusquer, se lamenter, goguenarder, inciter, plaisanter, rassurer, prendre peur, vomir des injures
Sonorités animales	Aboyer

Quelques remarques permettront de justifier les choix opérés. D'abord, la présence des verbes de mouvement, signalés aussi bien dans le regroupement des verbes neutres que dans celui des verbes marqués, se justifie en fonction d'une nuance sémantique d'impétuosité contenue dans des verbes tels que *faire irruption, se jeter sur, se précipiter sur* et qui laisse déduire des variations prosodiques. Ensuite, certains lexèmes pourraient appartenir à plusieurs catégories à la fois : des verbes tels que *gémir, pleurer, rire* ou *sangloter* (pour n'en citer que quelques-uns), insérés dans la catégorie des verbes indiquant des sonorités humaines non-verbales, renseignent aussi sur l'état émotionnel du locuteur. Toutefois, les composantes sonores et phonétiques l'emportent sur la dimension émotive et empêchent de les assimiler aux verbes émotionnels. En revanche, pour ce qui est de ce dernier regroupement, l'expression de la sphère émotive domine sur les sonorités[256]. Par ailleurs, c'est suite

---

[255] Le *Trésor de la Langue Française* met en relation le verbe *jurer* avec un son faux, dissonant ("produire un son discordant") et avec une manifestation émotionnelle ("manifester son irritation par un grognement").

[256] Fónagy, I., "La vive voix : dynamique et changement", *op.cit.*, p.284.

au phénomène du *conventional semantic transfer* que les verbes indiquant à l'origine des phénomènes sonores non-verbaux glissent graduellement dans le groupe des "verbs of saying conveying additional information at the level of vocal expression" : "in their role of reporting verbs they took up a new meaning and became 'verbs denoting verbalized attitudes'"[257] :

> Son père n'y attacha pas d'importance, mais sa mère s'en inquiéta : "Qu'as-tu, ma petite Kadidja ?"[258]

Les verbes secondaires se chargent donc d'un rôle métaphorique et expriment une action non-verbale : "this non-verbal action is to be interpreted as a speech act."[259]

Le phénomène du *conventional semantic transfer* résulte, à son tour, d'un bouleversement des traits sémantiques qui composent les signes linguistiques. Autrement dit, les signes linguistiques seraient des sémantèmes complexes qui rassemblent plusieurs traits sémantiques, disposés selon une structure hiérarchique. Les traits sémantiques culminants, par opposition aux traits périphériques, correspondent aux traits partagés par l'ensemble de la communauté (sociale, ethnique ou culturelle) en question[260]. Loin d'être figée, cette structure est susceptible de subir des modifications, de sorte que certains traits considérés comme périphériques dans une culture, peuvent être perçus comme centraux dans une culture autre. Parmi les facteurs qui sont à l'origine d'un changement, signalons d'une part l'évolution diachronique, de l'autre la contextualisation produite par la variation géographique et/ou sociale. Cette deuxième possibilité convient particulièrement à notre corpus. En effet, nous estimons que dans la culture malienne, les verbes secondaires subissent une forte restructuration interne, tant et si bien que la valeur communicationnelle devient le trait sémantique culminant. À ce propos, l'hypothèse avancée plus haut quant à l'usage intense des verbes marqués en tant que trait culturel propre à la culture malienne peut être poussée plus loin. Phénomène rarement signalé dans la production romanesque des écrivains français, la majorité des

---

[257] Fónagy, I., "Reported speech in French and Hungarian", *op.cit.*, pp.268-269.
[258] *Amkoullel, l'enfant peul*, p.63.
[259] Fónagy, I., "Reported speech in French and Hungarian", *op.cit.*, p.268.
[260] Cigada, S., "I meccanismi del senso : il culminatore semantico", in Rigotti, E., Cipolli, C., *Ricerche di semantica testuale*, Brescia, La Scuola, pp.25-70. Cigada observe que les traits sémantiques culminants sont repérables aisément en consultant les entrées signalées par les dictionnaires. *ibid.* p.37.

paramètres émotionnels par rapport aux paramètres acoustiques, nous paraît une composante culturelle hautement symbolique.

En ce qui concerne les périphrases sémantiques décrivant les variations prosodiques de la voix des personnages, l'attitude de Hampâté Bâ est comparable en plusieurs points à celle d'un écrivain occidental aussi bien au niveau quantitatif que qualitatif[261].

Un examen rapide des périphrases sémantiques permet de remarquer que les inflexions intonatives et prosodiques sont décrites surtout à l'aide d'adjectifs. Sans atteindre l'abondance proustienne (58 adjectifs dans un seul roman)[262], la gamme adjectivale relevée dans la production romanesque de Hampâté Bâ est assez variée. Un survol rapide a permis d'identifier un total de 48 adjectifs : plus nombreux dans *Amkoullel* et dans *Oui mon commandant*, ils diminuent considérablement dans *L'étrange destin de Wangrin*[263]. Cela n'indique pas forcément une diminution de l'attention de l'écrivain à l'égard de la dimension suprasegmentale. Plus simplement dans le roman consacré aux prouesses wangriniennes, c'est un autre aspect de l'univers linguistique qui passe au premier plan, à savoir le plurilinguisme. La connaissance d'une multitude de langues est un facteur déterminant qui permettra à Wangrin de dépasser les autres interprètes dont les compétences se limitent au français des tirailleurs. Cependant, si Hampâté Bâ consacre plusieurs pages à la description des conditions qui sont à l'origine du plurilinguisme et de ses nombreuses composantes, il passe sous silence la description de la manière dont les langues sont parlées, exception faite pour le français hexagonal[264].

---

[261] Les descriptions des qualités prosodiques et sonores contenues dans les formules d'introduction du discours direct, représentent 11,66% dans *Amkoullel, l'enfant peul*, 11% dans *Oui mon commandant* et 4,89% dans *L'étrange destin de Wangrin* ; résultats qui rappellent les valeurs obtenues dans l'analyse de *Du côté de chez Swann* (12,53%), *Les Caves du vatican* (10,41%) et *La condition humaine* (6,06%). Des recherches conduites sur le roman français au XIXe siècle auprès de l'Université Catholique de Milan ont montré que l'espace occupé par le secteur métaphonologique varie selon les auteurs et selon l'évolution même des auteurs. Nous signalons, à titre de comparaison, quelques pourcentages. Gautier se tient autour de 10% (8% pour *Mademoiselle de Maupin*, 10,2% pour *Le Roman de la Momie*, 11% pour *Capitaine Fracasse*), Flaubert atteint 9,9% dans Madame Bovary et 12,5% dans Salammbô, alors que dans les romans de Zola, les valeurs concernant les périphrases métaphonologiques dépassent parfois 20% (21,05% pour *Le Ventre de Paris* et 22,88% pour *La Curée*).

[262] Voir Molinari, C., "Faits prosodiques dans le roman du XXe siècle : analyse et applications pédagogiques", *op.cit.*, p.190.

[263] Plus précisément, les données obtenues sont les suivantes : 28 adjectifs dans *Amkoullel, l'enfant peul* ; 23 dans *Oui mon commandant* et 8 dans *L'étrange destin de Wangrin*.

[264] Nous faisons référence à la manière dont Wangrin parle le français hexagonal. Sa prononciation est comparable à tous les effets à celle des natifs.

Pour en revenir à l'examen des périphrases, les typologies adjectivales employées par l'écrivain seront classifiées selon la grille proposée par John Laver[265]. Laver opère une première distinction adjectivale selon le référent décrit : d'une part les adjectifs qui renvoient directement aux sons produits (*descriptive labels*) ; de l'autre ceux qui décrivent les caractéristiques du locuteur qui produisant les sons (*indexical labels*)[266]. Cette première distinction est ensuite articulée en deux sous-groupes : les adjectifs phonétiques (*phonetic labels*) et impressionnistes (*impressionistic labels*). Les adjectifs qui appartiennent au groupe des *étiquettes phonétiques* décrivent des paramètres strictement acoustiques et dont l'interprétation est univoque, explicite et rigoureuse : intensité (*haut, bas, élevé, fort, faible, affaibli*)[267], timbre (*bien timbré, sonore, enroué, net, tremblotant*), hauteur (*aigu, chantant, chantonnant, fluet, grave*), articulation (*nasillard*)[268] et rythme (*entrecoupé, traînant, lent, monocorde*)[269]. Au contraire, dans le cas des adjectifs impressionnistes, l'effet acoustique/phonétique n'est atteint qu'indirectement et est plus difficile à identifier : "the difficulty arises because the convention specifying the meaning of the label is tacit, and not explicit as in the case of the phonetic system."[270]

La catégorie des *étiquettes impressionnistes* comprend des *étiquettes directes* et des *étiquettes métaphoriques*. Les étiquettes

---

[265] Laver, J., "Labels for voices", *Journal of the International Phonetic Association*, n°2, t. 4, 1974, pp.62-75. La classification adjectivale proposée ne prétend pas avoir une valeur absolue. Certains adjectifs, en effet, sont susceptibles d'appartenir à plusieurs catégories à la fois, ou encore, des variations culturelles peuvent intervenir et modifier le classement suggéré. De plus, nous ne prendrons en considération que les adjectifs principaux. Laver est bien conscient des difficultés liées à toute tentative de description objective des inflexions de la voix : "the question of an appropriate terminology for the description of voice features […] is inherently problematic. The ideal solution would be one in which a given single label were taken universally to refer to a given vocal phenomenon. This is certainly not the present situation. […]. In short, the situation that exists is one where a single label has multiple potential referents, and a single phenomenon has multiple potential labels." Laver, J., "Describing the Normal Voice", in *The gift of speech*, Edinburg, Edinburgh University Press, 1996, p.213.
[266] *ibid.* p.63.
[267] Les adjectifs sont rapportés au masculin bien que, dans la plupart des cas, ils qualifient le substantif *voix* et recourent donc au féminin.
[268] Les étiquettes qui renvoient aux aspects articulatoires de la production de la voix sont insérées par Laver dans le groupe des étiquettes descriptives. La lien avec la dimension acoustique est assez strict pour justifier, à notre avis, leur appartenance à l'ensemble des *phonetic labels*. Voir Laver, J., "Labels for voices", *op.cit.*, p.68.
[269] À côté des étiquettes phonétiques, nous signalons aussi la présence de l'adjectifs *altéré*. Bien qu'il ne précise pas les traits suprasegmentaux concernés, il n'en indique pas moins une déformation des caractéristiques de la voix.
[270] Laver, J., "Labels for voices", *op.cit.*, p.65.

directes renvoient directement à certains aspects de la voix : parfois, il y aurait même une forme d'analogie entre les sonorités du mot employé en tant qu'étiquette et celles de la voix décrite. Parmi la gamme adjectivale relevée dans la production de Hampâté Bâ, *nasillard, enroué, chevrotant* et *plaintif* peuvent être intégrés dans ce regroupement.

En revanche, l'ensemble des étiquettes métaphoriques est incontestablement plus composite et hétérogène[271]. La plupart de ces adjectifs opèrent une transposition du niveau auditif à un niveau sensoriel : visuel (*clair, éteint, voilé*) ou tactile (*doux, brisé, sec, cassé*). À notre avis, d'autres formes non-adjectivales appartiennent à ce groupe : par exemple, c'est en passant par l'évocation du monde animal et des instruments musicaux que les formules *une voix de lion* et *une voix de flûte* décrivent des effets sonores. De même, *noyé* et *caverneux* doivent être considérés comme des métaphores à plein titre : l'effet recherché n'est pas atteint au moyen d'une description de ses composantes acoustiques, mais à travers le renvoi à un plan imagé. C'est le niveau de la perception des sonorités émises par la voix qui est ici au premier plan, alors que les conditions de productions des sons sont occultées.

La deuxième grande catégorie présentée plus haut est celle des étiquettes identificatrices (ou *indexical labels*), qui résulte de l'association de deux sous-ensembles : les *étiquettes intrinsèques*, à savoir les adjectifs qui renvoient à l'âge, sexe et santé du locuteur et les *étiquettes extrinsèques* qui dévoilent l'origine des locuteurs, leur niveau socio-culturel, la profession, mais surtout leur personnalité et leur état émotionnel. *Petit* est le seul adjectif appartenant au premier groupe relevé dans le corpus analysé. La *petite voix* d'Amkoullel renvoie d'abord à son jeune âge et ensuite aux composantes suprasegmentales qui la caractérisent, à savoir la hauteur et l'intensité. Par contre, des formes telles que *une voix tranquille, agréable, hésitante, respectueuse* ou *charmeuse* renvoient à des états d'âme et appartiennent aux étiquettes extrinsèques.

Comme elle permet de relever la nature des adjectifs dont l'écrivain se sert afin de fixer à l'écrit des composantes orales, la distribution des adjectifs (et des formes composées) proposée ci-dessus obéit à un questionnement de type stylistique. Du moins au niveau adjectival, Hampâté Bâ opère des choix de nature plus phonétique que métaphorique, alors que, au sujet des verbes contenant

---

[271] Pour ce qui est de cette catégorie, Laver remarque que "there are many labels which exploit an implication of iconic similarity between the actual auditory impression of a particular voice and its impression in another sensory modality, in synaesthetic metaphors". Laver, J., "Labels for voices", *op.cit.*, p.68.

une marque suprasegmentale, les préférences de l'écrivain étaient orientées vers les verbes émotionnels[272].

À côté des adjectifs, souvent, ce sont des périphrases plus complexes, non susceptibles d'être réduites à la structure de base "verbe simple/marqué + préposition (de/d') + article (un/une) + voix/ton/accent + adjectif/adverbe", qui cherchent à réactualiser sur la page écrite un phénomène essentiellement oral. Des descriptions réalistes qui pointent les défauts articulatoires à l'origine d'une prononciation incorrecte,

> Malheureusement, sa langue trop épaisse emplissait tellement sa bouche que les sons n'en sortaient que tronqués ou bizarrement déformés.[273]

alternent avec des périphrases nettement plus imagées :

> Wangrin répondit avec une voix qui semblait tomber dans son boubou, tant elle était sourde.[274]

Parmi les modulations suprasegmentales de la voix qui font l'objet de descriptions particulièrement minutieuses et détaillées, signalons les cris et les chants. À côté des cris exprimant la souffrance ou la douleur, on trouve aussi de cris de joie qui emplissent l'environnement sonore[275] ou d'alarme[276]. Parfois, la puissance du cri est décrite non pas à travers des moyens portant directement sur ses caractéristiques acoustiques, mais à travers les effets produits sur ceux qui l'entendent :

> Brusquement, il (Haman Nouh) poussa un grand cri prolongé qui perça le silence matinal et que l'écho amplifia. Il l'interrompait de temps en temps pour appeler le gouverneur, puis il reprenait son cri qui vous vrillait les entrailles.[277]

---

[272]Nous rappelons aussi que les préférences de Proust et de Gide étaient radicalement différentes : dans les romans *Du côté de chez Swann* et *Les caves du vatican*, les adjectifs appartenant à la catégorie des étiquettes extrinsèques étaient de loin les plus nombreux, tandis que la gamme des étiquettes phonétiques était considérablement restreinte. Voir Molinari, C., "Faits prosodiques dans le roman du XXe siècle : analyse et applications pédagogiques", *op.cit.*, p.190.
[273]*Amkoullel, l'enfant peul*, p.362.
[274]*L'étrange destin de Wangrin*, p.98.
[275]*Oui mon commandant*, pp.163-164.
[276]Voir *ibid*. p.270.
[277]*ibid*. p.272.

Dans d'autres cas, les cris se chargent d'une valeur symbolique. Ils deviennent ainsi des actions pratiques permettant au locuteur de manifester sa visibilité ethnique :

> Elle se débattait, poussant les cris traditionnels de protestation de la jeune épousée pour exprimer la tristesse de quitter sa famille et ses amies d'enfance.[278]

Quant aux chants, l'éventail sémantique qu'ils explorent est assez varié : des berceuses pour les enfants, aux poèmes chantés, aux chants de guerres pour terminer avec les chants des griots et des traditionalistes souvent associés aux sonorités produites par les instruments musicaux[279]. C'est en décrivant les modulations vocales des griots (et des griottes) que l'écrivain obtient les effets les plus saisissants.

Finalement, la conformité aux techniques relevées dans les romans français ouvre à plusieurs lectures. D'une part, elle peut être interprétée comme une marque de l'assimilation de l'écrivain. De l'autre, nous sommes encline à supposer que Hampâté Bâ exploite les ressources de ces outils de transcription de l'oral tant et si bien qu'ils parviennent à accueillir l'identité sonore malienne.

7.3.3. Vers une tentative de polyphoniser le texte

Si l'exploration du corpus malien produit l'impression d'une standardisation au niveau de la langue d'écriture, il est toutefois excessif de conclure à une uniformisation générale au profit du français hexagonal. En effet, bien que ce phénomène se produise rarement et de façon irrégulière, Hampâté Bâ laisse "entendre" aux lecteurs de brefs fragments des langues ethniques (notamment du peul et du bambara) et du français des tirailleurs. C'est donc au moyen d'une juxtaposition de voix (ou mieux de langues) qu'il met l'accent sur la polyphonie de la constellation malienne[280].

Dans les romans analysés, c'est surtout à la citation et à l'emprunt que l'écrivain recourt pour insérer, telle une mosaïque, appellatifs, exclamations :

---

[278] *ibid.* p.160.
[279] Voir par.1.6.1., p.57.
[280] "Le mot étranger introduit dans le texte français la voix des cultures nationales et maternelles, en situation plurilingue" remarque Combe. Combe, D., *Poétiques francophones*, *op.cit.*, p.140.

> Sa complainte, entrecoupée de longs cris de désespoir *Mi héli yooyooo...*, vous déchirait le cœur.²⁸¹

Les citations concernent aussi proverbes, courts refrains, poèmes ou chansons entières en peul ou en bambara suivis de la traduction en français hexagonal²⁸². Tel est le cas de la mélopée matrimoniale au début du roman *L'étrange destin de Wangrin*²⁸³, des paroles magiques²⁸⁴ ou des formules de salutations rituelles en peul :

> « Salaamu aleykum ! La paix sur vous ! » […]
> « Aleykum salaam ! Et sur vous la paix ! » répondit Wangrin.²⁸⁵

Grâce à la traduction, les écrivains atteignent une fusion des voix intervenant dans l'action romanesque : "la traduction peut être considérée comme une forme de polyphonie, dans la mesure où elle tente de faire entrer le signifié et, autant que faire se peut, le signifiant étrangers, dans le moule de la langue française. Le caractère littéral de la traduction est censé connoter l'« étrangeté » des personnages, et fournir au lecteur une image des structures de la langue natale."²⁸⁶ Malgré cela, le portrait auditif de la langue natale (le peul, dans le cas spécifique) se voit privé, encore une fois, de la dimension intonative. S'agissant de cris ou d'exclamations, le lecteur peut supposer qu'il y ait changement prosodique, mais les qualités des composantes sonores ne sont pas pour autant indiquées. En outre, celles-ci sont difficilement concevables pour les lecteurs occidentaux : cris et exclamations étant représentatifs d'une culture, il serait arbitraire d'homogénéiser leurs traits sonores et prosodiques d'après ceux de la culture dominante²⁸⁷.

---

²⁸¹*Amkoullel, l'enfant peul*, p.206.

²⁸²Combe aussi observe que "bien souvent la langue maternelle affleure seulement à travers des chansons […], des formules de politesse, des interjections, des insultes, ou des expressions lexicalisées (proverbes, formules rituelles, etc.)". Combe, D., *Poétiques francophones*, op.cit., p.139.

²⁸³*L'étrange destin de Wangrin*, pp.14-15.

²⁸⁴*ibid.* p.157.

²⁸⁵*ibid.* p.143. Voir aussi *Amkoullel, l'enfant peul*, p.365 et *Oui mon commandant*, p.206.

²⁸⁶Combe, D., *Poétiques francophones*, op.cit., p.145.

²⁸⁷De plus, si l'on se situe au niveau de la structure du processus de communication, les répliques ci-dessus représentent la séquence d'ouverture rituelle d'un échange dialogique. Plus précisément, elles correspondent à un échange de salutation, dont les formules varient d'une culture à l'autre. En ce sens, il nous semble que le recours à la technique de la traduction (qui disparaît dans la suite de la conversation) n'est pas fortuit, mais souligne davantage la valeur culturelle de l'échange. À propos des variations culturelles dans les interactions, nous renvoyons à Kerbrat-Orecchioni, *Les*

Dans la plupart des cas (surtout dans les deux récits autobiographiques plutôt que dans le roman consacré aux exploits wangriniens) les mots en peul ou en bambara sont en italique. D'après Combe, le recours à l'italique (de même que les guillemets) indiquerait l'adoption de la part de l'écrivain du point de vue du public français : "[...], l'auteur se désolidarise en quelque sorte de la réalité qu'il représente pour signifier sa connivence avec le lecteur français."[288] Toutefois, la présence de l'italique pourrait aussi signaler le projet de l'écrivain de mettre en valeur les langues ethniques. Donc, non pas une désolidarisation, mais au contraire, un retour à l'identité et aux langues d'origines, dont la valorisation serait accentuée.

Il arrive aussi que la langue mise en relief par l'italique soit le français hexagonal :

> L'autre camarade, un Dogon nommé Sagou K., eut un jour à réciter, comme chaque élève, une phrase dite par le maître. Cette phrase était : *"Le corps humain se compose de trois parties : la tête, le tronc et les membres"*. Quand son tour fut venu, Sagou, qui avait beaucoup de mal à retenir les mots français, improvisa et chantonna, en un français phonétique approximatif : "Le cor himin sin kin foossi (se compose) trois frati (parties) : la tête, soreeye (oreilles), né... *foufé* !". Ne se souvenant pas du mot "bouche", il avait inventé une sorte d'onomatopée à partir du verbe "souffler" qui, pour lui, évoquait la bouche.[289]

Bien qu'il soit la langue d'écriture principale, le contexte est tel que c'est sur le français de France que l'écrivain cherche à focaliser l'attention afin de faire ressortir l'écart entre la prononciation exacte et la prononciation incorrecte de l'enfant malien.

Le recours aux techniques de la traduction et de l'italique rendent compte d'une diffraction, voire d'un éclatement de la voix narrative : d'une part une voix occidentale attestée par le biais du français hexagonal ; de l'autre une voix autochtone manifestée par le biais des langues ethniques. Toutefois, la transition de l'une à l'autre s'accompagne d'une prolifération du sujet énonciateur à l'intérieur d'une seule et même voix. Une telle attitude au niveau de la position énonciatrice répond au projet de parvenir à une harmonisation entre

---

interactions verbales. Variations culturelles et échanges rituels, op.cit., chapitres 1 et 2 en particulier. Les salutations sont traitées aux pages 49-55.
[288] Combe, D., *Poétiques francophones, op.cit.*, p.141.
[289] *Amkoullel, l'enfant peul*, p.341.

les multiples composantes culturelles et linguistiques présentes sur le sol malien[290].

En revanche, le français des tirailleurs est présenté surtout au moyen des répliques de discours direct[291]. Bien que la compréhension du forofifon naspa pour le lecteur francophone soit aisée, dans certains cas, l'écrivain estime nécessaire d'y ajouter la traduction en français hexagonal :

> Quand il entrait dans le dortoir il commençait par se présenter : "Ici moi je Don Quichotte ! Allez, dévout - dévout ! Ch'est le matin - ch'est le matin ! Dévout - dévout ! Soleil y va ouvri son zoÿ ! Dévout - dévout ! Fait-le-lit-fait-le-lit ! Problème attend, dictée attend, Don Quichotte aussi attend. Dernier levé du lit y sera dernier son classe. Dévout - dévout ! *Jé soulter pas (je n'insulte pas)*, jé frapper pas, mais clairon y sonner dans l'armée : « Cochon lève-toi, cochon lève-toi, cochon lè-è-ve ». Vous même chose cochons. Alors vous lève-toi, lève-toi vite vite sinon directeur fâcher et vous gueule y casser !"[292]

Cherchant à reproduire la prononciation déformée des interprètes, les transcriptions en français des tirailleurs représentent des exemples de fausses orthographes[293].

Parmi les techniques permettant de marquer à l'écrit les déformations phonétiques, rappelons aussi le recours au tiret pour signaler l'allongement vocalique, tel qu'il se produit dans le chant :

> *Les connais-tu les trois couleu-eurs*
> *Les trois couleurs de Fran-ance ! [...]*
> *Bleu céleste, couleur du jou-our [...]*[294]

Si l'on reprend la distinction entre un plurilinguisme exogène et un plurilinguisme endogène (situations qui affectent, toutes les deux, le sol malien), c'est ce dernier qui est majoritairement concerné par le phénomène de la langue graphiée. La richesse de la constellation malienne ne se traduit pas en des tentatives de transcription pour toutes les composantes linguistiques qui participent de sa structure. Exception faite pour quelques citations-transcriptions du peul, du bambara ou du forofifon naspa, en général Hampâté Bâ se limite à

---

[290] Voir Delas, D., "De quelle voix parlent les littératures francophones ?", in Centre d'Études Francophones, *Littératures francophones : langues et styles*, op.cit., pp.5-12.
[291] *L'étrange destin de Wangrin*, pp.32-33.
[292] *Amkoullel, l'enfant peul*, p.497. C'est nous qui soulignons.
[293] Galazzi, E., "Plaisir des sons, diversité des voix. Le langage métaphonologique dans « L'Enfirouapé » et « Le Matou » d'Y. Beauchemin", op.cit., p.50.
[294] *Amkoullel, l'enfant peul*, p.415.

indiquer la langue dans laquelle les répliques sont prononcées. Il est donc possible d'identifier un groupe de périphrases du genre "dire en + langue employée" (ex. : *dire en peul*) qui permettent de prendre conscience de l'ampleur de la constellation, sans renseigner le lecteur sur la richesse phonétique et prosodique qui le caractérise.

Pour conclure, les diverses solutions proposées par l'écrivain dans le but de fixer les voix et les sonorités maliennes rendent compte d'un croisement de réalités linguistiques et culturelles normalement situées sur des plans différents. Ces dernières considérations confirment l'hypothèse, déjà exposée à plusieurs reprises, selon laquelle l'adoption de la langue française serait subordonnée à l'expression de l'identité ethnique malienne.

CHAPITRE II -
LE SYSTEME LINGUISTIQUE MARTINIQUAIS : UNE POLYPHONIE CREATRICE

> *Vois la voie, mon Ti-Cham : il existe une parole qui est dite mais que personne n'entend ; elle monte des abîmes pour dire ce que nous ne disons pas ou ne savons pas dire.*
> « Notre Morceau de fer ». *Cantilènes d'Isomène Calypso*, conteur à voix pas claire de la commune de Saint-Joseph.
> (Chamoiseau, P., *Biblique des derniers gestes*, Gallimard, coll. « Folio », Paris, 2002, p.15)

1. De l'Afrique subsaharienne aux Antilles : vers une approche complexifiée de la Voix

La production romanesque du martiniquais Patrick Chamoiseau (notamment, les récits autobiographiques *Une enfance créole I. Antan d'enfance*, et *Une enfance créole II. Chemin-d'école* et les romans *Solibo Magnifique* et *Texaco*) met en scène un paysage linguistique qui s'éloigne considérablement du cadre linguistique esquissé par Hampâté Bâ. Si les techniques mises en œuvre par l'écrivain malien parviennent à polyphoniser la narration en lui imprimant la marque des voix et des sonorités africaines, il n'en reste pas moins que les liens avec le français hexagonal sont encore intenses. En revanche, une première lecture du corpus martiniquais permet d'emblée de supposer que, dans le corpus martiniquais, de tels liens s'affaiblissent de manière graduelle. C'est autour de cette hypothèse que sera articulé le présent chapitre : après avoir dégagé les dynamiques linguistiques ainsi que les enjeux ethniques et identitaires que sous-tend l'écriture de Chamoiseau, nous reviendrons sur la question des techniques adoptées par l'écrivain afin d'inscrire, dans la langue française écrite, les voix créoles dont l'essence est orale[295]. La problématique de la dialectique oral *vs* écrit ne pourra être résolue sans prendre en compte la question de la négociation, de la part de l'écrivain martiniquais, de son rapport à l'égard du français hexagonal.

Néanmoins, une vision globale de la dimension linguistique suppose que l'on explore les conditions sociales et historiques qui la produisent. Le point de départ du parcours entamé par l'écrivain est à chercher dans les considérations qu'il expose tout au long de l'essai

---

[295]Voir à ce sujet, Hazaël-Massieux, M.-C., *Écrire en créole Oralité et écriture aux Antilles*, Paris, L'Harmattan, 1993.

théorique *Écrire en pays dominé* : "Comment écrire alors que ton imaginaire s'abreuve, du matin jusqu'aux rêves, à des images, des pensées, des valeurs qui ne sont pas les tiennes ?"[296] Ayant constaté le vide produit par la domination occidentale, Chamoiseau se propose de remonter aux racines de cette condition d'aliénation qui, loin d'être seulement linguistique, touche aussi à l'identité et à la culture. Pour ce faire, il entreprend une recherche qui s'articule sur deux plans. À un premier niveau personnel, consistant en un voyage que l'écrivain accomplit dans son passé (c'est ici que se situent les récits *Une enfance créole I. Antan d'enfance*, et *Une enfance créole II. Chemin-d'école*), s'ajoute la prise en compte de la dimension sociale et ethnique environnante. Dans les romans *Solibo Magnifique* et *Texaco*, l'écrivain sort de son intériorité et plonge dans la culture et dans la civilisation créoles à la recherche des repères détruits et annihilés par les colonisateurs. C'est ce parcours de recherche qui nous occupera dans la suite.

2. La constellation linguistique martiniquaise : de ses composantes à leur articulation dans les yeux et dans l'ouïe de Chamoiseau-enfant

Au même titre que le cadre linguistique malien, la constellation linguistique martiniquaise résulte de l'intégration de plusieurs composantes que Chamoiseau relève au cours d'un itinéraire sonore articulé en plusieurs étapes.

2.1. Le contact avec les langues ancestrales

La première étape se caractérise par la découverte, de la part de Chamoiseau enfant, autrement défini comme le "petit négrillon", de l'environnement linguistique et sonore multiforme dans lequel il baigne. Tout au long de cette découverte, qui couvre la première période de la vie de l'enfant jusqu'à la fin de l'école maternelle, le lecteur assiste à l'épanouissement progressif de la sensibilité du négrillon aux accents et à la musicalité des langues qui l'entourent :

> En travaillant, le peintre jovial chantait dans toutes les langues du monde. Il ne les connaissait pas, n'avait jamais mis l'orteil en dehors du pays [...] Et comme il ne savait pas un traître mot de quoi que ce soit, il baragouinait en imitant les accents particuliers repérés de-ci de-là au travers du pays. Les nègres anglais employés à la cuisson du

---

[296] Chamoiseau, P., *Écrire en pays dominé*, Paris, Gallimard, 1997, p.17.

sucre chez les békés l'avaient informé des sonneries de l'anglais. Les koulis, dans leurs cultes votifs, lui évoquaient les bruitages du tamoul et d'autres langues sacrées. Les syriens lui suggéraient l'arabe en plusieurs touches. Dans les hauteurs du Vauclin, il visitait un vieux nègre Congo qui, entre ces gencives violettes, tambourinait l'africain dans un lot de manières. Et quand il repeignait leurs épiceries, il traquait les Chinois afin qu'ils lui nasillent la clameur babélique de leur empire céleste. Pour le reste, il puisait dans son transistor sur les ondes duquel il naviguait durant des nuits entières. Le ciel épuré de ses clameurs transmettait de lointaines marées à son oreille curieuse. Le négrillon le suivait d'une pièce à l'autre, [...], répétant après lui ses braillements de langues étranges, son ivresse des accents, et ce délire bienheureux quand en pleine envolée il mélangeait le tout.[297]

Non seulement cet extrait fait état du grouillement de langues inconnues qui peuplent l'espace martiniquais et du charme qu'elles exercent sur le négrillon, mais il renseigne aussi sur la nature des nombreux facteurs qui composent la constellation martiniquaise. Loin d'être constituée simplement par le créole, d'autres langues, que nous regrouperons sous l'appellatif de *langues ancestrales*, y participent en l'enrichissant[298].

2.2. La relation à la langue maternelle : l'émergence du créole

L'immersion dans ce mélange sonore complexe et foisonnant ne voile pas la présence de la *langue créole*. Au contraire, les deux composantes se situent dans une relation de continuité :

> Il [le négrillon] rencontra le conte créole avec Jeanne-Yvette, une vraie conteuse, c'est-à-dire une mémoire impossible et une cruauté sans égale. Elle vous épouvantait à l'extrême avec deux mots, une suggestion, une chanson sans grand sens. Elle maniait des silences,

---

[297]*Antan d'enfance*, pp.79-80. Le portrait du peuple créole, tel qu'il est esquissé ci-dessus, correspond aux considérations contenues dans l'essai théorique *Lettres créoles* : "Un nouveau peuple, inconscient à la fois de sa nouveauté et de son identité, est né : le peuple créole. Blancs en haut, Noirs en bas, Mulâtres au milieu, Indiens et Chinois sur les marges, Syriens en semailles [...]." Chamoiseau, P., Confiant, R., *Lettres créoles. Tracées antillaises et continentales de la littérature. Haïti, Guadeloupe, Martinique, Guyane. 1635-1975*, Paris, Gallimard, coll. « Folio-Essais », 1999, p.151. Voir aussi Glissant, É., *Soleil de la conscience. Poétique I*, Paris, Gallimard, 1997.

[298]Pour des approfondissements au sujet de la formation de la langue créole dans une perspective sociolinguistique, nous renvoyons à Chaudenson, R., *Les créoles*, Paris, P.U.F., coll. « Que sais-je ? », 1995 ; Manessy, G., *Créoles, pidgins, variétés véhiculaires. Procès et genèse*, Paris, L'Harmattan, 1979 ; Bernabé, J., Chamoiseau, P., Confiant, R., *Éloge de la créolité*, Paris, Gallimard, 1990 ; Glissant, É., *Poétique de la Relation. Poétique III*, Paris, Gallimard, 1990.

des langages. Elle éclaboussait la mort avec du rire, cueillait ce rire d'un seul effroi. Elle nous menait au rythme des rafales de sa langue, nous faisant accroire n'importe quoi. [...] Elle apprit au négrillon l'étonnante richesse de l'oralité créole. Un univers de résistances débrouillardes, de méchancetés salvatrices, riche de plusieurs génies. Jeanne-Yvette nous venait des mémoires caraïbes, du grouillement de l'Afrique, des diversités d'Europe, du foisonnement de l'Inde, des tremblements d'Asie..., du vaste toucher des peuples dans le prisme des îles ouvertes, lieux-dits de la Créolité.[299]

Le créole est ici présenté comme une langue orale, dont la richesse vient de la superposition des langues qui sont à son origine[300]. Par ailleurs, la découverte du créole de la part du négrillon se fait principalement par le biais du chant, ce qui souligne davantage le relief accordé à la dimension orale. C'est grâce au chant que Jeanne-Yvette captive l'attention des enfants. Si le narrateur n'en précise pas les composantes prosodiques, l'expression "une chanson sans grand sens" signale que, plus que le contenu, ce sont les traits sonores qui frappent les enfants[301]. Aux chants de Jeanne-Yvette, s'ajoutent les chants des négresses[302], qui scandent l'accomplissement des tâches quotidiennes et parmi lesquels rayonnent les chants de Man Ninotte, la mère du négrillon, dont les qualités vocales sont décrites de manière indirecte à l'aide de métaphores ("[...] les ressources impériales de sa voix, les échos de falaise de sa poitrine [...]")[303]. Néanmoins, c'est dans un répertoire français, voire étranger que Man Ninotte choisit ses textes préférés. Malheureusement, si le narrateur rapporte des fragments de ces textes[304] et s'il décrit les caractéristiques acoustiques de la voix de la chanteuse, il ne fait aucune allusion à la manière dont elle prononce la langue française dans le contexte particulier du chant. Par contre, c'est au répertoire créole qu'elle puise lorsque le chant s'adresse au négrillon :

---

[299] *Antan d'enfance*, pp.124-125.
[300] Voir Chaudenson, R., *Les créoles*, op.cit.; Chaudenson, R., *Des Îles, Des Hommes, Des Langues. Essai sur la créolisation linguistique et culturelle*, Paris, L'Harmattan, 1992. Dans la perspective qui est la nôtre, signalons que c'est dans la dimension orale que l'apport des nombreuses composantes du créole se manifeste.
[301] Le décalage entre les aspects sonore et sémantique réapparaît avec le latin, langue ancienne qui s'est conservée dans le paysage linguistique créole sous la forme de prières chantées. Sa valeur sacrée est confiée aux sonorités et non pas au contenu qui demeure mystérieux pour les locuteurs créoles. Voir *Antan d'enfance*, p.184.
[302] *ibid.* p.43.
[303] *ibid.* pp.97-99.
[304] *ibid.* pp.98-99.

Le négrillon avait vu sa manman chanter. Il avait même imité une-deux de ses couplets, et gardait souvenir des comptines créoles qu'elle lui avait murmurées au long d'une maladie.[305]

De ces premières constatations, il ressort que le chant est un facteur dominant dans l'enfance du négrillon, voire dans le développement de sa sensibilité sonore, d'autant plus que c'est autour du chant que s'articule l'enseignement à l'école primaire.

2.3. La période scolaire

À une première période d'acclimatation dans un environnement dans lequel le négrillon touche à un ensemble linguistique et sonore d'une complexité et d'une richesse rare, fait suite la transition, convoitée depuis longtemps par le protagoniste, à l'école. Nous sommes ici à la deuxième étape du parcours du négrillon. Quoiqu'elle ne soit pas posée explicitement par le protagoniste, la distinction entre les phases de l'école primaire et de l'école secondaire nous paraît nécessaire, dans la mesure où elles rendent compte de deux expériences différentes aux niveaux linguistique et identitaire[306].

2.3.1. L'école maternelle : une phase de transition

S'il accompagne les activités récréatives, le chant est aussi la méthode d'apprentissage privilégiée à l'école maternelle. C'est en chantant que Man Salinière apprend aux enfants les premières notions de l'alphabet :

> Man Salinière, un jour ou l'autre, accrochait de grosses lettres à son petit tableau. Dans un silence intrigué, elle articulait des sons chantants *A B C D*... La marmaille devait reprendre en chœur *A B C D*. Toute la ferveur de l'enfance était dans ces chants-là. Chanter en ce temps-là se faisait avec l'âme. On devenait le chant, et le chant était sentiment vrai.[307]

Chamoiseau ne précise ni en quelle langue les cours se déroulent, ni la langue enseignée ; cependant les enfants ne semblent pas choqués par une prononciation particulière, ce qui laisserait supposer

---

[305] *Chemin-d'école*, p.39.
[306] Au début le négrillon ne fait aucune distinction entre l'école maternelle et l'école primaire. Son seul désir est d'aller à l'école, ce qui explique sa déception au moment où il réalisera que l'école maternelle n'est pas l'école des grands à laquelle il aspirait. Voir *Chemin-d'école*, pp.45-48.
[307] *ibid.* p.39.

que la langue des élèves et de l'enseignante est la même[308]. Les souvenirs du narrateur contiennent une seule référence à la langue française, encore une fois, sous la forme chantée :

> Elle [Man Salinière] lui fit voir d'étranges images de neige et chanter des choses douces de Bretagne ou de Provence.[309]

Cela laisse supposer que l'influence du colonialisme - qui deviendra écrasante à l'école primaire – se déploie déjà à partir de la plus jeune enfance. Autrement dit, le renvoi à la langue française serait un symptôme de la domination silencieuse, période de l'histoire caribéenne au cours de laquelle l'influence de l'occident colonisateur, sans avoir recours aux violences qui avaient caractérisé la domination brutale, s'exerce à travers la diffusion plus ou moins mimétique des valeurs occidentales, françaises notamment, proposées comme voie d'accès au progrès et comme archétype de la culture et de la civilisation[310].

2.3.2. L'école primaire : un espace apte à l'émergence du français officiel

Le passage à l'école primaire marque un tournant capital dans le parcours du négrillon, dans la mesure où l'état idyllique de coexistence sonore pacifique, qui avait caractérisé les premières phases du contact de l'enfant avec le panorama linguistique créole, s'interrompt brusquement et s'effondre : c'est à l'école primaire que Chamoiseau-enfant perçoit l'écart considérable qui sépare le créole du français hexagonal, et qui se manifeste d'abord au niveau sonore et phonétique.

Les premiers mots prononcés par le maître représentent un indice de cette découverte, qui se révélera dramatique à plusieurs égards :

> Le Maître qui en avait terminé de ses vérifications se planta devant eux, et leur dit d'un ton raide : *Permettez-moi sans plus attendrre,*

---

[308] Signalons que, même si à une échelle plus réduite, l'école maternelle reproduit l'ambiance multi-ethnique que nous avons reconnue être un trait propre à l'environnement créole : "Il se vit charroyé dans un plaisir inhabituel : d'autres négrillons (en fait, ils étaient multicolores, chabins, koulis, cacos, mulâtres, chi-chines, békés-goyanes... mais il ne s'en apercevait pas) comme lui, de même taille, de même hauteur, de même langage, aptes à le comprendre, presque identiques à lui." *Chemin-d'école*, pp.45-48.
[309] *ibid.* p.39.
[310] Voir Chamoiseau, P., *Écrire en pays dominé, op.cit.*, p.18 et p.23.

nonobstant les aléas du moment, de vous souhaiter bien le bonjourr, messieurs... On se sentit bien mal[311]

Intimidés, les enfants ne parviennent pas à reproduire la prononciation correcte indiquée par le maître :

> À l'énoncé de son nom, il fallait se lever, hocher de la tête et articuler sur un ton énergique : *Présent !...*[312]

Les tentatives des élèves aboutissent à toutes sortes de résultats (*...pré...sent... ; ...sent... ; pr...sent ; ...prst... ; piésent ; pésent*), mais la prononciation visée n'est atteinte péniblement qu'après plusieurs efforts. Ce n'est que graduellement que la prononciation du maître, sa manière d'articuler les mots ("- Obserrvez bien, messiers, ce que je viens d'écrirre. [...]")[313], de leur donner une intonation raide permettent au négrillon de réaliser que le maître parle français[314].

La prononciation du maître n'est pas sans déterminer un réajustement de la configuration du panorama linguistique tel qu'il est perçu par le négrillon[315]. Après s'être heurté à la prononciation du maître, le négrillon s'aperçoit que le français parlé par ses parents - qui se réduit à un assemblage de mots employés de manière mécanique en vue de créer un certain effet - et celui du maître ne peuvent être associés[316]. Les réflexions de l'enfant au sujet du français parlé par ses parents s'accompagnent d'une remise en cause, voire d'une complexification, de l'aspect du paysage linguistique créole : aux langues ancestrales et au créole, s'ajoutent deux autres composantes qui complètent le portrait linguistique et sonore de l'espace caribéen : le *français approximatif* (ou *créolisé*) parlé par les parents et le *français officiel* du maître.

Le français approximatif occupe une position intermédiaire : son appartenance au groupe dominant du "Français" empêche le négrillon de le ressentir comme langue naturelle au même titre que le créole. Toutefois, bien que le sujet ne le considère pas comme langue participant de sa construction identitaire, le français approximatif se définit aussi par sa forte proximité d'avec le créole. Celle-ci résulte,

---

[311] *Chemin-d'école*, p.51. C'est l'auteur qui souligne.

[312] *ibid*. pp.51-52.

[313] *ibid*. p.58. Voir aussi, *ibid*., pp.53-54.

[314] *ibid*. p.67.

[315] Le parcours du négrillon est articulé sur un jeu de perceptions et de reconnaissances reliées par un rapport que l'on pourrait définir de cause à effet et dont le point de départ consiste en une réflexion - développée *a posteriori* - sur l'environnement sonore dans lequel il est plongé.

[316] Voir *Chemin-d'école*, p.67.

vraisemblablement, des déformations phonétiques et syntaxiques que les locuteurs créoles imposent au français officiel, le transformant ainsi en une langue autre, comme l'extrait ci-dessous le signale :

> Et tout le reste pour tout le monde (les joies, les cris, les rêves, les haines, la vie en vie...) était créole. Cette division n'avait jamais auparavant attiré l'attention du négrillon. Le français (qu'il ne nommait même pas) était quelque chose de réduit qu'on allait chercher sur une sorte d'étagère, en dehors de soi, mais qui restait dans un naturel de bouche proche du créole. Proche par l'articulation. Par les mots. Par la structure de la phrase.[317]

C'est encore une fois par l'intermédiaire de facteurs oraux (de la prononciation, à l'intonation, au rythme d'élocution) que s'élabore l'articulation des langues en jeu. Les références culturelles inconnues au négrillon et qui, à long terme, ébranleront ses repères, n'interviennent qu'à un deuxième moment :

> Mais là, avec le Maître, parler n'avait qu'un seul et vaste chemin. Et ce chemin français se faisait étranger. *L'articulation changeait. Le rythme changeait. L'intonation changeait. Des mots plus ou moins familiers se mettaient à sonner différemment.* Ils semblaient provenir d'un lointain horizon et ne disposaient plus d'aucune proximité créole. Les images, les exemples, les références du maître n'étaient plus du pays.[318]

Les relations entre français approximatif et français officiel sont tout aussi problématiques : si le français auquel le négrillon est accoutumé, tout en n'étant pas sa langue maternelle, ne s'éloigne pas excessivement du créole, le français officiel du maître est ressenti comme une langue étrangère.

Par ailleurs, l'identification de l'école en un moyen privilégié de diffusion du colonialisme et, plus précisément de la domination occulte - ou silencieuse pour nous en tenir à la définition proposée par Chamoiseau[319] - prend ici une portée plus ample par rapport à ce qui

---

[317] *ibid.* pp.67-68.
[318] *ibidem.* C'est nous qui soulignons.
[319] Par cette expression, Chamoiseau désigne l'attitude des colonisateurs dans la période qui suit la domination brutale : "les hommes étaient contraints mais sur eux ne pesait plus une once de violence." Tout en continuant d'exercer un poids écrasant, "[...] la domination silencieuse se pare de modernité progressiste, d'ouverture démocratique et de vertus économiques imparables". Chamoiseau, P., *Écrire en pays dominé, op.cit.*, p.195 et p.21. La métaphore "domination-qui-ne-se-voit-plus", qui marque davantage le lien par rapport à la phase précédente, est aussi employée comme synonyme de domination occulte. *ibid.* p.21.

avait été constaté à l'école maternelle ; mais ce n'est que par la suite qu'elle se manifestera de manière plus évidente.

En écoutant la voix du maître, le négrillon s'aperçoit que le français est articulé autour d'un rituel sonore différent par rapport au créole et au français approximatif et se rend compte que le maître suit une ligne de conduite sonore différente[320]. Confronté à un rituel sonore étranger, le sujet est amené non seulement à postuler l'existence du français officiel, mais aussi à exprimer indirectement son positionnement relativement aux langues en présence : face au français qui ne lui appartient pas, l'enfant reconnaît son appartenance à la créolité. À l'instar d'E.T. Hall, d'après qui "on ne peut être que vaguement conscient de sa propre culture s'il l'on n'est pas confronté à des individus d'autres cultures"[321], nous serions encline à affirmer que, ayant analysé les réactions et les considérations du négrillon, l'on ne peut être que vaguement conscient de sa propre langue (et notamment de sa voix et de ses facteurs intonatifs) si l'on n'est pas confronté à des langues autres. Cette confrontation occupe entièrement les réflexions de l'enfant :

> Le négrillon, dérouté, comprit qu'il ignorait cette langue. *La tite-voix babilleuse de sa tête maniait une autre langue, sa langue-maison, sa langue manman, sa langue-non-apprise intégrée sans contraintes au fil de ses désirs du monde.* Un français étranger y surgissait en traits fugaces et rares ; il les avait entendus quelque part et il les répétait lors de circonstances mal identifiées. Un autre français plus proche, acclimaté mais tout aussi réduit, se tenait en lisière des intensités vivantes de sa tête. *Mais parler vraiment pour dire, lâcher une émotion, balancer un senti, se confier à soi-même, s'exprimer longtemps, exigeait cette langue manman qui, ayayaye, dans l'espace créole devenait inutile. Et dangereuse.*[322]

Le passage cité synthétise la manière dont le négrillon se positionne à l'égard de trois des langues (ou variétés linguistiques) avec lesquelles il est en contact : la *langue-maison*, le *français étranger* et le *français plus proche*. Langue-maison (ou *langue-manman*) apprise spontanément, loin des contraintes imposées par le

---

[320] L'expression *ligne de conduite* est employée par Goffman pour indiquer "un canevas d'actes verbaux et non verbaux" dont l'individu se sert pour "exprimer son point de vue sur la situation, et, par là, l'appréciation qu'il porte sur les participants, et en particulier sur lui-même". Nous estimons qu'il existe aussi une *ligne de conduite sonore* dans la mesure où les sonorités peuvent être conçues comme des actes permettant de manifester l'appartenance ethnique. Goffman, E., *Les rites d'interaction*, Paris, Les Éditions de Minuit, 1974, p.9.
[321] Hall, E.T., *Proxémique*, in Winkin, Y., *La nouvelle communication, op.cit.*, p.193.
[322] *Chemin-d'école*, p.69. C'est nous qui soulignons.

contexte scolaire, le créole est aussi la langue identitaire. La visibilité linguistique de l'enfant, jusqu'à maintenant réduite au statut d'évidence invisible, est enfin dévoilée : la langue créole enfouie au début dans un état cryptotypique, se dégage de l'opacité qui l'enveloppait et acquiert finalement le statut de phénotype, explicite et reconnu par le sujet. L'école devient donc le lieu où l'enfant accède à la conscience linguistique, ethnique et identitaire de soi et de l'autre.

2.4. Vers une problématisation de la constellation linguistique

Au cours de la troisième phase du parcours sonore du négrillon, les contacts entre les composantes de la constellation martiniquaise deviennent plus serrés et aboutissent à une configuration qui marquera davantage l'écart entre le créole et le français hexagonal[323].

Le rôle du maître est encore une fois déterminant, dans la mesure où ce n'est qu'au moment où ce dernier s'en prend directement à la langue créole, que le négrillon réalise d'emblée que français officiel et créole ne se situent pas au même niveau : l'attraction centripète du français officiel est tellement intense que la relation horizontale bascule et se déplace progressivement vers la verticalité en faveur de ce dernier. Repoussée à un stade inférieur par rapport au français, la langue créole est stigmatisée et qualifiée de patois de *petit-nègrre*[324]. Les jugements de valeur exprimés par le maître et qui reposent sur la péjoration du créole, sont renforcés par le point de vue du directeur :

> Monsieur le Directeur crocheta l'oreille de l'Animal et le traîna sur trente-douze mètres : *qu'est-ce que j'entends, on parle créole ?! Qu'est-ce que je vois, des gestes-macaques ?! Où donc vous croyez-vous ici !? Parlez correctement et comportez-vous de manière civilisée...* [325]

Le profond mépris du maître et du directeur vis-à-vis du créole illustre parfaitement l'idéologie coloniale : manifestation d'une attitude raciste et ethnocentrique, celle-ci implique la péjoration, voire la négation des langues locales afin de mieux consolider "la domination de la langue française et, d'une façon plus générale, du

---

[323] Il est important de préciser, pour la structure du chapitre, que les dernières phases du parcours du négrillon se déroulent dans le cadre de l'école primaire. Cependant, vu l'évolution complexe et non-linéaire de l'évolution en question, nous avons préféré les détacher.
[324] *Chemin-d'école*, p.85.
[325] *ibid.* p.65. C'est l'auteur qui souligne.

système colonial français"[326]. La guerre des langues se réduit donc à l'affrontement entre deux pôles : d'une part la langue française, considérée "comme porteuse a priori de valeurs"[327] et comme ayant "une fonction d'humanisation, qui serait inséparable de sa nature propre"[328] ; de l'autre le créole rejeté par les maîtres "d'autant plus aisément qu'ils n'y voyaient ni langue ni culture"[329].

En outre, la diffusion du colonialisme s'appuie sur un réseau dont le système scolaire constitue l'un des points de forces principaux. Les observations de Calvet, d'après qui "[...] l'école est [...] utilisée en conformité avec un projet idéologique qui vient s'insérer harmonieusement dans le développement de la superstructure linguistique du colonialisme naissant [...]"[330], conviennent à illustrer le cadre martiniquais.

Synonyme de manque de civilisation et de culture, le créole est considéré comme une "sous-langue". Le français représente le pôle opposé : "parler et écrire un bon français, plus français que celui des Français, sera non seulement signe de distinction mais preuve irréfutable d'accession au rang de l'humanité", observent Chamoiseau et Confiant dans l'essai théorique, *Lettres créoles*[331]. Et ils poursuivent : "le créole sera accusé d'empêcher les enfants de bien acquérir le français et donc de réussir à l'école, seul moyen de promotion dans une société post-esclavagiste [...]."[332] La relation dynamique entre les langues se trouve considérablement accélérée par la référence à une norme qui n'appartient pas au patrimoine linguistique et culturel des enfants. S'appuyant sur la tradition grammaticale, littéraire et historique de la mère-patrie, la norme prescriptive exogène (dont la non-correspondance par rapport aux normes subjectives, dégagées des attitudes linguistiques des enfants, est patente)[333] légitime le pouvoir symbolique du français hexagonal,

---

[326] Calvet, L.-J., *Linguistique et colonialisme, petit traité de glottophagie, op.cit.*, p.127.

[327] Glissant, É., *Poétique de la Relation, op.cit.*, p.126.

[328] *ibid.* p.127.

[329] Chamoiseau, P., *Écrire en pays dominé, op.cit.*, p.45.

[330] Calvet, L.-J., *Linguistique et colonialisme, petit traité de glottophagie, op.cit.*, p.71. Remarquons aussi que l'enfant ne se laisse pas aveugler par la logique coloniale ; au contraire, il en démasque aisément le projet visant à exploiter la scolarisation comme voie de diffusion du processus de francisation : "On allait à l'école pour perdre de mauvaises mœurs : mœurs d'énergumène, mœurs nègres ou mœurs créoles - c'étaient les mêmes." *Chemin-d'école*, p.169.

[331] Chamoiseau, P., Confiant, R., *Lettres créoles, op.cit.*, p.94.

[332] *ibid.* p.95.

[333] Par parenthèse, nous rappelons que l'interdiction de parler le créole ne concerne pas simplement le milieu scolaire, mais s'étend aussi à "tous les lieux que le Pouvoir tient pour sociologiquement dignes de son autorité, de son prestige, de sa gloire, et où

langue idéale à laquelle les variétés doivent être confrontées et devraient se conformer. Les prémisses sont en place pour que le phénomène de glottophagie[334] soit amené à son étape finale, celle-ci consistant dans la disparition de la variété linguistique infériorisée.

2.5. Le jeu des sonorités : un miroir du jeu identitaire

Les enjeux linguistiques du colonialisme ne se limitent pas à une glottophagie sonore et prosodique, mais touchent aussi à l'identité des sujets créoles. Au cours de la quatrième étape, à la problématisation des dimensions sonore et linguistique s'ajoute aussi une remise en cause identitaire. L'intérêt principal sera donc de suivre le jeu relationnel entre les visibilités identitaires en question : le négrillon, le maître et un petit groupe d'élèves ayant eu des liens directs avec la France (suite à un séjour en France ou parce qu'appartenant à une famille d'origine française)[335]. Ces trois cas seront pris en examen dans leurs contacts réciproques. Autrement dit, il sera question de vérifier si les manifestations sonores et prosodiques traduisent une relation égalitaire ou bien si elles laissent plutôt deviner des tentatives d'exercer une influence d'une part ou de l'autre.

La culpabilisation linguistique, exercée par le maître et dont les élèves créoles font l'objet, représente un premier indice[336]. Ensuite, la réaction du maître aux difficultés phonétiques des jeunes élèves indique que la dépréciation de la visibilité linguistique s'accompagne d'une dévalorisation de la visibilité identitaire. Si l'on reprend les expressions du maître et du directeur citées plus haut ("Parlez correctement et comportez-vous de manière civilisée..., Comment voulez-vous donc avancer surr la voie du savoirr avec un tel langage"), il est évident que, loin de se fixer sur un axe horizontal, les deux pôles identitaires reproduisent la relation de verticalité relevée au niveau linguistique. Enfin, la volonté - synthèse de l'idéologie coloniale - de briser et d'anéantir la créolité des enfants trouve l'un des terrains préférentiels dans le niveau sonore et phonétique : les fautes phonétiques des élèves offrent au maître l'occasion d'exprimer

---

s'exercent et se légitimant la violence symbolique du français et le refoulement du créole par les Antillais eux-mêmes". Bebel-Gisler, D., *La langue créole, force jugulée*, Paris, L'Harmattan, 1981, p.122.

[334] Rappelons que la *glottophagie* est définie par Calvet comme "l'attitude des langues dominantes à dévorer les langues dominées". Calvet, L.-J., *Linguistique et colonialisme, petit traité de glottophagie, op.cit.*, pp.79-81.

[335] *Chemin-d'école*, pp.87-88.

[336] Celle-ci est d'autant plus vigoureuse que, à côté d'une manifestation abstraite, elle trouve aussi une manifestation physique : le maître ne se limite plus à réprimander les enfants verbalement, mais parvient à les frapper avec une branche de tamarin. Voir *ibid.* pp.95-105.

son mépris vis-à-vis de la créolité, ce qui contribue à enfoncer les élèves dans un complexe d'infériorité culturelle :

> - On ne dit pas *manman*, on dit *maman*, vous m'entendez, vilains ?!...[337]

Les références au monde créole sont de plus en plus méprisées par le maître, dont la tâche principale consiste à y substituer les références propres à l'univers culturel français :

> Désespoir du Maître : les enfants parlaient par images et significations qui leur venaient du créole. Un *nouveau venu* était appelé un *tout-frais-arrivé*, *extraordinaire* se disait *méchant*, un *calomniateur* devenait un *malparlant* [...]. Les étoiles brillaient comme des graines de dés, comme des peaux d'avocats, ou des cheveux de kouli. [...]. Chaque fois qu'une petite-personne ouvrait la bouche, le Maître croyait entendre (disait-il, consterné) un hurlement de loup... *zérro, zérro, zérro !*...[338]

Le processus d'exclusion linguistique[339], enclenché avec le passage à l'école primaire, est désormais parvenu à un stade avancé et s'est enrichi d'une exclusion culturelle, ethnique et identitaire[340].

Le conflit qui se déroule au niveau sonore n'est que la surface d'un conflit plus profond, à savoir "un conflit pour le pouvoir symbolique qui a pour enjeu la *formation* et la *ré-formation* des structures mentales"[341] appelées à reproduire des schémas occidentaux. Le façonnement des consciences conformément aux valeurs transmises par l'école représente une condition indispensable pour une colonisation réussie. Par ailleurs, non seulement le maître profite de son pouvoir pour humilier les élèves et leur faire perdre la face, mais

---

[337]*ibid.* p.94. Nous renvoyons aussi à *ibid.* p.95 :
> -Dieux du ciel ! on ne dit pas : *C'est ma manman-doudou nian nian nian*, on dit : *C'est ma grrand'mère...* ! ou bien : *C'est ma mamie...* ! Mais que vais-je donc faire de ces zazous-là ?...

[338]*Chemin-d'école*, p.93.

[339]Voir Calvet, L.-J., *Linguistique et colonialisme, petit traité de glottophagie, op.cit.*, p.65.

[340]Des traces des enjeux culturels du phénomène d'exclusion se laissaient saisir dès le premier contact du négrillon avec le français officiel, là où Chamoiseau remarquait, *a posteriori*, que *les images, les exemples, les références du maître n'étaient plus du pays*. Voir *ibid.*, p.68. Parmi les conséquences de la francisation, les auteurs de l'*Éloge de la créolité* remarquent : "Notre imaginaire fut oublié [...]. Certaines de nos traditions disparurent sans que personne ne les interroge en vue de s'en enrichir [...]." Bernabé, J., Chamoiseau, P., Confiant, R., *Éloge de la créolité, op.cit.*, p.25.

[341]Bourdieu, P., *Ce que parler veut dire, op.cit.*, p.31. Voir aussi Bourdieu, P., *Réponses. Pour une anthropologie réflexive*, Paris, Seuil, 1992, p.123.

en blessant la face des élèves il souligne davantage sa supériorité[342]. Le rapport de place étant fortement asymétrique - le maître occupe une position haute alors que les élèves sont placés en une position basse[343] - aucune possibilité de réaction, voire de négociation n'est accordée aux enfants.

La dissymétrie maître *vs* élèves se répercute aussi sur l'évaluation que ces derniers font de leur propre accent (ou auto-évaluation) : alors qu'au début, dans l'imaginaire du négrillon, le créole représentait la langue de la vie[344], maintenant sa propre façon de parler lui paraît peu valorisante face au modèle prestigieux transmis par le maître. Les considérations de l'enfant à propos du créole ("Sa langue bientôt lui parut lourde, son verbe trop gras, son accent détestable. Sa petite voix en lui-même devint honteuse...")[345] prouvent qu'il se trouve dans un état d'insécurité linguistique faisant suite à l'écart entre le jugement normatif du maître et le jugement autoévaluatif[346]. Plus précisément, dans la mesure où il s'aperçoit que la langue qu'il parle ne correspond pas à la forme légitime, le négrillon se découvre victime de l'insécurité statutaire[347], faisant suite au processus d'insécurisation déclenché par le milieu socio-, voire ethno-linguistique dans lequel le sujet est évalué[348]. À l'insécurisation et l'insécurité statutaires s'ajoutent aussi l'insécurisation-insécurité formelle : même au moment où les enfants cherchent à intégrer la langue légitime - le français officiel dans ce cas spécifique - les tentatives n'aboutissent pas au résultat visé :

---

[342] Rappelons que la face est définie par Goffman comme l'"image du moi délinéée selon certains attributs sociaux approuvés". Comme nous traitons d'interactions entre des représentants de cultures différentes, nous estimons pouvoir étendre la définition proposée par Goffman à la dimension ethnique. En effet, bien que les relations maître-élèves manifestent une portée sociale, ce sont les enjeux ethniques qui captent notre attention. Goffman, E., *Les rites d'interaction, op.cit.*, p.9. Le cas que nous venons d'examiner s'écarte considérablement de la situation "type" identifiée par Goffman, d'après qui "dans les rencontres, chacun tend à se conduire de façon à garder aussi bien sa propre face que celle des autres participants." Goffman, E., *Les rites d'interaction, op.cit.*, p.14 et p.17.

[343] Les notions de relation verticale, position haute et position basse sont traitées par Catherine Kerbrat-Orecchioni. Kerbrat-Orecchioni, C., *Les Interactions Verbales*, t. II, Paris, Colin, 1992.

[344] "Et tout le reste pour tout le monde (les joies, les cris, les rêves, les haines, la vie en vie...) était créole." *Chemin-d'école*, pp.67-68.

[345] *ibid.* p.92

[346] Voir Labov, W., *Sociolinguistique, op.cit.*, pp. 183-184 et p.200.

[347] Calvet, L.-J., *Pour une écologie des langues du monde, op.cit.*, pp.167-171.

[348] *ibid.* p.172.

Quand les enfants parlaient, le *u* se transformait en *i* selon leur loi naturelle. La viande *crue* devenait *cri*, l'homme *juste* se faisait *jiste* ; *refusé* dégénérait en *réfisé*. Le son *eur* se délitait en *ère* : *docteur* donnait *doctère*, la *fleur* devenait *flère*, *inspecteur* s'étalait en *inspectère*... Mais il y avait pire aux yeux du Maître : les *r* disparaissaient, le *torchon* n'était plus qu'un *tôchon*, la *force* se muait en *fôce*... Alors le maître sévissait, se moquait, raillait, grondait, pleurait, hurlait, grimaçait, secouait un pied. Il serrait à gauche, purgeait à droite, tentait de prévenir en montrant ses propres lèvres en train d'articuler à celui qui parlait, ou imposait un silence brutal à tel autre qui avait « mal » démarré.[349]

En revanche, le maître a intégré les traits prosodiques et intonatifs du français à un niveau tellement profond que le négrillon le reconnaît comme français ("Ô le maître était français!")[350]. Ce n'est qu'au moment où il perd, pour un instant seulement, le contrôle de lui-même, que ses vraies origines sont dévoilées :

En proie à l'énervement, le Maître lui-même retrouvait son créole. Il lui arrivait aussi en quelque heure de fatigue, d'atténuer ses *r* ou de perdre son *u*. Mais il se reprenait en sursaut. Sa vigilance sur lui-même devenait alors extrême, constante, comme une arbalète bandée. Sa phrase frissonnait, encore plus appliquée, mesurée, méfiante d'elle-même ; elle s'aventurait dans les sons en supputant avec prudence les passes hasardeuses où la proximité du créole s'annonçait redoutable. Son vœu d'articuler se voyait exaucé par l'utilisation éperdue de l'accent brodé des Blancs-france. Et il multipliait les *r* et allongeait les lèvres comme une pointe de couteau sur les soucieuses ciselures que mignonnait sa langue.[351]

Le parcours identitaire du maître consiste donc à cacher la visibilité identitaire créole, pour assumer l'identité ressentie comme valorisante[352]. Cette négociation d'identités se réalise par l'adoption d'un rituel prosodique étranger, dont le pouvoir symbolique[353] est reconnu et accepté par le sujet. L'hypothèse de son appartenance aux

---

[349]*Chemin-d'école*, pp.86-87.
[350] *ibid*. p.68
[351] *ibid*. p.89.
[352] Derrière l'attitude du maître, c'est toute la problématique du rapport de force entre capitaux linguistiques différents qui se déploie. Voir Bourdieu, P., *Ce que parler veut dire*, *op.cit.*, pp.60-68.
Le phénomène concernant l'acquisition d'une identité autre dans des contextes qui ont connu la domination coloniale, est traité aussi dans l'essai théorique *Éloge de la créolité*. Voir Bernabé, J., Chamoiseau, P., Confiant, R., *Éloge de la créolité*, *op.cit.*, p.15.
[353] Voir Bourdieu, P., *Ce que parler veut dire*, *op.cit.*, p.68.

groupes de "collaborateurs locaux qui vont, par nécessité et par intérêt, utiliser la langue de l'envahisseur [...]"[354], contribuant ainsi à la diffusion du colonialisme, peut être avancée. La confrontation avec les élèves représente pour le maître une situation officielle qui exige un style contextuel convenable[355]. En ces conditions, le sujet est obligé de surveiller constamment ses productions vocales : un bref relâchement de l'attention suffit pour que le naturel se laisse entrevoir derrière le niveau formel fictif[356].

Le discrédit que le maître jette sur le créole, stigmatisé de vulgarité ("Le gros créole était le signe du fruste et du violent")[357], est donc contrebalancé par une survalorisation phonétique et prosodique de la langue française ("il [...] déployait les fastes de son français universel [...]")[358]. Dans son mouvement de célébration de l'accent français, le maître fait souvent appel à un petit groupe d'élèves (les "petits-revenus-de-France", ou encore les "préférés-à-belles-paroles")[359] qui, grâce à leurs compétences linguistiques, gagnent sa bienveillance[360].

L'exercice de la lecture en français rend compte des difficultés phonétiques auxquelles les élèves créoles se heurtent, mais aussi de l'aisance prosodique et intonative dont jouissent les petits-revenus-de-France, facteur qui leur garantir l'accès à la culture et à la civilisation françaises :

> Lire à notre tour était un souci. Identifier les mots, soutenir les liaisons, reconnaître les syllabes, communier au mystère des *e* muets, pratiquer la gymnastique des *h* aspirés... : autant d'épreuves nouées à la disgrâce infligée de nos accents créoles. *Au suivant!...* Le bout-de-langue du négrillon amplifiait son malheur. Dans sa bouche ânonnante, les consonnes dures devenaient molles. Certaines voyelles faisaient bouillie. Points, virgules et compagnie, s'envasaient dans le rythme incohérent d'un déchiffrage qui demeurait obscur. Des

---

[354] Calvet, L.-J., *Linguistique et colonialisme, petit traité de glottophagie*, *op.cit.*, p.60.

[355] Les concepts de *styles contextuels* et de *discours surveillé* sont traités par Labov. Voir Labov, W., *Sociolinguistique, op.cit.*, pp.138-143.

[356] Non seulement l'aspiration du maître à se confondre avec les "Blancs-france" se traduit dans la reproduction de l'accent, de l'articulation et des traits phonétiques du français hexagonal, mais ses tentatives d'imitation, afin d'aboutir à un meilleur résultat, nécessitent aussi une mise en jeu corporelle, ce qui ne va pas sans rappeler la théâtralisation accomplie par Wangrin, décrite au ch. 1, par. 4.1. Voir aussi *Chemin-d'école*, pp.90-91.

[357] *ibid.* p.92.

[358] *ibid.* p.91.

[359] *ibid.* pp.87-88 et p.110.

[360] À côté des connaissances sonores et linguistiques, ces derniers bénéficient aussi d'un code de comportement divers de sorte que l'écart par rapport aux *manières-de-vieux-nègre* du reste de la classe est évident. Voir *ibid.* p.111.

railleries, à peine réprimées par le Maître, empoisonnaient ses tours de lecture. *Au suivant!*... En fait, tout le monde faisait la fête avec tout le monde : celui-là tenait misère de son accent créole, celui-ci des tremblades de sa voix, un tel des asphyxies d'un bégaiement, tel autre d'une inaptitude congénitale à la lecture. *Au suivant!*... Les petits-revenus-de-France par contre brillaient en la matière : ils ne comprenaient pas plus, ânonnaient tout autant, mais, pour le Maître, par leur articulation juste, par leur accent souverain, par leur grâce de n'être pas comme nous, par leur insoumission à leur propre nature, ils étaient déjà d'essence universelle.[361]

Le négrillon s'aperçoit rapidement que le "petit-français huilé", l'"accent brodé" et l'"articulation surveillée" des "préférés-à-belles-paroles" leur accorde une place de privilège auprès du maître et leur permet en même temps d'accéder à un statut de sécurité statutaire et formelle.

L'action du maître, consistant à considérer les enfants revenus de France comme un modèle de prononciation correcte, mérite d'être considérée comme un rite d'institution. En consacrant les enfants comme représentants légitimes du bon accent, il légitime en quelque sorte l'écart qui les sépare des enfants créoles[362]. Le cas des élèves d'origine française prouve que la maîtrise de la langue française représente un capital symbolique dont l'efficacité est reconnue et validée par les systèmes scolaire en premier et colonial à un degré plus ample. Les conditions sont réunies pour que le pouvoir symbolique du français hexagonal devienne performatif. Quoique à une échelle réduite, la classe peut donc être considérée comme un marché linguistique, dans lequel la connaissance du français officiel constitue un profit de distinction[363] non pas en tant que tel, mais parce qu'investi du rôle de langue universelle par le contexte historique.

L'intérêt sera donc maintenant de s'interroger sur l'attitude des élèves créoles à l'égard de la variété acrolectale. Autrement dit, la reconnaissance du rôle du français officiel entraîne-t-elle forcément la connaissance de la variété valorisée et imposée par les systèmes scolaire et colonial, ou bien l'attachement à l'identité créole est-il suffisamment fort pour que les sujets créoles ne soient atteints par aucune volonté d'intégration ?

---

[361] *ibid.* pp.161-162.
[362] Voir Bourdieu, P., *Ce que parler veut dire, op.cit.*, p.124.
[363] Le *profit de distinction* est défini par Bourdieu comme "le profit que procure la *différence*, l'écart, qui sépare du commun". Bourdieu, P., *Questions de sociologie, op.cit.*, p.10.

2.6. La langue française : une menace pour la visibilité identitaire créole

Le chemin que les enfants accomplissent pour progresser vers la connaissance du français officiel correspond à la dernière étape du parcours sonore et identitaire de Chamoiseau-enfant. L'attitude des enfants sera analysée en relation à deux variables différentes : le maître et leur identité personnelle.

Les essais accomplis par les enfants créoles afin de s'approprier du rituel sonore et phonétique valorisé peuvent être interprétés comme des tentatives de récupérer leur propre face à l'égard du maître. Les élèves étant placés en position basse, la seule stratégie dont ils disposent consiste en une réadaptation de leur ligne de conduite phonétique en fonction du modèle imposé par l'autorité scolaire, ce qui se traduit dans la mise en œuvre d'une série de tactiques visant à éviter toute faute phonétique sous peine d'être ridiculisés :

> À grands efforts, chacun se surveillait. Les enfants se mirent à rire de ceux qui ne maîtrisaient pas leur *u* ou leur *r*. Prendre la parole fut désormais dramatique. Il leur fallait bien écouter la tite-langue-manman qui leur peuplait la tête, la traduire en français et s'efforcer de ne pas infecter ces nouveaux sons avec leur prononciation naturelle. Redoutable gymnastique.[364]

Les réajustements de la prononciation sont un exemple de l'autorégulation dont la langue créole fait preuve face aux stimuli phonétiques provenant de l'extérieur. D'ailleurs, la recherche d'un équilibre entre rituel prosodique endogène (le créole) et rituel prosodique exogène (le français) n'aboutit pas à des résultats satisfaisants. Cherchant à intérioriser des sons qui ne leur appartiennent pas, les élèves assument une attitude qui non seulement leur est étrangère, mais qui, malgré leurs efforts, ne correspond pas non plus au modèle visé :

> Les petites-personnes s'étaient mises à se méfier du *i*. Certains judicieux avaient trouvé plus simple de le rayer de leur vocabulaire au profit d'un *u* universel. Le Maître, éclaboussé d'un invraisemblable charabia, dut sévir pour que les *i* réapparaissent. Alors, les petites-personnes se mirent à semer des *r* là où il n'y en avait pas. *Châtier* devient *chârtier*, *fumer* devient *furmier*. Chacun, soucieux de se hisser dans les cimes du savoir, se débattait comme il pouvait, et tout le monde macayait dans un français surprononcé. Plus que jamais le Maître abominait le créole. Il y voyait la source de ses maux et

---
[364] *Chemin-d'école*, p.88.

l'irrémédiable boulet qui maintiendrait les enfants dans les bagnes de l'ignorance.[...][365]

Le cadre retracé par Chamoiseau, et qui résulte d'un enchevêtrement d'actions et de recadrages suite aux réactions négatives, n'est qu'une manifestation, au plan phonétique, du *double bind* (ou *double contrainte*) batesonien. Dépossédés de leur langue maternelle et soumis à une pression accrue des forces sociales externes, les élèves cherchent à combler le vide par une stratégie de compensation : soucieux de bien prononcer aux yeux du maître, ils font preuve d'une hypercorrection phonétique qui renforce davantage le mépris du maître vers le créole[366].

D'autre part, au lieu de renforcer la solidarité et la cohésion entre les sujets appartenant au même groupe ethnique, la langue française les expose au risque d'être stigmatisés à jamais ("Les enfants se mirent à rire de ceux qui ne maîtrisaient pas leur u ou leur r")[367].

En conséquence, le français, désormais reconnu comme langue dominante à l'unanimité, devient un véritable *acte menaçant la face*, notamment la face positive[368], et parvient ainsi à perturber les relations entre les enfants appartenant au même groupe ethnique. La relation de complicité qui rapprochait les élèves à l'école maternelle a disparu[369], remplacée par un rapport qui tient de la compétition. Le mouvement qui règle les relations entre les élèves se rapproche de celui qui gouvernait le rapport maître-élèves illustré plus haut : dans les deux cas, c'est la face des élèves qui est atteinte, bien qu'à différents degrés. Si les élèves ne peuvent opposer aucune résistance au maître suite à la différence de statut, ils ne peuvent pas accepter de faire mauvaise figure devant leurs copains, ceux-ci étant placés au même niveau[370]. Effrayés par cette circonstance redoutable, les enfants modifient de nouveau leur comportement linguistique et adoptent la stratégie inverse, celle-ci consistant à éviter tout recours au français.

---

[365]*ibid.* p.89-90.
[366]Pour une définition et une illustration exhaustive du phénomène d'hypercorrection, nous renvoyons à Labov, W., *Sociolinguistique*, *op.cit.*, 1976, p.90 et pp.193-200.
[367] *Chemin-d'école*, p.88.
[368]Voir Brown, P., Levinson, S., "Universals in language use : Politeness phenomena", in Goody, Esther N., *Questions and politeness. Strategies in social interaction*, Cambridge, Cambridge University Press, 1978, pp.67-70.
[369]"Il se vit charroyé dans un plaisir inhabituel : d'autres négrillons [...] comme lui, de même taille, de même hauteur, de même langage, aptes à le comprendre, presque identiques à lui. Un don de connivences qui déboulait du monde." *Chemin-d'école*, pp.38-39.
[370]Voir Goffman, E., *Les rites d'interaction*, *op.cit.*, p.11.

En ce sens, il est possible de conclure à l'impossibilité pour les enfants créoles d'atteindre la connaissance du français hexagonal : les enjeux identitaires sont tels qu'ils ne parviennent pas à franchir l'étape de la reconnaissance et à s'emparer de la langue qui leur permettrait d'acquérir la visibilité valorisée.

Le refus de s'exprimer en français laisse aux enfants une alternative. La première consiste en un retour au créole, à cette "tite-langue-manman qui leur peuplait la tête"[371] et qui jaillit spontanément :

> Entre petites-personnes, on ne parlait pas français. D'abord, parce que le naturel était créole, ensuite parce que le français était là aussi devenu risqué. Qui disait *jounal* au lieu de *journal* était discrédité à vie[372].

La survie du créole, en dépit du mépris et des tentatives d'écrasement de la part des détenteurs de la langue légitime, s'explique en fonction d'un marché affectif.

Néanmoins, d'autres difficultés surgissent. L'abîme qui sépare le créole du français est tellement profond qu'il détermine la répartition des tâches expressives entre les deux langues en jeu. Déchirée suite à la guerre déclarée par la langue coloniale, marquée par le sceau de la négativité, la langue créole véhicule un sémantisme négatif ("Le gros créole était le signe du fruste et du violent")[373]. Les interdits qui pèsent sur le créole réduisent de plus en plus les espaces où il peut circuler et s'exprimer librement :

> Il (le maître) sommait les parents de soustraire leur engeance aux infections de ce sabir de champs-de-cannes en exigeant d'eux le français du savoir, de l'esprit et de l'intelligence. Sus au créole en toutes circonstances, et plus encore quand les enfants causaient entre eux. Il fallait immoler cette chienlit sur d'exemplaires bûchers de vigilance.[374]

Auparavant identifié à un patois[375], le créole est ici qualifié de "sabir" et de "chienlit", conformément au processus de dénigrement dont il est objet.

---

[371]*Chemin-d'école*, p.88.
[372]*ibid.* p.92.
[373]*Chemin-d'école*, p.92. Traitant de la situation du créole à la Guadeloupe, D. Bebel-Gisler rappelle que "parler créole c'est faire du bruit, c'est dire des bêtises, c'est être mal éduqué […]". Bebel-Gisler, D., *La langue créole, force jugulée, op.cit.*, p.123.
[374]*Chemin-d'école*, p.90.
[375]Voir *ibid.* p.85.

La deuxième possibilité consiste à mettre de côté le créole aussi pour se réfugier dans le silence[376]. Le négrillon, de naturel bavard, sombre dans un mutisme sans remède :

> À partir d'une des images que le Maître leur montrait parfois, dans le but de susciter des commentaires, il aurait pu envoyer mille paroles monter. Mais le Maître l'avait rendu muet [...][377]

Un tel silence ouvre à plusieurs interprétations. D'une part, il pourrait représenter une forme d'évitement : étant donné que le "plus sûr moyen de prévenir le danger est d'éviter les rencontres où il risque de se manifester"[378], l'évitement correspond à une véritable manœuvre de protection. De l'autre, il indiquerait un état de résignation linguistique et identitaire : non seulement l'enfant n'est pas à même d'assumer la visibilité identitaire valorisée et légitimée par l'institution scolaire, mais il ne parvient plus à affirmer sa visibilité identitaire et linguistique d'origine[379].

Les extraits cités prouvent que les phénomènes d'insécurité et d'insécurisation, dont nous avons indiqué les manifestations au niveau formel et statutaire, sont renforcés au plan identitaire : soit qu'ils parlent leur langue maternelle, soit qu'ils s'efforcent de parler le français officiel, les élèves sont stigmatisés comme n'ayant pas accès aux valeurs de la civilisation française. De plus, l'influence de la force institutionnelle est telle que les enfants sont amenés à remettre en cause la représentation de leur identité. Autrement dit, le processus d'insécurisation, dont la responsabilité revient au maître, pousse irrémédiablement les élèves vers un état d'insécurité identitaire tellement profond qu'ils seront complètement déconcertés au moment où ils seront confrontés à un maître-indigène dont la méthode d'enseignement se distingue de celle du maître colonial. Alors que celui-ci visait à naturaliser les images et les valeurs coloniales[380], le maître-indigène fait preuve d'un retour à la créolité : non seulement il

---

[376]"Les silences s'épaissirent à mesure que l'on avança dans les sons, les mots et les lettres. Chacun se sentait invalidé." *ibid.*, pp.88-89.
[377]*ibid.*, p.91.
[378]Goffman, E., *Les rites d'interaction*, *op.cit.*, p.18.
[379]À propos de la condition de résignation linguistique qui peut caractériser les peuples francophones nous renvoyons à Francard, M., "Trop proches pour ne pas être différents. Profils de l'insécurité linguistique dans la Communauté française de Belgique", in Francard, Michel (éd.), *L'insécurité linguistique dans les communautés francophones périphériques*, Actes du colloque de Louvain-la-Neuve, 10-12 Novembre 1993, Louvain-la-Neuve, Cahiers de l'Institut de linguistique de Louvain, 1993, vol. I, pp.65-66.
[380]*Chemin-d'école*, p.166.

rétablit les références propres à l'univers créole ("[...] Haut comme trois pommes se disait Haut comme trois amandes, Maigre comme un loup en hiver devenait Maigre comme la hyène du désert")[381], mais il tolère aussi l'emploi de la langue créole :

> Temps-en-temps, le Maître-indigène, face à nos mutités, se résignait : *Eh bien, qu'à cela ne tienne, dites-le-moi en créole !*... Mais nous demeurions tout autant ababas ; de parler un créole officiel nous faisait soudain honte : c'était reconnaître l'irrémédiable de notre échec, accepter notre mise en dalot.[382]

La réaction des enfants exprime un désarroi profond qui témoigne de l'écrasement linguistique et identitaire subi et que Chamoiseau cherchera à justifier dans ses réflexions théoriques en précisant que, par rapport à l'Occident, "[...] nous nous sentions hors du monde, et pas seulement hors du monde mais presque hors de l'Humanité"[383].

La dernière considération du négrillon prouve la métamorphose survenue dans l'imaginaire linguistique et sonore des élèves et qui résulte de la violence symbolique exercée par la langue coloniale[384]. Au début du parcours, la correspondance entre l'imaginaire linguistique et sonore des enfants et leurs productions effectives est totale : attitudes et représentations de la langue d'une part et pratiques de l'autre coïncident. Progressivement, l'imaginaire linguistique des enfants s'éloigne du créole et coïncide de plus en plus avec le français hexagonal. Cela produit, inévitablement, un décalage entre l'imaginaire et les pratiques effectives. Par ailleurs, le rejet du créole de la part des enfants indique que ceux-ci ont intériorisé le système colonial de manière tellement profonde qu'ils cherchent eux-mêmes à reproduire les forces qui le soutiennent, la langue notamment[385]. L'itinéraire sonore et identitaire du négrillon est marqué par les effets principaux de la francisation : de l'oubli de l'imaginaire créole -

---

[381] *ibid.* pp.181-182.

[382] *ibid.* p.183. Nous citons aussi le refrain des Répondeurs qui accompagnent le narrateur : "Qu'était créole devenu au fond de nous, brisés?" *ibidem.*

[383] Chamoiseau, P., *Écrire en pays dominé, op.cit.*, p.45.

[384] "La violence symbolique, explique Bourdieu, permet à la classe dominante de mieux assurer son maintien et sa reproduction comme classe dominante, puisque les classes dominées, - par la méconnaissance de l'arbitraire -, « finissent par appliquer à leurs propres pratiques les critères d'évaluation dominants »." Bourdieu, P., Boltanski, L., *Le fétichisme de la langue*, cités par Bebel-Gisler, D., *La langue créole, force jugulée, op.cit.*, p.102.

[385] "[...] le langage d'autorité ne gouverne jamais qu'avec la collaboration de ceux qu'il gouverne, c'est-à-dire grâce à l'assistance des mécanismes sociaux capables de produire cette complicité [...]." Bourdieu, P., *Ce que parler veut dire, op.cit.*, p.113. Voir aussi *ibid.* p. 119.

progressivement estompé et remplacé par les références françaises dominantes -, à l'autodénigrement et donc à un refus plus ou moins conscient de la réalité créole désormais perçue à travers un filtre occidental[386].

Le parcours de confrontation d'un locuteur de langue dominée aux sonorités d'une langue dominante s'accompagne donc de la réduction d'un paysage sonore plurilingue à un paysage sonore essentiellement bilingue. Le passage tiré de *Antan d'enfance* cité au début restituait une atmosphère multisonore dans laquelle aux accents créole et français s'ajoutaient l'anglais, "les bruitages du tamoul et d'autres langues sacrées", les langues africaines tambourinées, l'arabe et le "chinois nasillé"[387]. Le chaos que Chamoiseau met en scène n'est que le versant linguistique et sonore de la créolité qui, loin de tout monolinguisme, doit être conçue en tant que "totalité kaléidoscopique, c'est-à-dire *la conscience non totalitaire d'une diversité préservée*"[388].

Cette multitude est expulsée progressivement de l'imaginaire sonore du négrillon par la présence, de plus en plus envahissante, de la langue française, ce qui entraîne de forts soubresauts au niveau de la constellation linguistique. Non seulement les composantes diminuent quantitativement, mais la relation d'équivalence qui existait entre elles et qui constitue d'après Glissant l'une des conditions indispensables à la réalisation effective de la créolisation[389], se perd irrémédiablement et se transforme en une relation profondément conflictuelle : de l'"être-en-relation" qui caractérisait l'univers créole, on passe à une

---

[386]Voir Bernabé, J., Chamoiseau, P., Confiant, R., *Éloge de la créolité*, *op.cit.*, pp.24-25.

[387]Voir par.2.1., pp.82-83. Nous renvoyons aussi à *Antan d'enfance*, p.123. Le tableau ébauché par Chamoiseau correspond parfaitement à la définition qu'Édouard Glissant donne de la réalité créole : "une rencontre d'éléments culturels venus d'horizons absolument divers et qui réellement se créolisent, qui réellement s'imbriquent et se confondent l'un dans l'autre pour donner quelque chose d'absolument imprévisible, d'absolument nouveau et qui est la réalité créole." Glissant, É., *Introduction à une poétique du divers*, Paris, Gallimard, 1996, p.15. Voir aussi Chamoiseau, P., Confiant, R., *Lettres créoles*, *op.cit.*, pp.74-75.

[388]Bernabé, J., Chamoiseau, P., Confiant, R., *Éloge de la créolité*, *op.cit.*, p.28.

[389]Glissant observe que "la créolisation suppose que les éléments culturels mis en présence doivent obligatoirement être «équivalents en valeur» pour que cette créolisation s'effectue réellement". Glissant, É., *Introduction à une poétique du divers*, *op.cit.*, p.17. Le terme de créolisation est ici employé, selon les indications des théoriciens créoles, pour désigner la réalité créole dont l'essence consiste dans une dynamique mouvante qui lui permet de se renouveler en intégrant de nouveaux apports et à fuir l'enracinement dans une forme définitive. Dans cette perspective la *créolité* représente l'aboutissement éventuel, parce rarement atteint, du processus de créolisation. Voir Marimoutou, J.-C.., "Créolisation, créolité, littérature", in *Études Créoles*, vol. X, n°1, 1987, p.5.

"mise-sous-relation" dont les effets pour les sujets créoles seront de plus en plus aliénants[390].

Nous sommes ici au cœur même de la poétique de la relation glissantienne et notamment de ses deux concepts fondateurs, à savoir l'*identité racine* et l'*identité rhizome* ou *identité-relation*. Le maître, dans sa tendance à projeter une langue considérée comme universelle et à en imposer le pouvoir, exprime une identité racine : "la racine est unique" observe Glissant, "c'est une souche qui prend tout sur elle et tue alentour [...]".[391] Par contre l'attitude des enfants vis-à-vis du paysage multisonore peut être lue comme une expression de l'identité rhizome, définie comme "[...] une racine démultipliée, étendue en réseaux dans la terre ou dans l'air [...]. La pensée du rhizome serait au principe de ce que j'appelle une poétique de la Relation, selon laquelle toute identité s'étend dans un rapport à l'Autre"[392], mais surtout une poétique ouverte et multilingue[393].

Sans doute influencée par cette tension, l'attitude du négrillon à l'égard du créole et du français se complexifie : alors qu'il semblait à l'aise dans le mélange des sonorités[394], paradoxalement il est désemparé et réduit au silence au moment où il est confronté à un système bilingue (français *vs* créole), tant et si bien que Chamoiseau-narrateur remarquera *a posteriori* :

> L'équilibre linguistique du négrillon s'en vit tourneboulé. Sans remède.[395]

Ce trouble est d'autant plus fort que le français occupe une position ambiguë : perçu par l'enfant comme une langue imposée par l'autorité de l'école coloniale, le français, grâce à ses sonorités, se distingue par un intense pouvoir de séduction. Bien qu'effrayé par le français, le négrillon ne peut s'empêcher de tomber sous le charme de la prosodie de cette langue qu'il ne parvient pas encore à maîtriser. Les accents, le concert des syllabes, les pauses, les reprises, le rythme et la manière d'articuler les lettres que le maître déploie en lisant à voix haute, le fascinent profondément :

---

[390] Voir Chamoiseau, P., *Écrire en pays dominé, op.cit.*, p.121.
[391] Glissant, É., *Poétique de la Relation, op.cit.*, p.23.
[392] *ibidem*.
[393] *ibid*. p.44.
[394] Cela ne va pas sans rappeler la description que Chamoiseau avait ébauchée du monde créole plurilingue : "[...] dans un lot de langues qui traînaient dans la Caraïbe depuis un temps où le monde était simple." *Antan d'enfance*, p.123.
[395] *Chemin d'école*, p.92.

> Le négrillon aimait entendre le Maître leur lire de petits poèmes magiques ou des textes choisis de George Sand, d'Alphonse Daudet, de Saint-Exupéry... À toute lecture, le Maître buvait un fin sirop. Il prenait plaisir à sucer lettre après lettre le français déployé sur des scènes bucoliques. Dévoué au concert des syllabes, il les détachait de manière emphatique, les rythmait selon une loi intime. Sa voix se creusait aux virgules. Sur les points, elle s'immobilisait tandis que son regard sévère nous contrôlait. Il faisait du point-virgule une culbute de silence. Le point d'exclamation aspirait, pour les rompre, des gonflades de sa voix. Une mise entre parenthèses le déplaçait de deux pas sur la gauche, en retrait, avec le ton des apartés. Les dialogues lui autorisaient, entre les pincettes de ses dents, des accents familiers ; alors, argile protéiforme, brisant une gangue invisible, il se transformait en paysan provençal, en meunier solitaire, en chevalier de la Table ronde. Paragraphe achevé, il baissait la paupière pour suivre en lui-même le cheminement religieux de ce qu'il venait de lire. [...]. Ce plaisir de lire à haute voix, il nous le communiquait en fait sans le vouloir.[396]

Cette admiration remet en cause le statut privilégié dont le créole jouissait au début : l'attitude des enfants laisse supposer un abandon de la langue créole, avalée par la langue dominante, ce qui correspondrait à la dernière étape du processus de glottophagie[397].
Si, à la fin du parcours sonore et identitaire, les élèves n'ont pas atteint la connaissance de la langue coloniale, ils ont quand-même développé une forte volonté de l'intégrer, au prix d'un déni de leur langue maternelle. L'enthousiasme à l'égard des sonorités de la langue française n'est que le versant linguistique d'un phénomène plus ample dont les conséquences consistent en un écrasement identitaire de plus en plus profond :"cet écrasement, remarque Chamoiseau, avait été rendu inévitable par la fascination que les terres du Centre exerçaient sur nous. C'était l'endroit de la culture, de l'esprit, du progrès, du vrai, du bien, du juste, du beau."[398]

---

[396]*ibid.* pp.160-161.
[397]Remarquons que, d'après Calvet, le stade de la *glottophagie réussie* est rarement atteint. Voir Calvet, L.-J., *Linguistique et colonialisme, petit traité de glottophagie*, *op.cit.*, p.79.
[398]Chamoiseau, P., *Écrire en pays dominé*, *op.cit.*, p.45.

3. Du silence des enfants au silence des conteurs : le cas de *Solibo Magnifique*

Réfléchissant sur son enfance, Chamoiseau reconnaît dans l'école l'une des voies privilégiées dont la domination silencieuse se sert pour diffuser le pouvoir colonial. La tentative de l'institution scolaire coloniale de faire accéder les enfants à la culture et à la civilisation occidentales débouche sur une immobilisation et sur une perte de repères qui se manifestent principalement par le silence. Voilà en quels termes il évoque ses états d'âme suite à la formation acquise à l'école coloniale : "J'exprimais ce que je n'étais pas. Je ne percevais du monde qu'une construction occidentale, déshabitée, et elle me semblait être la seule qui vaille. Ces livres en moi ne s'étaient pas réveillés ; ils m'avaient écrasé."[399]

Afin de sortir de cette condition d'inertie, Chamoiseau cherche à compléter son voyage par une recherche ancrée dans la réalité sociale et ethnique environnante. À la suite de ce questionnement, il découvrira que le silence auquel les enfants créoles sont réduits envahit progressivement d'autres aspects de la vie et de la culture créoles, dont celui des conteurs.

3.1. Solibo Magnifique : le dernier représentant des conteurs créoles

Au cours de la recherche identitaire qu'il mène sur le plan collectif, Chamoiseau entre en contact avec d'autres dimensions de la créolité. C'est un travail sur la vie des "djobeurs"[400] qui lui offre l'occasion de vivre en observateur participant[401] la réalité des marchés créoles qu'il cherche à saisir dans les moindres détails, en prenant des notes et en enregistrant, afin de conserver les traces d'une culture en vue de disparition. La rencontre avec Solibo Magnifique, qui a lieu par hasard, se situe à un moment où, à cause de difficultés pratiques, sa démarche semble languir et perdre toute signification[402] :

---

[399] *ibid.* p.44.
[400] Le mot "djobeurs", dérivé de l'anglais, indique "celui qui vit de « jobs », en fonction de la demande". Moudileno, L., *L'écrivain antillais au miroir de sa littérature*, Paris, éd. Karthala, 1997, p.83, note 1. Plus précisément "le « djob », mode du charroi ou du transport et, par extension, travail inqualifiable et chaque jour ressuscité, a été le moteur, dans les villes antillaises en formation, d'une économie de subsistance qui était déjà la règle dans les campagnes, et qui est un mode de la survie." Glissant, É., "Un marqueur de paroles", Préface à Chamoiseau, P., *Chronique des sept misères*, Paris, Gallimard, coll. « Folio », 1986, pp.3-4.
[401] *Solibo Magnifique*, p.44.
[402] *ibid.* p.44.

> Mystère sur mon devenir si le personnage de Solibo Magnifique n'avait réveillé ma vieille curiosité, me permettant ainsi, à travers lui, de retrouver une logique d'écriture, [...].
> Solibo m'aborda un matin, avec comme bonjour la question épuisée : Chamzibié ho, écrire ça sert à quoi ?..., puis il me parla de tout et de rien, de la parole et du reste, sans même reprendre son souffle il me raconta l'origine du marché, dix-sept contes indéchiffrables, il me donna des nouvelles (que je ne demandais pas) du capital de santé de marchandes gâteuses, puis il me parla de charbon, d'ignames, d'amour, de chansons oubliées et de mémoire, de mémoire. Cette énergie verbale me séduisait là-même [...][403]

Fasciné par cette première rencontre, il ne sera plus question des djobeurs jusqu'à la fin du roman ; désormais, c'est Solibo qui catalyse l'attention de l'écrivain qui avoue : "les conteurs étaient rares, j'en avais trouvé un"[404].

Toutefois, le roman se déroule à partir de la mort du conteur et consiste en la description des épisodes qui suivent cet événement. Le protagoniste est donc physiquement absent, réduit à la présence évanescente du souvenir[405].

En conséquence, le portrait de Solibo que Chamoiseau livre aux lecteurs est loin d'être construit de manière traditionnelle. Non seulement, il est élaboré de manière rétrospective, mais surtout il résulte du croisement de deux optiques. Autour de la mort de Solibo, c'est une double enquête qui se développe : d'une part, l'enquête officielle menée par la police qui cherche à identifier causes et responsables du décès ; de l'autre, l'enquête-évocation élaborée par un petit groupe d'individus qui étaient en train d'écouter la parole de Solibo et dont le seul but est de faire revivre le conteur[406]. L'écart qui les sépare est à mettre en relation aux questions différentes autour desquelles elles se développent : alors que l'inspecteur et le brigadier

---

[403] *ibid.* pp.44-45. La question posée par Solibo "Chamzibié ho, écrire ça sert à quoi ?" contient déjà toute la problématique du rapport entre oral et écrit ; problématique qui traverse, d'ailleurs, tout le roman. Nous y porterons l'attention dans le développement de notre discours.
[404] *ibid.* pp.45-46. C'est nous qui soulignons.
[405] "Cette parole ne se donne qu'après l'heure de sa mort ——— tristesse, mi ! ——— et même pas dans un dit de veillée, auprès de son corps parfumé aux bonnes herbes." *ibid.* p.25.
[406] En fait, les quatorze personnes qui demeurent auprès de Solibo ne représentent qu'un échantillon de la foule réunie pour écouter la parole du conteur. Une fois son décès constaté, la plupart des gens s'enfuit, laissant autour du corps ceux qui étaient liés à Solibo par une relation de proximité plus profonde. La liste des témoins dressée par la police contient tous les renseignements concernant l'identité, la profession et l'adresse des sujets. *ibid.* pp.29-32.

cherchent à savoir "qui a tué Solibo ?"[407], les sujets créoles s'interrogent plutôt sur l'identité du conteur. "Qui était Solibo ?"[408] est la question à laquelle ils essaient de trouver une réponse dans leurs souvenirs. Les deux perspectives se développent donc autour de deux axes temporels radicalement opposés : alors que l'enquête-évocation est tournée vers une réactualisation du passé, l'enquête officielle est ancrée dans le présent et cherche à avancer dans le temps. L'intérêt sera de prouver que cet avancement est voué à l'échec. Si ces deux niveaux alternent et se juxtaposent dans le texte, ils ne se rencontrent jamais, sinon au prix d'un changement d'optique radical. En outre, ces deux axes se développent à partir d'une autre évocation qui fonctionne comme un premier niveau dans lequel s'inscrivent les deux axes mentionnés : il s'agit de l'évocation que Chamoiseau-écrivain fait de la mort du conteur et de la nuit passée au commissariat de police dans la tentative vaine d'en démasquer le responsable. Voilà en quels termes l'écrivain justifie son écriture, considérée comme n'étant pas digne du "Maître de la parole incontestable" de Fort-de-France[409] :

> J'aurais voulu pour lui d'une parole à sa mesure : inscrite dans une vie simple et plus haute que toute vie. Mais, autour de son cadavre, la police déploya la mort obscure : l'injustice, l'humiliation, la méprise. Elle amena les absurdités du pouvoir et de la force : terreur et folie. Frappé d'un blanc à l'âme, il ne me reste plus qu'à en témoigner, dressé là parmi vous, maniant ma parole comme dans un *Vénéré*, cette perdue nuit de tambour et de prières que les nègres de Guadeloupe blanchissaient en souvenir d'un mort[410].

3.2. L'*enquête-évocation* : vers une ébauche du portrait de Solibo

La reconstruction du portrait de Solibo à partir de l'assemblage des souvenirs des témoins créoles est présentée comme un choix imposé par l'essence même du conteur : décrit comme "une sculpture à facettes dont aucun angle n'autorisait une perspective d'ensemble"[411], le croisement des points de vue s'avère nécessaire en vue de parvenir à une vision globale. En outre, les évocations ne se succèdent pas de manière linéaire, mais sont insérées dans la narration sous des formes

---

[407] Cette question revient de manière presque rythmique dans le cours de l'enquête. Voir *ibid.* pp.169, 170, 173, 175, 206.
[408] Telle est la question à laquelle les différents témoignages semblent répondre et qui ne sera explicitée qu'à la fin. Voir *ibid.* p.219.
[409] *ibid.* p.26.
[410] *ibid.* p.27.
[411] *ibid.* p.220.

variées et à des moments différents. Les premières n'apparaissent qu'après le silence profond[412] qui suit le verdict émis par Congo : "Messieurs et dames, *Solibo Magnifique est mort d'une égorgette de la parole...*"[413]. Tels un rituel funèbre, les souvenirs oralisés de Solibo jaillissent lentement, comme si un certain temps leur était nécessaire pour qu'ils puissent surgir et se manifester. Sidonise, ancienne femme de Solibo, ouvre la veillée laissant ses souvenirs s'épancher :

> Sidonise maintenant balançait tout son buste, telle une feuille sous un alizé triste. [...] c'est un peu plus accablés que nous écoutâmes sa voix dans le créole du souvenir : J'ai vécu dans le temps avec Solibo, une bonne charge d'années [...]. Elle interrompit ses balancements dans un rire-sanglot qui parcourait silencieusement son corps[414].

La tirade de Sidonise est suivie par celles d'autres témoins, entre autres celle de Chamoiseau-personnage[415], de Didon "maître-djobeur du marché aux légumes" [416] et du musicien Charlot[417]. Quoique chaque évocation porte sur des aspects et sur des anecdotes différents de la vie de Solibo, elles partagent le même enjeu, consistant à faire revivre le conteur[418]. L'exhortation que l'écrivain adresse aux lecteurs avant de s'abandonner aux souvenirs s'inscrit dans la même perspective :

> Mais d'abord, ô amis, avant l'atrocité, accordez une faveur : n'imaginez Solibo Magnifique qu'à la verticale, dans ses jours les plus beaux [...][419]

Les souvenirs de Solibo vivant aident les protagonistes à oublier la présence de son corps inerte ; c'est seulement lorsque le silence se réinstalle que celui-ci retrouve "sa douloureuse présence"[420].

D'autres évocations suivent, mais loin de s'enchaîner de manière linéaire comme celles de Sidonise et de Didon, elles sont intégrées à

---

[412] "La compagnie éleva une maçonnerie de silence devant la vérité ainsi formulée." *ibid.* p.42.
[413] *ibid.* pp.41-42. C'est l'auteur qui souligne. L'expression *égorgette de la parole* et les significations qu'elle entraîne feront l'objet d'une analyse plus détaillée dans la suite du chapitre. Voir par.3.4. de ce chapitre.
[414] *ibid.* pp.72-73.
[415] *ibid.* pp.79-80.
[416] *ibid.* pp.73-74. C'est nous qui soulignons. Cet extrait rapporté contient d'autres éléments utiles à notre analyse et qui seront repris au fur et à mesure.
[417] *ibid.* pp.80-82
[418] *ibid.* pp.73-74.
[419] *ibid.* p.25. Voir aussi p.26.
[420] La perspective du silence et des enjeux qui lui sont liés sera approfondie au par.3.2.3. de ce chapitre.

l'enquête officielle : au lieu de répondre de manière synthétique et rigoureuse aux questions posées par le brigadier et par l'inspecteur (et qui se résument souvent à la question-type "qui a tué Solibo ?"), les réponses des sujets interrogés débordent du cadre strict et rigide de l'interrogatoire. À partir de l'"écrivain au curieux nom d'oiseau", ou mieux du *marqueur de paroles* comme il préfère se définir lui-même[421], la parole des témoins paraît couler, poussée plus par le besoin de continuer à faire vivre l'un des derniers conteurs que par l'obligation de répondre à l'autorité à laquelle ils sont confrontés.

La mise en relation des évocations constitue le point de départ permettant de reconstruire le portrait du conteur, dont l'existence s'inscrit désormais dans une dimension onirique :

> Car, si de son vivant il était une énigme, aujourd'hui c'est bien pire : il n'existe (comme s'en apercevra l'inspecteur principal au-delà de l'enquête) que dans une mosaïque de souvenirs, et ses contes, ses devinettes, ses blagues de vie et de mort, se sont dissous dans des consciences trop souvent enivrées.[422]

Tout au long de l'évocation de Solibo, chaque personnage, à son tour, se fait conteur selon un jeu de miroirs : celui qui était conteur par excellence parle grâce à ceux qui faisaient partie de son public ; de véhicule de la parole, Solibo est devenu objet ; de l'état de signifiant, il est métamorphosé en signifié. L'hypothèse, selon laquelle ce bouleversement des rôles ne serait qu'un artifice dont Chamoiseau-écrivain se sert pour prolonger l'existence de la figure du conteur créole, nous paraît validée, d'autant mieux que, par le recours à cette stratégie, l'écrivain s'inscrit à plein titre dans la tradition créole qu'il semble, ainsi, revivifier : "l'oraliturain - observent les auteurs des *Lettres créoles* - est le seul à parler auprès du mort. Il invite à rire, à chanter, à briser le silence, à briser le sommeil : *en clair, il nomme la vie qui continue et qu'il faut vivre.*"[423]

---

[421] La signification de l'expression *marqueur de parole* sera abordée tout au long de notre discours et notamment au par.5 de ce chapitre.
[422] *Solibo Magnifique*, p.26.
[423] Chamoiseau, P., Confiant, R., *Lettres créoles, op.cit.*, p.82. Le substantif *oraliturain* est formé sur le néologisme *oraliture* proposé par les auteurs des *Lettres créoles*. Ce sont les auteurs qui soulignent.

3.2.1. Solibo Magnifique : un conteur hors du commun

Avant de décrire la parole et la voix du conteur et afin d'en saisir la portée dans sa globalité, d'autres facteurs qui contribuent à sa mise en scène doivent être relevés.

La première description que Chamoiseau-narrateur fait de l'arrivée du conteur se rapproche d'un spectacle théâtral. Au lieu de porter le regard directement sur le conteur, le narrateur restitue d'abord l'ensemble de la scène : du décor, à l'arrivée du musicien qui, avec son tambour, accompagne la parole de Solibo, pour terminer avec la présentation du protagoniste.

Le décor qui accueille la parole du conteur résulte du concours de plusieurs niveaux sensoriels et, plus précisément d'un niveau visuel, olfactif et sonore : le spectacle se déroule au milieu de la Savane, plongé dans "l'haleine aigre-douce des tamarins", sous un "gravier d'étoiles au ciel", accompagné des battements syncopés des tambours ka et de "la cacophonie des marchandes"[424]. C'est dans cette atmosphère, que le musicien Sucette fait son apparition :

> Son tambour à l'épaule, le musicien qui d'habitude accompagnait les parlers de Solibo Magnifique arriva dès les premières ombres et s'installa sous le plus vieux des tamariniers, auprès du monument aux morts. C'était un rien d'homme, dessiné par ses os, avec le cou blanchi d'une dermatose ancienne, il se criait Sucette.[425]

Cet extrait contient deux des caractéristiques principales du spectacle des conteurs, notamment l'arrière-fond musical et le moment de la journée où les conteurs s'exhibent.

Le choix de la nuit comme moment privilégié pour donner libre cours à une parole, dont le sens est souvent détourné et obscur, n'est pas fortuit. Bien au contraire, espaces temporels qui permettent à l'"oralité d'une culture naissante"[426] de se déployer, le crépuscule et la nuit participent du rituel des contes créoles au point de justifier l'appellatif de "parole de nuit" employé pour qualifier les productions orales des conteurs[427]. De plus, Solibo ne prend la parole que dans la

---

[424] *Solibo Magnifique*, p.28.
[425] *ibid.* pp.28-29.
[426] Chamoiseau, P., Confiant, R., *Lettres créoles*, *op.cit.*, p.72.
[427] D'après certains spécialistes, le choix de la nuit correspond à un premier degré des stratégies de dissimulation mises en œuvre par les conteurs, dans la mesure où elle permet aux esclaves de s'échapper des contraintes imposées par les maîtres, de fuir le regard des békés. Voir Ludwig, R., (sous la direction de), *Écrire la parole de nuit. La nouvelle littérature antillaise*, Paris, Gallimard, coll. « Folio-Essais », 1994, p.18.

période du carnaval, ce qui renforce l'hypothèse de la théâtralisation[428].

La présence de la musique est aussi intimement liée à la parole du conteur. Parfois, c'est le conteur même qui sollicite un arrière-fond musical ("[...] Sucette, apporte ton tambour sous le tamarin, un de ces jours de vaval...")[429]; parfois, la musique se limite à introduire le conteur, mais se tait promptement pour mieux laisser ressortir sa voix ("Gueules de nègres et tam-tam cessèrent de battre. Sa voix tourbillonnait [...]")[430].

On est ici loin de la richesse instrumentale relevée tout au long de l'analyse des séances données par les griots, conteurs et traditionalistes maliens. Les seuls instruments qui apparaissent dans le contexte créole (du moins d'après le témoignage de Chamoiseau) sont le tambour, le tam-tam et le saxo. L'emploi même de ces instruments diffère. Aux Antilles, c'est une "défonctionnalisation de l'instrument" qui se produit : "en Afrique, le tambour est un langage qu'on organise en discours : il y a des orchestres de tambours où chaque instrument a sa voix. Le tambour est un partage. Aux Antilles, c'est le plus souvent un solitaire ; ou un accompagnement."[431] Nous estimons toutefois que, plutôt que de perte de sa fonction originaire, il vaudrait mieux parler d'une réadaptation fonctionnelle imposée par un contexte ethnique et social différent[432].

Toile de fond pour la parole et pour la voix du conteur, la musique sert aussi à annoncer que le conteur prendra la parole et, par conséquent, à convoquer le public :

> Par douze tak-tak sonores et deux-trois grondements de son tambour gros-ka, Sucette convoqua une compagnie sous la lumière de son flambeau. Flap, et même plus vite que flap, délaissant les tables de jeux, un auditoire s'était formé, avide déjà de l'apparition de Solibo Magnifique [...].[433]

---

[428]"Il ne venait sous les tamariniers de la Savane qu'avec le carnaval et de manière irrégulière." *Solibo Magnifique*, p.43.

[429]*ibid.* p.207.

[430]*ibid.* p.158.

[431]Glissant, É., *Le discours antillais*, Paris, Seuil, 1981, p.227.

[432]Sans doute parce que symbole de l'origine africaine des esclaves et, en conséquence, parce qu'ils favorisent leur rassemblement, au début les tambours sont interdits par les maîtres-békés qui n'y voient qu'une menace contre l'autorité et le pouvoir des conquérants. Ils seront réadmis seulement au moment où les maîtres réalisent que, leurs rythmes s'accordant aux cadences du travail, ils pouvaient convenir aux *tâches esclavagistes*. Voir Chamoiseau, P., *Écrire en pays dominé*, *op.cit.*, p.156.

[433]*Solibo Magnifique*, p.29.

De son côté, le public ne se limite pas à écouter la parole du conteur de manière passive, mais manifeste verbalement sa présence, prouvant ainsi au conteur son attention[434]. De même, le cri onomatopéique émis par Solibo au moment de son décès est interprété par l'assistance comme une exhortation à manifester sa présence :

> Toute la nuit, le vocal avait tonné. Prouvant au Maître de la parole, leur vigilance, les écoutants avaient répondu le *É kra !* avec force. Le *Misticraa !* avait sonné comme la passe des soufflants d'un orchestre latino. À l'heure où le ciel pâlit et qu'un vent brumeux annonce le petit jour, Solibo Magnifique avait hoqueté dans un virage de la parole. Puis, sans pourquoi ni comment messieurs et dames, s'était écrié : *Patat'sa !...* (Or, *Patat'sa !* N'existe pas dans le cricrack. Le conteur dit *É krii*, demande *Misticrii*, interroge pour savoir si *la cour dort, souplé ?...*, appelle son tafia, un accord de tambour, mais ne hèle jamais *Patat'sa !...*). Pourtant à ce cri de souffrance, la compagnie avait répondu *Patat'si !*, [...].[435]

Ce passage condense les éléments présentés jusqu'ici séparément, comme si le narrateur cherchait à reproduire la simultanéité dont il est question dans la réalité : du cadre nocturne, à la présence de la musique et d'un auditoire actif. La réciprocité qui existe entre le conteur et son public est ici au premier plan. D'une part le conteur contrôle le public, l'exhorte pour qu'il ne s'endorme pas et arrive jusqu'à demander sa parole[436] ; de l'autre celui-ci lui confirme son éveil. La transition d'une phase à l'autre est marquée par des formules rituelles : "« Ee krick !... Ee krack » pour ouvrir la communication, ou « Misticric !... Misticrac !... pour la maintenir."[437]
L'intervention de l'auditoire est aussi un soutien pour celui qui prend la parole. Tel est le cas de l'assemblée qui écoute le récit de Didon après la mort de Solibo ("Manière de l'aider à balancer sa voix, nous faisions une musique de bouche et nous battions des mains")[438] ou de Sidonise[439]. La collaboration entre conteur, public et musique produit un spectacle complexe, caractérisé par un enchevêtrement de sonorités

---

[434] *ibid.* p.33.
[435] *ibid.* pp.33-34. Une interprétation plausible de la signification du cri *patat'sa* est contenue en Moudileno, L., *L'écrivain antillais au miroir de sa littérature, op.cit.*, p.87.
[436] "[...] le conteur Solibo Magnifique mourut d'une égorgette de la parole, en s'écriant : Patat'sa !... *Son auditoire n'y voyant qu'un appel au vocal* crut devoir répondre : Patat'si !..." *Solibo Magnifique*, p.25. C'est nous qui soulignons.
[437] Moudileno, L., *L'écrivain antillais au miroir de sa littérature, op.cit.*, p.87.
[438] *Solibo Magnifique*, pp.73-74.
[439] *ibid.* pp.123-126.

multiformes. L'évocation que Chamoiseau-personnage, se faisant lui-même conteur, fait de Solibo, en constitue un excellent témoignage[440] :

> Je me levai. Aidé de la compagnie qui soutenait ma voix de la main ou de la bouche, je donnai cette parole auprès de Solibo. Sucette comblait mes silences en suscitant d'un doigt frotté sur la peau du tambour la plainte chevrotante du triblé. Congo, la Fièvre, Charlot et Bête-Longue murmuraient en messe basse : *Donne-la-nous, belle parole mi, donne-la-nous...*, tandis que Sidonise et Conchita claquaient de la langue, approuvaient des paupières.[441]

L'implication du public aux spectacles des conteurs n'est pas sans rappeler les séances des griots maliens au cours desquelles la participation de l'auditoire était tout aussi indispensable. Toutefois, des écarts doivent être soulignés. Inscrits dans un cadre fortement structuré, les récits des griots se déploient le soir dans les cours consacrées à cette activité socialement reconnue ; d'où l'appellatif d'*école orale traditionnelle* qu'Hampâté Bâ lui attribue. En revanche, le cadre rituel dans lequel s'insère la parole des conteurs créoles s'organise selon des paramètres autres que nous allons tâcherons de pointer au fur et à mesure.

À une métamorphose de la territorialité[442] (Solibo ne parle que sous les tamariniers de la Savane[443], alors que les griots s'exhibent dans les cours des nobles, des princes ou des rois), s'ajoute le non-respect du cadre temporel. Les interventions de Solibo ne sont jamais prévues à l'avance ("Solibo aimait bien paroler durant ces nuits de liesse, mais personne ne savait à quelle heure, dans quel côté et pour quelle longueur")[444] afin de fuir le contrôle exercé par le pouvoir colonial. Le conteur intervient à son gré, ce qui justifie les questionnements des potentiels auditeurs :

---

[440] Les exemples en ce sens abondent. Nous rappelons aussi l'intervention de Charlot : "Quand je me rassis, que le silence ramena son abîme, Charlot se leva à son tour, et s'excusa, en touchant le front du Magnifique, de ne pas avoir pensé à mener-venir son saxo. La lente cadence de nos mains, notre rumeur accablée l'obligèrent à trouver en lui-même, sans instrument, un don de souvenir..." *ibid.*, p.80.

[441] *ibid.* p.79. À propos de la structure composite des spectacles des conteurs, voir aussi Chamoiseau, P., *Écrire en pays dominé, op.cit.*, p.169 et Chamoiseau, P., Confiant, R., *Lettres créoles, op.cit.*, p.80.

[442] Hall, E.T., *Le langage silencieux*, Paris, Seuil, coll. « Points-Essais », 1984, p.64.

[443] *Solibo Magnifique*, p.43.

[444] *ibid.* pp.207-208. L'emploi du lexème verbal *paroler* nous paraît emblématique dans la mesure où il contient le terme "parole" qui définit l'essence même du conteur.

[...] toute parole du vieux conteur, rare ces temps-ci, était bonne à entendre. Il va venir, Sucette ?... Où il est ho ? tu crois qu'il va venir ?[445].

Parole spontanée et inattendue, elle est pourtant avidement cherchée, voire réclamée. Le grondement du tambour de Sucette est rapidement déchiffré par le public qui n'hésite pas à se rassembler pour écouter Solibo[446]. Le besoin de la parole du conteur manifesté par les auditeurs est un élément qui nécessite d'être approfondi.

3.2.2. La prise de parole : un *rituel sacré*[447]

Dès le début, Solibo est défini comme un "maître de la parole incontestable" à Fort-de-France :

> À terre dans Fort-de-France, il était devenu un Maître de la parole incontestable, non par décret de quelque autorité folklorique ou d'action culturelle (seuls lieux où l'on célèbre encore l'oral) mais par son goût du mot, du discours sans virgule. Il *parlait*, voilà. Sur le marché aux poissons où il connaissait tout le monde, il *parlait* à chaque pas, il *parlait* à chacun, à chaque panier et sur chaque poisson. S'il y rencontrait une commère folle à la langue, disponible et inutile, manman ! quelle rafale de bla-bla... Au billard de la Croix-Mission, au vendredi du marché-viande à l'arrivage du bœuf, sur le préau de la cathédrale, après la dévotion, au stade Louis-Achille tandis que nous assassinions l'arbitre, Solibo *parlait*, il *parlait* sans arrêt, il *parlait* aux kermesses, il *parlait* aux manèges, et plus encore aux fêtes. Mais il n'était pas un évadé d'hôpital psychiatrique, de ces déréglés qui secouent la parole comme on se bat une douce.[448]

Les nombreuses occurrences du verbe *parler* justifient le titre de *maître de la parole* qui lui est attribué et qui qualifiait aussi griots, conteurs et traditionalistes maliens. Si de nombreux spécialistes insistent sur la relation génétique entre conteurs africains et créoles[449], il n'en reste pas moins que, plongés dans un contexte socio-ethnique marqué par la transplantation et par la dispersion des esclaves, les

---

[445] *ibid.* p.29.
[446] "Flap, et même plus vite que flap, délaissant les tables de jeux, un auditoire s'était formé, avide déjà de l'apparition de Solibo Magnifique [...]." *ibid.* p.29.
[447] L'expression *rituel sacré* est de Chamoiseau. Nous expliquerons notre choix tout au long de ce paragraphe. Voir Chamoiseau, P., *Écrire en pays dominé*, *op.cit.*, p.177.
[448] *Solibo Magnifique*, pp.26-27. C'est nous qui soulignons.
[449] "Sa voix - remarque Glissant au sujet du conteur - vient d'au-delà les mers, lourde du remuement de ces pays d'Afrique dont l'absence est présence [...]." Glissant, É., *Poétique de la Relation*, *op.cit.*, p.51.

conteurs créoles ne peuvent être assimilés aux africains. Loin de réactualiser un passé mythique afin de le transmettre aux nouvelles générations, la tâche du conteur créole consiste à poser les assises d'une identité nouvelle que le peuple est appelé à concrétiser.

Ancrée dans le passé et, en même temps tournée vers le futur, la parole de nuit[450] fonctionne en tant que réponse à une recherche identitaire[451], dont la première étape vise à relier un peuple émietté[452]. Le noyau, que le conteur cherche à recréer pour qu'un peuple dispersé et hétérogène puisse trouver un espace identitaire qui lui convienne, serait donc la synthèse entre deux variables. Premièrement, il se nourrit de la mémoire du passé que le conteur cherche à faire revivre :

> [...] puis il (Solibo) me parla de charbon, d'ignames, d'amour, de chansons oubliées et de mémoire, de mémoire.[453]

Deuxièmement, il prend en compte une réalité nouvelle vis-à-vis de laquelle le peuple doit préciser son positionnement, sous peine d'être englouti par le processus d'occidentalisation entamé par le pouvoir colonial. Sans être révolutionnaire, la parole de Solibo contient des "paroles de survie", de résistance[454] ; des paroles qui ont été élaborées "dans et contre l'esclavage" comme le précisent les auteurs des *Lettres créoles*[455] et qui transmettent un message de non-acceptation de la réalité, telle qu'elle est imposée par les acteurs du colonialisme :

> Eh bien, j'ai appris cela de Solibo : apprendre à questionner, plus de certitudes où d'évidences, mais la question, toute la question.[456]

Si elle distrait son public, la parole de Solibo transmet une exhortation au questionnement, à la remise en question des certitudes dont les occidentaux se font promoteurs. Dans cette perspective, elle est perçue par l'auditoire comme un point de repère, source d'énergie vitale, dont le peuple manifeste un besoin pressant :

---

[450] Nous rappelons que l'expression *parole de nuit* figure dans le titre de l'essai théorique *Écrire la parole de nuit*. Ludwig., R. (sous la direction de), *Écrire la parole de nuit, op.cit.*
[451] Juminer, B., "La parole de nuit", in *ibid.* pp.131-132.
[452] Chamoiseau, P., *Écrire en pays dominé, op.cit.*, p.170.
[453] *Solibo Magnifique*, p.45.
[454] *ibid.* p.78.
[455] Chamoiseau, P., Confiant, R., *Lettres créoles, op.cit.*, p.73.
[456] *Solibo Magnifique*, p.185.

Flap, et même plus vite que flap, délaissant les tables de jeux, un auditoire s'était formé, avide déjà de l'apparition de Solibo Magnifique : toute parole du vieux conteur, rare ces temps-ci, était bonne à entendre [...].[457]

C'est donc parce qu'elle contient les bases pour l'essor de l'identité créole que la parole du conteur devient un rituel sacré. Parole ouverte à des sujets divers[458], la mémoire y occupe une position de relief. L'écoute des vieilles femmes, dépositaires de la tradition ("[...] les vieilles [...] lui offrirent des paroles, ô paroles de survie, paroles de débrouillarde [...], paroles de résistance, toutes ces qualités de paroles que les esclaves avaient forgées aux chaleurs des veillées afin d'accorer l'effondrement du ciel [...]")[459] est ensuite retravaillée dans la parole de Solibo de manière à produire quelque chose d'inouï, ce qui justifie l'appellatif de Magnifique :

> Sa parole était belle, dit-on, elle connaissait le chemin de toutes les oreilles et ces portes invisibles qu'elles détiennent sur le cœur. En plus, par un mystère, il distillait les contes d'une manière inconnue, à dire qu'il avait dévié en lui-même leurs signifiances les plus extrêmes. C'est un vieux conteur (un brutal paroleur) qui, l'entendant un samedi au marché, le cria *Magnifique*. Lui, refusa longuement l'adjectif : Awa ! Solibo... Solibo... L'un dans l'autre donna ce que l'on sait.[460]

Dans ce parcours d'élaboration d'une identité créole dont le conteur est responsable, les présences africaine et coloniale sont côtoyées par le mélange et la profusion des peuples transplantés dans les îles caribéennes et dont chacun est porteur d'un passé historique. En ce sens, le conteur devient le point où convergent toutes les mémoires[461].

---

[457]*ibid.* p.29. Voir aussi *ibid.* p.206 : "Sous un tamarinier, il vit Sucette chevauchant son gros-ka. À ses côtés, Solibo s'adressait juste à l'oreille d'une compagnie. Le vieillard (Congo) avait bondi de joie en reconnaissant le Maître, si rare ces derniers temps, et —— fatalité —— il nous avait rejoint pour donner le vocal."
[458]L'amalgame de sujets hétérogènes dans un même discours, ainsi que le *goût du mot, du discours sans virgule*, obéiraient à une stratégie de dissimulation afin de détourner l'attention des colonisateurs. Voir Chamoiseau, P., Confiant, R., *Lettres créoles, op.cit.*, p.77.
[459]*Solibo Magnifique*, p.78.
[460]*ibid.* p.79.
[461]D'après Chamoiseau et de Confiant "le conteur est, dans sa parole et dans ses stratégies, riche de l'Amérique précolombienne, de l'Afrique et de l'Europe", mais aussi des réminiscences indiennes, chinoises et levantines. Chamoiseau, P., Confiant, R., *Lettres créoles, op.cit.*, p.47 et pp.74-75.

Carrefour où se croisent des dynamiques hétérogènes, il parviendra à se forger un "regard qui voit le monde sous d'autres dimensions"[462]. Quoiqu'il se souvienne "du griot africain et balbutie une parole africaine"[463], le conteur devra chercher un langage nouveau convenant à l'expression de la mosaïque hétérogène de la réalité ethnique créole. "Voix de ceux qui n'ont pas de voix"[464], nous préférons le considérer comme symbole de l'effort de vie d'une nouvelle entité collective, mettant ainsi l'accent sur le côté créateur. De ce point de vue, le conteur peut être envisagé comme une solution au désarroi qui résulte du détachement de toute relation avec le passé. Produit d'un paysage culturel dont il collecte et concentre les bribes identitaires dispersées et anéanties par les représentants des puissances coloniales, il cherche à produire une vision identitaire nouvelle à partir du croisement entre des variables disparates et se fait expression d'une "errance enracinée"[465]. En ce sens, sa tâche est qualifiée de sacrée.

Néanmoins, la pluralité des apports qui convergent dans cette figure n'est pas diluée en un mélange indifférencié. La dichotomie posée par Glissant entre identité-racine et identité-rhizome devient ici opérationnelle. Personnification de l'identité-rhizome, le conteur serait un lieu privilégié où la relation, au sens glissantien du terme, trouve une réalisation possible[466].

En ce qui concerne plus précisément les retombées linguistiques et sonores de ce phénomène, les compétences linguistiques de Solibo couvrent le panorama linguistique correspondant à la mosaïque de peuples qui participent du processus de créolisation. Son créole est ouvert à "tous les horizons"[467] et témoigne du "grouillement linguistique"[468] qui découle de la mise en contact d'éléments linguistiques totalement hétérogènes. Grâce à un imaginaire foisonnant, Solibo métamorphose ses prises de paroles en

---

[462] *Solibo Magnifique*, p.42.
[463] *ibid.*, p.46.
[464] Chamoiseau, P., Confiant, R., *Lettres créoles, op.cit.*, p.76.
[465] L'expression est empruntée à Glissant. Voir Glissant, É., *Poétique de la Relation, op.cit.*, p.49.
[466] "Pour qu'il y ait relation il faut qu'il y ait deux ou plusieurs identités ou entités maîtresses d'elles-mêmes et qui acceptent de changer en s'échangeant." Glissant, É., *Introduction à une poétique du divers, op.cit.*, p.42. Nous rappelons que, dans la perspective de Glissant, le rhizome est conçu comme "la racine qui s'étend à la rencontre d'autres racines". *ibid.* p.59.
[467] *Solibo Magnifique*, p.155.
[468] Chamoiseau, P., *Écrire en pays dominé, op.cit.*, p.173.

"glossolalies [...] étonnantes"[469], proches de la langue "écho-monde"[470] :

> [...] Solibo Magnifique utilisait les quatre facettes de notre diglossie : le basilecte et l'acrolecte créole, le basilecte et l'acrolecte français, vibrionnant enracinement dans un espace interlectal que je pensais être notre plus exacte réalité sociolinguistique.[471]

Il s'ensuit que l'appellatif de "Maîtres de la parole" renvoie à des référents différents selon qu'il est employé au Mali ou à la Martinique. Dans le premier cas, les maîtres de la parole s'inscrivent dans le cadre de l'école orale traditionnelle. L'arrière-plan didactique propre aux récits de griots, conteurs et traditionalistes, dont le souci est de conserver et de transmettre à la postérité une tradition solide, s'efface dans le cas des conteurs créoles. Confrontés à la nécessité de créer une identité proprement créole, ceux-ci se situent à une étape précédente, si bien que l'appellatif de *maîtres de la parole* renvoie plutôt à l'habileté des conteurs dans le maniement de la parole oralisée.

Parole souple, qui se prête à tout genre de discours, elle cherche moins à être comprise qu'à être écoutée :

> Il ne s'agissait pas de comprendre le dit, mais de s'ouvrir au dire, s'y laisser emporter, car Solibo devenait là un son de gorge plus en voltige qu'un solo de clarinette quand Stélio le musicien y engouffrait son souffle.[472]

Du "dit" au "dire", du signifié au signifiant pourrait-on dire, la métamorphose, dans le cas de Solibo, est aisée : Solibo est "une Voix"[473], "un son de gorge" plus proche de la musique que de la voix elle-même.

Si au niveau sémantique la voix de Solibo est disponible à traiter des sujets divers, au niveau sonore ses ressources inépuisables lui permettent d'embrasser toute la gamme sonore, voire d'assumer des caractéristiques prosodiques et sonores opposées. Le récit de la parole de Solibo en occasion de la veillée funèbre de Man Gnam en constitue une illustration excellente :

> Solibo Magnifique entra alors en scène. *Ô parole maîtresse, mi !...* La police resta bec cloué devant lui. Gueules de nègres et tam-tam

---

[469] *Solibo Magnifique*, p.172.
[470] Glissant, É., *Poétique de la relation*, *op.cit.*
[471] *Solibo Magnifique*, p.45.
[472] *ibid*. p.33. C'est nous qui soulignons.
[473] *ibid*. p.81.

cessèrent de battre. Sa voix tourbillonnait, ample puis grêle, cassée puis chaude, moelleuse puis cristalline ou criarde, et s'achevant sur des graves de caverne. Une voix de caresse, de larmes et d'enchantements, impériale et sanglotante, et qui riait, et qui raillait, et qui tremblait dans des murmures, qui creusait ou s'envolait dans les limites aphones. Seul quelque écho du cantique des vieilles s'entendait quand, pour respirer, il avalait deux mots. Il célébra Man Gnam là comme ça, de belle manière. Sa vie et ses misères furent dites, reconnues et pleurées.[474]

Parole qui fascine et qui séduit, son pouvoir est tel qu'elle parvient à capturer celui qui l'écoute, l'empêchant de s'y dérober ("[...] sa parole bizi bizi t'englouait [...]")[475]. Au lieu de se dissoudre et de disparaître, les sonorités de la voix restent gravées dans la mémoire des sujets qui l'écoutent, ce qui remet en question l'essence fuyante et aérienne de la voix. Finalement, la voix de Solibo se rapproche davantage de la musique que de la voix en tant que telle ("[...] le do si la sol de sa voix [...]")[476] : d'une part les acrobaties sonores, dont elle est capable, dépassent celles des instruments de musique ("[...] Solibo devenait là un son de gorge plus en voltige qu'un solo de clarinette quand Stélio le musicien y engouffrait son souffle") ; de l'autre, elle devient source d'inspiration pour les musiciens qui cherchent à l'imiter avec leurs instruments[477].

Par ailleurs, le relief accordé aux ressources vocales obéit aux stratégies de dissimulation visant à transmettre des contenus non conformes à la politique officielle sans qu'ils soient repérés par les autorités. Dans cette perspective, la vitesse qui rythme la phrase créole est un subterfuge visant à détourner l'attention des békés. Animé par une énergie verbale inépuisable, véritable "cyclone de paroles"[478], Solibo parle "sans même reprendre son souffle"[479]. Son discours coule sans jamais s'arrêter, marqué par l'absence de pauses et d'hésitations (nous rappelons le goût du "discours sans virgule")[480] et semble s'organiser selon un rythme serré, précipité[481]. Telle une "rafale", un

---

[474]*ibid.* p.158.
[475]*ibid.* p.181.
[476] *ibid.* p.81.
[477]Le rapport étroit entre voix et instruments de musique est traité par Junzo. Voir Junzo, K., *La voix, op.cit.*, ch.5 et ch.6, pp.61-71 et pp.73-83.
[478]*Solibo Magnifique*, p.196.
[479]*ibid.* p.45.
[480]*ibid.* p.26.
[481]"[...] ainsi le sens de la phrase est parfois comme dérobé dans ce non-sens accéléré où cahotent les sons. Mais ce non-sens charroie le sens véritable, qui est soustrait à l'oreille du maître." Glissant, É., *Le discours antillais, op.cit.*, p.239.

"babillage" qui arrive presque à étourdir l'interlocuteur[482], la parole du conteur vise à masquer, à camoufler un contenu qui pourrait être considéré par les békés comme porteur d'une menace.

De même, l'emploi d'onomatopées et d'autres bruits vocaux non verbaux[483], qui jalonnent les tirades des conteurs, obéit au projet d'"« obscurcir en révélant »"[484]. Il suffit de citer l'exclamation *é krii*, qui ponctue les prises de parole de Solibo et à laquelle fait écho la réponse du public *é kraa*, ou encore le *patat'sa* qui signale le décès du conteur. La tirade de Sucette après la mort de Solibo, et que Chamoiseau transcrit à la fin du roman, est encore plus évocatrice :

> Plakatak
> Bling, Piting, Piting,
> Tak!
> Pitak, Bloukoutoum boutoum
> Bloukoutoukoutoum Pitak!
> Tak!
> Tak Patak! Kling
> Piting, Piting, Piting
> Bloukoutoum![485]

Nous conclurons nos réflexions à ce sujet par les propos de Chamoiseau et de Confiant : "Entendre un vieux conteur créole c'est, souvent, durant des paquets de minutes, basculer dans l'incompréhensible. Une sorte de litanie que la compagnie écoute pourtant bouche bée. Aria quasi magique qui déjoue les blocages de conscience pour diffuser l'opposition à l'esclavage, à l'idéologie coloniale, à la déshumanisation, dans les zones opaques où l'inconscient nourrit l'être."[486]

---

[482]C'est par ces métaphores que Sidonise caractérise le parler de Solibo. Voir *Solibo Magnifique*, pp.124-125.

[483]L'expression "bruits vocaux non verbaux" est à mettre en relation avec les analyses de Fónagy à propos des verbes introducteurs du discours direct. En fait, Fónagy parle de *non-verbal human sound making verbs* pour indiquer une catégorie de verbes qui renvoient à des sonorités vocales sans impliquer nécessairement de verbalisation. Il nous semble que cette définition convient aussi au cas spécifique dont il est question ici. Voir Fónagy, I., "Reported speech in French and Hungarian", *op.cit.*, pp.264-265.

[484]Chamoiseau, P., Confiant, R., *Lettres créoles*, *op.cit.*, p.79.

[485]*Solibo Magnifique*, p.231.

[486]Chamoiseau, P., Confiant, R., *Lettres créoles*, *op.cit.*, p.79.

3.2.3. De la *parole* au silence

Caractérisée notamment par l'assemblage de voix, mots et bruits, la parole des conteurs est aussi silence. Phénomène qui revient avec une fréquence assez intense[487], le silence introduit la parole de Solibo et prépare le public à l'écoute :

> [...] un silence accueillait l'ouverture de sa bouche : par-ici, c'est cela qui signale et consacre le Maître.[488]

Dès le début, le silence est envisagé dans sa fonction rituelle. Par ailleurs, la phase de silence qui précède la verbalisation est suivie par une *rafale* de paroles ("[...] quelle rafale de bla-bla... [...]")[489], d'où toute pause est exclue. Cela crée une alternance entre des phases marquées par un rythme serré et par un volume élevé et des moments de suspension vocale.

La valeur rituelle du silence ressort d'autant mieux que l'auditoire qui assiste au spectacle de Solibo ne s'aperçoit pas tout de suite du décès du conteur[490]. La suspension de l'acte verbal est interprétée comme un des silences qui ponctuent sa parole, ce qui explique l'attente du public :

> La scène s'éternisa ainsi ——— et aurait pu s'éterniser encore : un auditoire tafiaté, assis en rond dans un petit matin, ne s'inscrit pas dans l'éphémère.[491]

À côté d'une fonction structurelle, le silence manifeste aussi une valeur plus profonde, dans la mesure où il participe de la parole même. L'apologie du silence que nous rapportons ci-dessous en illustre la portée :

---

[487]"Je ne le quittai plus durant cette saison où on le vit encore parmi les étals, notant ses dires, étudiant ses silences [...]." *Solibo Magnifique*, p.45.

[488] *ibid.* p.27.

[489] *ibid.* pp.26-27.

[490]Les valeurs rituelle et culturelle du silence sont mises en relief par Kerbrat-Orecchioni. Kerbrat-Orecchioni souligne que le silence est une composante fondamentale des ethnolectes et aux cultures où le silence est valorisé, elle oppose les cultures où le silence est perçu comme une menace. Voir Kerbrat-Orecchioni, C., *Les interactions verbales III. Variations culturelles et échanges rituels*, *op.cit.*, pp.64-71. De même, la réflexion sur le silence, perçu dans ses enjeux interculturels, est approfondie par Tannen et Saville-Troike. Dans leur recherche, elles soulignent aussi l'intérêt que anthropologues et ethnographes portent au silence, en tant que variable culturelle. Voir Tannen, D., Saville-Troike, M. (edited by), *Perspective on silence*, New Jersey, Ablex Publishing Corporation, 1985.

[491]*Solibo Magnifique*, p.37.

> *-Le conteur cesse brusquement de parler, et ce silence inattendu ne vous inquiète pas ?*
> Toutes les dépositions furent les mêmes : un silence est une parole. On attendait à l'aise même, car de la parole tu bâtis le village mais du silence ho ! c'est le monde que tu construis. En plus, il y a autant de silences dans la parole, que de paroles dans le silence. Qui a peur du silence par ici ? Le silence sonne et résonne, et signifie autant que la voix. C'est une question d'oreille, inspectère, la parole du conteur, c'est le son de sa gorge, mais c'est aussi sa sueur, les roulades de ses yeux, son ventre, les dessins de ses mains, son odeur, celle de la compagnie, le son du ka et tous les silences. Il faut y ajouter la nuit autour, la pluie s'il pleut, les vibrations silencieuses du monde. Qui a peur du silence par-ici ? Personne n'a peur du silence, surtout pas d'un silence de Solibo... ——— Incroyable ! s'excitait Pilon entre chaque témoin, tout cela n'a pas de sens ! Cette apologie du silence tombe à point pour arranger tout le monde ! Ils se sont entendus sur les réponses, Brigadier, nous avons levé un assassinat collectif...[492]

À partir de cet extrait, il est possible de remarquer que plusieurs typologies de silences sont envisagées, selon la présence, plus ou moins réduite, de traits non-verbaux aidant à la transmission du sens : d'un silence sonore où l'absence de verbalisation est comblée par un arrière-fond sonore ou musical ("le son de sa gorge", "le son du ka"), à un silence visuel où toute sonorité disparaît remplacée par l'expression mimique et gestuelle, à un silence plus profond, lieu de l'essence significative, marqué par le manque de toute communication supplémentaire.

Dans la perspective des sujets créoles, demeurer dans le silence ne signifie pas glisser dans le manque de signification : leur "mode d'être en silence" correspond à "un mode d'être dans le sens"[493]. Le silence de Solibo transmet du sens au même titre qu'une parole ("un silence est une parole"). Son épaisseur sémantique est de loin plus dense que celle de toute autre forme de communication : "de la parole tu bâtis le village mais du silence [...] c'est le monde que tu construis" affirment les témoins. Et ils poursuivent : "il y a autant de silences dans la parole, que de paroles dans le silence". Cette dernière affirmation permet de pousser plus loin nos hypothèses et de poser que le silence, tel qu'il est conçu dans la culture créole, est un silence fondateur, c'est-à-dire un silence "qui existe dans les mots, qui signifie le non-dit

---

[492] *ibid.* pp.147-148.
[493] Orlandi Puccinelli, E., *Les formes du silence dans le mouvement du sens*, Paris, Éd. des Cendres, 1996, p.13.

[...] produisant les conditions pour signifier"⁴⁹⁴ : c'est dans le silence qu'advient le sens⁴⁹⁵.

Cette forme de silence absolu implique aussi la disposition à assumer une aptitude d'écoute vis-à-vis du silence. En d'autres termes, il faut être en mesure de lire le silence, de le comprendre sans pour cela l'interpréter : alors qu'interpréter un silence signifie "lui attribuer un sens métaphorique", le soumettre à un processus d'explicitation, le comprendre signifie "connaître ses modes de signifier"⁴⁹⁶. Si le public fait état de cette faculté, tel n'est pas le cas de la police qui s'inscrit dans une idéologie de la communication marquée par l'empire du verbal. La réaction de Pilon relève d'une culture où un silence, qui dépasse les limites normalement accordées à la pause, signale un disfonctionnement dans la communication :

> Le nommé Solibo s'étant effondré après un cri de douleur, interrompant de manière nécessairement illogique son propos, il était anormal que l'assistance n'ait manifesté aucune surprise, ce qui autorisait l'hypothèse selon laquelle les écoutants *savaient* que l'homme allait mourir et qu'*ils étaient venus assister au spectacle*.⁴⁹⁷

En revanche, l'extrait cité plus haut "La scène s'éternisa ainsi —— et aurait pu s'éterniser encore" prouve que, dans la culture créole, le silence fondateur s'inscrit dans un temps dont la durée est loin d'être déterminée. La non-compréhension du silence manifestée par les représentants de la police rentre dans le cadre des malentendus produits par la rencontre de compétences culturelles différentes. De leur côté, les individus créoles non seulement se révèlent incapables de quantifier le temps, mais ils ne parviennent pas non plus à envisager la dimension temporelle :

> - *Vous êtes restés combien de temps à écouter ce solo ?*
> Toutes les dépositions furent les mêmes : Le temps c'est quoi, monsieur l'inspectère ?⁴⁹⁸

Le silence communicatif, conçu comme "indice d'une totalité significative"⁴⁹⁹, correspond à la période où Solibo est vivant. En

---

⁴⁹⁴*ibid.* p.23.
⁴⁹⁵*ibid.* pp.29-30.
⁴⁹⁶*ibid.* p.45.
⁴⁹⁷*Solibo Magnifique*, p.152.
⁴⁹⁸*ibid.* p.145. Au sujet de la valeur culturelle du temps, les témoins créoles remarquent aussi : "On dit qu'il est en France, que là il y a du temps." *ibid.* p.146.
⁴⁹⁹Orlandi Puccinelli, E., *Les formes du silence dans le mouvement du sens*, op.cit., p.58.

revanche, la parole éclipsée du conteur laisse la place à un silence muet. D'un silence chargé sémantiquement et, en fin de compte, fictif (car, finalement, la communication du sens n'était pas entravée), on glisse dans un silence réel, dont les sujets créoles perçoivent les symptômes déjà avant la mort de Solibo. Cette transition se fait de manière lente et progressive et se manifeste par une réduction de la fréquence des séances du conteur :

> Donc il était présent partout, connu et apprécié, non plus comme conteur (car ces saisons dernières il parlait de moins en moins ——— peut-être l'âge...) mais comme bougre agréable...[500]

Effrayés face à l'éventualité de plus en plus réelle de l'effacement de la parole du conteur, les créoles la recherchent avec avidité, se précipitent "à l'abri de sa voix"[501], comme si elle était un antidote contre le silence creux qui s'installe. Le public s'aperçoit que la disparition du conteur signale en effet une crise plus dramatique, celle-ci consistant en l'annulation de toute possibilité de reconstruction de l'identité créole déjà profondément atteinte par les effets de la colonisation[502].

La dernière étape de cette évolution (en fait le mot "involution" serait sans doute plus approprié pour marquer l'immobilité stérile résultant du tarissement de l'énergie verbale)[503] consiste en l'extension du pouvoir d'un silence muet, dénoué de toute valeur signifiante :

> En mourant, Solibo nous a plongés là où il n'y a plus de parole qui vaille, plus de sens à rien.[504]

3.3. L'enquête officielle : *qui a tué Solibo ?*

Parallèlement aux évocations des témoins créoles, c'est l'enquête officielle menée par la police qui se déroule. Une étude comparative touchant aux niveaux linguistique et culturel permettra de saisir l'écart qui les sépare. Cela implique un approfondissement des enjeux qui en sont à l'origine, des méthodes dont elle se sert et de l'identité des sujets qui en sont chargés.

---

[500] *Solibo Magnifique*, p.190.
[501] *ibid.* p.48.
[502] Sucette aussi se ressent des conséquences de l'occidentalisation : "Y'a plus d'endroit pour sonner le tambour, pleura Sucette, sa voix ne hèle plus la nuit ni le jour, et moi-même par-dessus je suis encore plus muet, alors c'est quoi le temps ?" *Ibid.*, pp.145-146.
[503] *ibid.* p.45.
[504] *ibid.* p.155.

En ce qui concerne l'enjeu que sous-tend l'enquête officielle, il est essentiel de préciser que, son but principal consistant à rechercher et à identifier le(s) responsable(s) de la mort de Solibo, elle se développe selon une direction opposée par rapport à l'enquête-évocation. La question "qui a tué Solibo ?" revient à plusieurs reprises dans le texte, signalant le début de chaque interrogatoire, comme une sorte de refrain qui alterne et sépare l'enquête-officielle de l'enquête/évocation[505].

3.3.1. Un portrait des policiers : une identité ambiguë

À côté du domaine scolaire, le pouvoir colonial trouve un deuxième terrain d'ancrage dans la police qui se charge de l'enquête autour de la mort de Solibo et dont le brigadier-chef Philémon Bouaffesse et l'inspecteur principal Évariste Pilon sont les responsables principaux[506]. Leur appartenance au corps de la police implique une adhésion totale aux règlements imposés par la puissance coloniale.

Le rôle qu'ils recouvrent est donc incompatible avec toute relation à l'univers créole, ce qui les amène à se détacher d'un monde auquel ils sont pourtant rattachés par leurs origines. Bouaffesse et Pilon sont atteints par le phénomène de transfert identitaire, consistant à remplacer l'identité d'origine et les principes qui la nourrissent par l'identité et les valeurs ressenties comme étant plus valorisantes dans un marché donné[507]. Plus retenu chez Pilon, le phénomène de reniement identitaire caractérise de manière plus nette la conduite de Bouaffesse. Le refus de ses origines se traduit dans l'imposition aveugle du code judiciaire propre à la culture française dominante et dans le choix de la langue coloniale. Les mêmes antinomies marquent l'inspecteur principal et officier de police judiciaire, Évariste Pilon[508].

---

[505] Par ailleurs, l'intervention de la police dans *l'affaire Solibo* est tout à fait fortuite : partie à la recherche d'un médecin, Doudou-Ménar tombe sur le brigadier et gardien de paix Justin Philibon et sur le brigadier-chef Philémon Bouaffesse. Après avoir constaté le décès effectif de Solibo, ce dernier ne prend même pas en compte l'hypothèse de la mort naturelle, mais entame une enquête persuadé que Solibo a été victime d'un meurtre.
[506] À côté de Pilon et de Bouaffesse, un autre personnage mérite d'être cité : nous faisons référence au brigadier et gardien de la paix Justin Philibon. Bien que son rôle soit plus réduit, c'est lui qui entre en contact le premier avec l'"affaire Solibo" et souligne, dès le début, que la police est un organe qui émane du pouvoir colonial et donc, en dernière instance, de la France.
[507] Ce même phénomène a déjà été relevé à propos du maître du négrillon.
[508] *Solibo Magnifique.*, p.17 et p.141.

Malgré ses origines[509], Pilon est présenté comme un personnage déchiré par la coexistence douteuse entre son esprit créole et la logique cartésienne. Acquise tout au long de ses séjours en France, celle-ci subit, dans ses raisonnements qui se voudraient lucides et inébranlables, l'emprise de l'irrationnel propre à la créolité :

> [...], l'inspecteur principal n'appréciait guère le côté irrationnel des « affaires » d'ici-là. Les données de base n'y étaient jamais au fil à plomb, une dose déraisonnable, légèrement maléfique, embrumait le tout, et comme l'inspecteur, malgré son long séjour au pays de Descartes, avait levé ici-dans comme nous-mêmes dans la même intelligence de zombis et soucougnans divers, ses efforts scientifiques et de logique glaciale dérapaient bien souvent.[510]

Son attitude à l'égard de la langue créole relève de la même contradiction :

> [...] pétitionne pour le créole à l'école et sursaute quand ses enfants l'emploient en s'adressant à lui, [...][511]

En conséquence, il sera intéressant de vérifier si les hésitations de l'inspecteur demeurent telles quelles ou bien si elles évoluent et, dans ce dernier cas, dans quelle direction[512].

3.3.2. Les démarches officielles : un avancement réel ou illusoire ?

Articulée autour de paramètres occidentaux, l'enquête officielle se définit par la tentative d'imposer aux sujets créoles des interrogatoires structurés autour de questions pointues auxquelles, dans la plupart des cas, les sujets interrogés sont incapables de répondre[513]. Les difficultés qu'ils rencontrent sont doublées par le choix du français, langue dans laquelle les questions leur sont posées et dans laquelle ils sont supposés exprimer leurs réponses :

---

[509]"[...] l'officier de permanence, Évariste Pilon, était d'ici, un nègre savant qui avait sillonné les universités avant d'atterrir dans la police en France, puis à la Brigade criminelle au pays." *ibid.* p.104.

[510]*ibid.* pp.117-118.

[511]*ibid.* p.118.

[512]Signalons aussi l'emploi métaphorique et figuratif du nom de l'inspecteur "Pilon", qui n'est pas sans évoquer l'instrument servant pour écraser des ingrédients dans un mortier. Le nom de l'inspecteur peut, à notre avis, être mis en parallèle avec le penchant dont il fait preuve pour la logique cartésienne qui enferme la créativité dynamique créole jusqu'à l'écraser.

[513]L'interrogatoire de Bête-Longue est un exemple notable de non-compréhension linguistique et culturelle. Voir *ibid.* pp.148-149.

- Bien. Maintenant, Papa, tu vas parler en français pour moi. Je dois marquer ce que tu vas me dire, nous sommes entrés dans une enquête criminelle, donc pas de charabia de nègre noir mais du français mathématique... Comment on t'appelle, han ?
- Onho.
- Ça c'est ton nom des mornes. Je te demande ton nom de la mairie, de la Sécurité Sociale...
- Bateau Français, articula Congo comme s'il mâchait un lambi chaud.
- Raconte-moi en français ce qui est arrivé à Solibo là...
- Han pa jan halé fwansé.
- Tu ne sais pas parler français ? Tu n'es jamais allé à l'école ? Donc tu ne sais même pas si Henri IV a dit « Poule au pot » ou « Viande-cochon-riz-pois rouge » ?...[514]

Les écarts culturel et linguistique sont ici au premier plan. Tout d'abord, le malentendu autour du nom de Congo est révélateur de la volonté des colonisateurs d'effacer l'identité des colonisés[515] - représentée par le "nom des mornes" - et de la remplacer par une identité nouvelle à travers l'imposition d'un nom nouveau, celui "de la mairie, de la Sécurité Sociale"[516]. Entre parenthèses, nous rappelons que ni Solibo (dont le vrai nom était Prosper Bajole), ni Chamoiseau-personnage n'échappent à ce phénomène. Dans le cas de Chamoiseau, la multiplication identitaire est plus articulée, celui-ci étant surnommé (ou "crié" pour emprunter le vocabulaire du narrateur) à la fois Oiseau-de-Cham, Ti-Cham et Chamzibié[517]. L'attribution d'un nom différent de celui qui est choisi par l'autorité coloniale indiquerait une forme de marronage identitaire consistant à échapper à l'envahissement identitaire colonial par l'affirmation d'une identité plus proprement créole.

Ensuite, l'obligation de parler français s'accompagne, conformément à la perspective coloniale, du mépris vis-à-vis du créole qualifié de "charabia de nègre noir" et de "patois de vagabonds"[518]. Toutefois, le monolinguisme colonial n'aboutit qu'au silence de Congo, de sorte que Bouaffesse sera contraint, malgré lui, à revenir au

---

[514]*ibid.* p.105.
[515]En accord avec la logique coloniale, le nom des mornes est profondément déprécié par la police : "Tu dis Solibo, mais ça c'est pas un nom, c'est une nègrerie, son nom exact c'est quoi ? s'éxclame Bouaffesse." *ibid.* p.103.
[516]À ce sujet, nous renvoyons à la liste des témoins que le narrateur rapporte au début du roman. *ibid.*, pp.29-32.
[517]L'origine du surnom *Solibo Magnifique* est expliquée dans le roman aux pages 76-79. La problématique du rapport, voire du décalage, entre le "nom des mornes" et "le nom de la mairie" est traité par Burton. Voir Burton, R.D.E., *Le roman marron : études sur la littérature martiniquaise contemporaine*, Paris, L'Harmattan, 1997, pp.171-172.
[518]*Solibo Magnifique*, p.143.

créole[519]. L'attitude du brigadier et de l'inspecteur à l'égard du créole, mise en évidence dans les échanges suivants, accentue davantage l'ambiguïté de leur positionnement à l'égard des deux variables en jeu et introduit, indirectement, la problématique de la relation entre créole-langue orale et français-langue écrite :

> - An pa save...
> - Il dit qu'il ne sait pas, inspecteur...
> - Merci, Brigadier, mais je comprends le créole.
> - Je dis ça pour te rendre service ! Tu es un inspecteur, tu dois pas fouiller dans ce patois de vagabonds...
> - C'est une langue, Brigadier.
> - Tu as vu ça où ?
> - ...
> - Et si c'est une langue, pourquoi ta bouche roule toujours un petit français huilé ? Et pourquoi tu n'écris pas ton procès-verbal avec ?
> - La question n'est pas là, coupe Évariste Pilon.[520]

Et ensuite :

> Il (Pilon) raccrochait à peine que la sonnerie retentit. C'était le brigadier-chef Bouaffesse désireux d'intégrer quelques citations créoles à son procès-verbal de l'incident Doudou-Ménar, puisque tu m'as dit comme ça que c'était une langue...
> - Ça, on s'en fout, Brigadier : la justice n'est pas encore là...[521]

Comme le maître du négrillon, Bouaffesse et Pilon appartiennent au groupe de collaborateurs locaux qui, proches du pouvoir, adoptent la langue coloniale malgré leurs origines ethniques, contribuant ainsi à renforcer le phénomène colonial[522]. La ressemblance entre le maître et Bouaffesse ressort d'autant mieux que celui-ci est frappé, lui aussi, de la même contradiction relevée à propos du maître. En proie à un mouvement émotionnel qui échappe à son contrôle, le créole revient ("YO PRI, ON LES A ! hurla Bouaffesse [...]")[523].

De même, la relation entre la police et les sujets créoles accusés reproduit la relation entre le maître et les élèves créoles : la police profite à plusieurs reprises de son pouvoir et de sa position haute pour blesser la face des témoins. Doublement inférirorisés à cause de leur origine ethnique et du fait qu'ils sont accusés de meurtre, ils se

---

[519] *ibid.* p.107.
[520] *ibid.* p.143.
[521] *ibid.* pp.167-168.
[522] Calvet, L.-J., *Linguistique et colonialisme: petit traité de glottophagie*, op.cit., p.60.
[523] *Solibo Magnifique*, p.177. Voir aussi p.178.

retrouvent coincés dans une condition de *double contrainte* dont ils cherchent à s'échapper, marquant ainsi un point d'écart par rapport aux enfants créoles qui faisaient preuve d'une soumission absolue au maître. Toutefois, les tentatives de révolte n'aboutissent qu'à des issues dramatiques, représentées par la mort de deux témoins.

En outre, les témoins créoles ne parviennent pas à s'inscrire dans le cadre strict d'interrogatoires articulés sur l'alternance rigide question-réponse. D'autre part, les réponses des créoles demeurent hermétiques pour la police : l'apologie du silence est évaluée comme incroyable par Pilon[524], dont l'attention vis-à-vis des tirades sur Solibo diminue progressivement[525]. De la même manière, les considérations de "l'écrivain au curieux nom d'oiseau", à propos de l'attitude de Solibo à l'égard de l'oral et de l'écrit, sont jugées trop philosophiques par Bouaffesse, qui ramène la conversation à des détails plus concrets[526]. Au nom de la rigueur méthodologique qui gouverne le développement de ses raisonnements, la police ne peut pas accepter la justification de la mort de Solibo proposée par les sujets créoles, d'après qui le décès du conteur doit être attribué à une "égorgette de la parole"[527]. Suite à la reconstruction mathématique des événements, elle est plutôt amenée à conclure que les témoins seraient les véritables assassins de Solibo, décédé suite à une conspiration de son public[528]. L'attitude de la police à l'égard des réponses fournies par les créoles et les démarches scientifiques adoptées relèvent du projet propre au monde occidental consistant à réduire une réalité opaque à la transparence.

3.4. Vers une solution du mystère

Les résultats des procédures scientifiques étant décevants, l'inspecteur et le brigadier reviennent à la solution proposée à plusieurs reprises par les sujets créoles et s'interrogent sur le sens de l'expression "égorgette de la parole", ce qui témoigne d'un changement de perspective. Toutefois, les premières tentatives n'aboutissent à aucun résultat concret (les explications du

---

[524] *ibid.* p.148.
[525] *ibid.* p.178 et p.185.
[526] "[...] explique-nous plutôt si Solibo a mangé quelque chose sous le pied-tamarin." *Ibid.*, p.170. D'ailleurs, la police est loin d'avoir saisi la portée du rôle du conteur. Pour Bouaffesse, Solibo est tout simplement quelqu'un *qui raconte des couillonnades. ibid.* p.197.
[527] Les références à l'*égorgette de la parole*, qui reviennent à plusieurs reprises, ne font qu'irriter davantage Bouaffesse : "Tu crois que je vais avaler ton histoire d'égorgette ?!" *ibid.* p.109. Voir aussi *ibid.* p.90, p.128 et p.104.
[528] *ibid.* p.90, p.128 et p.104.

quimboiseur[529], à qui Bouaffesse et Pilon s'adressent, demeurent impénétrables), ce qui amène Bouaffesse à renoncer définitivement à toute réflexion concernant Solibo et sa parole. En revanche, Pilon poursuivra sa recherche et sa métamorphose deviendra effective au moment où, réexaminant les réponses des témoins créoles, il adopte une nouvelle méthode de recherche. Les démarches fondées sur la logique déductive propre à la culture française coloniale sont abandonnées au profit d'un questionnement qui convient davantage à la compréhension de l'image du conteur :

> Après s'être demandé avec peu d'éléments : Qui a tué Solibo ?..., il se retrouvait disponible devant l'autre question : Qui, mais qui était ce Solibo, et pourquoi « Magnifique » ?...[530]

Le mystère qui règne autour de Solibo sera dévoilé au prix d'une immersion profonde dans les contextes ethnique et culturel créole afin de réfléchir sur le rôle des conteurs et sur les modifications que celui-ci subit sous l'emprise de la francisation. L'inspecteur sort de l'ethnocentrisme qui le poussait à vouloir "com-prendre"[531] l'autre, à projeter sur l'altérité une image stéréotypée et adopte une attitude de disponibilité culturelle qui lui permettra de déchiffrer un code culturel autre et d'acquérir, par conséquent, une véritable compétence interculturelle.

C'est en creusant autour de la figure de Solibo, et des conteurs en général, que Pilon découvre la réduction de l'espace accordé auparavant à leur parole, l'attention du public ayant été détournée par les bouleversements dérivant de la colonisation :

---

[529] La figure du quimboiseur et de ses fonctions sont approfondies par Glissant. Voilà en quels termes il le définit : "[...], le quimboiseur est en quelque sorte l'idéologue, le prêtre, l'inspiré. C'est en principe le dépositaire d'une grande idée, celle du maintien de l'Afrique, et, par voie de conséquence, d'un grand espoir, celui du retour en Afrique. [...]. Mais au long de l'établissement sur la terre nouvelle, le quimboiseur dégénère, jusqu'à verser dans le charlatanisme le plus délirant." Glissant, É., *Le discours antillais*, op.cit., p.105.
[530] *Solibo Magnifique*, p.219. Le questionnement de Pilon est à mettre en relation avec la voie que Pipi lui avait suggérée au cours de l'interrogatoire, d'autant plus qu'il est formulé exactement dans les mêmes termes : "Puis, se penchant vers Pilon, il dit : Sans vouloir te conseiller (tu es une maître-pièce de la policerie, et je le sais), chercher qui a tué Solibo n'appelle aucune vérité. La vraie question est : Qui est Solibo ?... Quand maintenant tu ajoutes : Et pourquoi Magnifique ?..., je suis content. Je suis content parce qu'ici, il faut sarcler les vraies questions." *ibid.* pp.184-185.
[531] Le verbe "comprendre" est ici employé dans le sens que Glissant lui attribue, à savoir comme projet visant à réduire l'opacité de l'autre à sa propre transparence. Voir *ibid.* pp.71-72.

> Il (Solibo Magnifique) tenait à inscrire sa parole dans notre vie ordinaire, or cette vie n'avait plus l'oreille, ni même de ces creux où s'éternise l'écho.[532]

Il est aisé de reconnaître, dans les phénomènes décrits par l'inspecteur, des échos de la domination silencieuse. L'adoption des normes occidentales présentées comme universelles, entraîne l'"usure des valeurs créoles"[533] et les fige dans un état d'inertie et de stérilité, voire d'aliénation, qui empêche toute expression identitaire. Conséquence inévitable de cette "mise-sous-relation"[534] : le peuple créole, "frappé d'extériorité"[535], se retrouve dans un état de dépendance culturelle vis-à-vis de l'occident.

Dans le nouveau contexte socio-ethnique où la culture créole est paralysée et sa langue, qui se nourrissait d'apports pluriels, appauvrie et remplacée par le monolinguisme colonial, les voix des conteurs s'épuisent et s'éteignent. Solibo reflète les effets de l'immobilisation et l'inconsistance identitaires et culturelles de la créolité qu'il subit en premier, et se fait ainsi emblème d'un peuple et d'une identité culturelle :

> Il avait vu mourir les contes, défaillir le créole, il avait vu notre parole perdre de cette vitesse que pas un de nos maîtres ne pouvait écouter, il se voyait saisi par cette fatalité qu'il avait cru pouvoir vaincre.[536]

Cette parole, qui contenait l'essence même de la créolité, inexprimée et retenue si longtemps, est donc la cause de la mort de Solibo :

> [...] un flot de verbe devait lui torturer le ventre, lui vibrionner la poitrine, guetter ce terrible moment du carnaval où un cyclone lui jaillit de la gorge ——— dévastateur[537].

Les conclusions de Pilon confirment donc les résultats du diagnostic médical, d'après lequel Solibo aurait été "étranglé de l'intérieur"[538] ; hypothèse qui avait été écartée car inadmissible sur un plan strictement scientifique, mais qui, considérée dans la perspective de la logique créole, retrouve toute son épaisseur : Solibo aurait été égorgé par un excès de parole. Décrochée du souffle vital ("[...] la

---

[532] *Solibo Magnifique*, p.222.
[533] Chamoiseau, P., *Écrire en pays dominé, op.cit.*, p.70.
[534] *ibid.* p.112.
[535] Bernabé, J., Chamoiseau, P, Confiant, R., *Éloge de la créolité, op.cit.*, p.14.
[536] *Solibo Magnifique*, pp.223-224.
[537] *ibid.* p.224.
[538] *ibid.* p.215.

parole est le souffle [...]")[539], la parole de Solibo ne convient plus pour exprimer une réalité artificielle ; elle se laisse donc submerger par un silence de plus en plus envahissant et imposé de l'extérieur. C'est donc par un détour historique prenant en compte le contexte socio-ethnique que le silence des conteurs devient parlant. De ce point de vue, leur silence rentre à plein titre dans le cadre d'une "rhétorique de la domination"[540] et doit être envisagé comme le résultat d'une forme de censure visant à annuler l'altérité.

Le silence du conteur (ou des conteurs, étant donné la valeur symbolique de Solibo) rappelle inévitablement le silence auquel le négrillon et les enfants créoles avaient été réduits par le maître, mais prend ici des proportions plus dramatiques. Si le silence des enfants était produit par le phénomène de glottophagie et touchait essentiellement au domaine linguistique, le silence de Solibo s'étend aussi à la culture et à la civilisation créoles avalées par la culture et civilisation coloniales.

4. *Texaco* ou le lieu d'une *errance enracinée*

Les problématiques rencontrées tout au long des récits autobiographiques *Antan d'enfance* et *Chemin d'école* et du roman *Solibo Magnifique* font l'objet d'une complexification remarquable dans *Texaco*, dont le sujet porte sur la lutte menée par les nègres esclaves qui, ayant abandonné les habitations et les mornes, cherchent à conquérir et à être acceptés par les villes (en créole : l'*En-ville*). Le roman s'achève par l'acceptation et par la légitimation de Texaco, le quartier populaire et périphérique de Fort-de-France fondé par Marie-Sophie Laborieux aux marges de l'En-ville.

Le motif de la recherche identitaire et de ses manifestations linguistiques et structurelles qui sont au cœur du processus de créolisation, s'enrichit dans *Texaco* d'un autre niveau d'expression. Il s'agit de la dimension spatiale : celle-ci sera approfondie en relation aux autres dimensions qui font l'épaisseur de ce roman et qui se développent à partir de la *Parole fondatrice*.

---

[539] *ibid.* p.219.
[540] *ibid.* p.128.

4.1. La *Parole* : source d'une recherche identitaire, spatiale et linguistique

Facteur dont l'absence est à l'origine de la paralysie qui frappe l'univers créole, la parole, proférée par un Mentô[541], contient une exhortation à l'enracinement : la conquête d'un espace est présentée comme une voie incontournable pour que le processus d'affirmation identitaire puisse se déployer. Voilà le message que le Mentô adresse à Esternome, le père de Marie-Sophie Laborieux :

> Ce dernier lui parla dans un créole différent de celui du Béké, non dans les mots mais dans les sons et la vitesse. Le Béké disait la langue, le Mentô la maniait. [...] Cette parole en tout cas, [...], insuffla dans son cœur le cœur même de partir.
> Prendre (lui aurait signifié le Mentô [...]) prendre de toute urgence ce que les békés n'avaient pas encore pris : les mornes, le sec du sud, les brumeuses hauteurs, les fonds et les ravines, puis investir ces lieux qu'ils avaient créés mais dont nul n'évaluait l'aptitude à dénouer leur Histoire en mille cent histoires. *Et c'était quoi ces côtés-là ?* je demandai à mon papa. Lui, sénateur en goguette, me lorgna de travers afin d'évaluer mes mérites pour la révélation, puis dans un français très appliqué me murmura deux fois, une pour l'oreille, l'autre droit au cœur : *L'En-ville fout' : Saint-Pierre et Fort-Royal...*[542]

C'est donc à travers la métaphore de l'espace que la problématique identitaire et ses retombées structurelles et linguistiques sont introduites[543]. Le premier pas vers l'élaboration et l'affirmation d'une identité créole consiste dans la recherche d'une "terre pour exister, pour se nourrir", d'une "terre à habiter"[544]. C'est de la "conquête de cette terre", et non pas de la part de la France, que le peuple créole peut espérer obtenir la Liberté. Par ses mots, Esternome annonce que c'est l'identité d'un peuple qu'il s'agit de nourrir ; un peuple

---

[541] "[...] le Mentô ne parle pas, et, s'il parle, c'est dans trop de devenir pour être intelligible [...]" précisera le marqueur de paroles dans ses réflexions à la fin du roman. *Texaco*, p.491.

[542] *Texaco*, pp.73-74.

[543] Par rapport à *Solibo Magnifique*, Chamoiseau-écrivain franchit ici une nouvelle étape : l'écrivain caché derrière le masque du marqueur de paroles ne faisait aucune référence explicite au contenu de la parole du conteur, tandis que dans *Texaco* c'est justement le contenu de la parole qui déclenche la lutte menée par Esternome et, ensuite, par Marie-Sophie. C'est donc autour d'une parole infiniment relayée d'une voix à l'autre (du Mentô, à Esternome, à Marie-Sophie) que s'organise un combat dont les origines s'inscrivent dans un passé lointain et dont l'affrontement mis en scène dans le roman n'est que la dernière phase. Voir *Texaco*, p.39.

[544] *ibid.* pp.109-110.

multiethnique, mais sans racine dans le territoire caribéen[545]. La parole du Mentô peut donc être assimilée à un mythe fondateur[546], dont l'absence a toujours été dénoncée et considérée comme la cause principale de l'éparpillement identitaire créole. Rappelons que, dans le contexte malien, la conservation des traditions ancestrales avait été pointée comme le facteur ayant permis le maintien de l'identité ethnique en dépit du phénomène colonial. D'autre part, le mythe fondateur ne consiste pas en une légitimation de "l'appropriation du territoire de l'autre"[547], comme le voudrait une logique occidentale inconciliable avec toute conception relationnelle. En revanche, dans *Texaco*, la recherche d'un mythe dont le Mentô est dépositaire doit être lue comme la recherche du droit à exister et à être reconnu.

À un niveau sonore, l'informatrice ne renseigne qu'indirectement sur les qualités prosodiques de la Parole : la voix du Mentô se distingue par des sonorités et un rythme différents ("Ce dernier lui parla dans un créole différent de celui du Béké, non dans les mots mais dans les sons et la vitesse..."). Comme dans le cas des conteurs, la Parole nourricière et fondatrice se nourrit aussi de silences :

> Savoir parler c'est savoir retenir la parole. Parler vraiment c'est d'abord astiquer du silence. Le vrai silence est un endroit de *La Parole*. Écoute les vrais Conteurs.[548]

Cette Parole, qui s'inscrit en dehors de toute limite temporelle, est un refrain qui traverse tout le roman. Mémoire du passé, elle perce un futur en puissance et dégage la force même du combat[549]. L'exhortation que le vieux nègre de la Doum adresse à Marie-Sophie ("Cherche La Parole, ma fi, cherche La Parole!...")[550], et qu'elle transcrit dans ses cahiers, se situe exactement dans cette perspective. Pierre angulaire du quartier de Texaco, la Parole en garantit aussi la survie :

> [...] j'avais soudain compris que c'était moi, autour de cette table et d'un pauvre rhum vieux, *avec pour seule arme la persuasion de ma*

---

[545] Pour un témoignage de la multi-ethnicité du peuple créole, nous renvoyons à *Texaco*, p.89.
[546] Nous adoptons ici l'hypothèse avancée par Chivallon. Voir Chivallon, Ch., "*Texaco* ou l'éloge de la « spatialité »", in *Notre Librairie*, n°127, juillet-septembre 1996, p.92.
[547] Glissant, É., "Le chaos-monde, l'oral et l'écrit", in Ludwig, R. (sous la direction de), *Écrire la parole de nuit, op.cit.*, p.120. Ce sujet est repris en Glissant, É., *Poétique de la Relation, op.cit.*, pp.59-75.
[548] *Texaco*, p.376.
[549] *ibid.* pp.255-256.
[550] *ibid.* p.377.

parole, qui devrais mener seule - à mon âge - la décisive bataille pour la survie de Texaco.⁵⁵¹

L'issue de la bataille pour fonder le quartier de Texaco prouvera donc l'efficacité du pouvoir symbolique et performatif de la Parole, facteur en mesure de solliciter la mise en place d'un tissu relationnel entièrement nouveau⁵⁵². Transmise incessamment d'un sujet à l'autre, l'héroïne ressent le besoin de lui conférer une durée stable ; de l'inscrire, au sens propre du terme, dans une espace temporel à l'abri de tout danger. Un tel projet est à l'origine du questionnement concernant le rapport entre les dimensions orale et écrite mentionné au cours de l'analyse de *Solibo Magnifique* et qui sera repris dans la suite.

4.2. Les réseaux spatial et linguistique : deux espaces pour un projet identitaire ouvert

Une analyse globale des rapports entre les dimensions identitaire et linguistique dans *Texaco* implique, nécessairement, un détour par la problématique spatiale, conçue comme une visualisation des problématiques linguistiques et identitaires : la recherche d'un espace en mesure d'accueillir le peuple créole représente l'enjeu du combat mené par Marie-Sophie Laborieux⁵⁵³.

Plusieurs études ont été consacrées à la question de la spatialité aux Antilles et dans *Texaco*, dont notamment celles de Christine Chivallon. Dans ses contributions, Chivallon observe que plusieurs types d'espace se côtoient dans *Texaco*, liés par une relation dialectique que nous nous proposons de relier aux espaces linguistiques : d'un *espace-racine*, à un *espace-émietté* pour conclure avec un *espace-rhizome*⁵⁵⁴. Sur un plan plus proprement linguistique, une telle dialectique amène à postuler les concepts de *langue-racine*, *langue-dispersée*, et *langue-rhizome*. Cette perspective permettra de montrer que la recherche d'une langue apte à exprimer l'identité créole dans son épaisseur multistratifiée se déroule en concomitance

---

⁵⁵¹*ibid*. p.41. C'est nous qui soulignons.

⁵⁵²La question du pouvoir symbolique du langage est approfondie par Bourdieu, P., *Ce que parler veut dire*, *op.cit.*, pp.97-119.

⁵⁵³Chivallon aussi observe que "l'affirmation de soi passe par le balisage rassurant de l'espace [...]". Chivallon, Ch., "Du territoire au réseau : comment penser l'identité antillaise?", in *Cahiers d'Études Africaines*, 148, XXXVII-4, 1997, p.771.

⁵⁵⁴Nous ne reproduisons pas exactement la terminologie proposée par Chivallon. Chivallon parle, en effet, d'*identité-racine*, *identité-mobile* et *identité-rhizome*. Nous préférons, en un premier temps, faire ressortir les qualités de l'espace et les relier aux plans identitaire et linguistique par la suite. Voir Chivallon, Ch., "*Texaco* ou l'éloge de la « spatialité »", *op.cit.*, p.90.

multiethnique, mais sans racine dans le territoire caribéen[545]. La parole du Mentô peut donc être assimilée à un mythe fondateur[546], dont l'absence a toujours été dénoncée et considérée comme la cause principale de l'éparpillement identitaire créole. Rappelons que, dans le contexte malien, la conservation des traditions ancestrales avait été pointée comme le facteur ayant permis le maintien de l'identité ethnique en dépit du phénomène colonial. D'autre part, le mythe fondateur ne consiste pas en une légitimation de "l'appropriation du territoire de l'autre"[547], comme le voudrait une logique occidentale inconciliable avec toute conception relationnelle. En revanche, dans *Texaco*, la recherche d'un mythe dont le Mentô est dépositaire doit être lue comme la recherche du droit à exister et à être reconnu.

À un niveau sonore, l'informatrice ne renseigne qu'indirectement sur les qualités prosodiques de la Parole : la voix du Mentô se distingue par des sonorités et un rythme différents ("Ce dernier lui parla dans un créole différent de celui du Béké, non dans les mots mais dans les sons et la vitesse…"). Comme dans le cas des conteurs, la Parole nourricière et fondatrice se nourrit aussi de silences :

> Savoir parler c'est savoir retenir la parole. Parler vraiment c'est d'abord astiquer du silence. Le vrai silence est un endroit de *La Parole*. Écoute les vrais Conteurs.[548]

Cette Parole, qui s'inscrit en dehors de toute limite temporelle, est un refrain qui traverse tout le roman. Mémoire du passé, elle perce un futur en puissance et dégage la force même du combat[549]. L'exhortation que le vieux nègre de la Doum adresse à Marie-Sophie ("Cherche La Parole, ma fi, cherche La Parole!…")[550], et qu'elle transcrit dans ses cahiers, se situe exactement dans cette perspective. Pierre angulaire du quartier de Texaco, la Parole en garantit aussi la survie :

> [...] j'avais soudain compris que c'était moi, autour de cette table et d'un pauvre rhum vieux, *avec pour seule arme la persuasion de ma*

---

[545] Pour un témoignage de la multi-ethnicité du peuple créole, nous renvoyons à *Texaco*, p.89.
[546] Nous adoptons ici l'hypothèse avancée par Chivallon. Voir Chivallon, Ch., "*Texaco* ou l'éloge de la « spatialité »", in *Notre Librairie*, n°127, juillet-septembre 1996, p.92.
[547] Glissant, É., "Le chaos-monde, l'oral et l'écrit", in Ludwig, R. (sous la direction de), *Écrire la parole de nuit*, *op.cit.*, p.120. Ce sujet est repris en Glissant, É., *Poétique de la Relation*, *op.cit.*, pp.59-75.
[548] *Texaco*, p.376.
[549] *ibid.* pp.255-256.
[550] *ibid.* p.377.

parole, qui devrais mener seule - à mon âge - la décisive bataille pour la survie de Texaco.[551]

L'issue de la bataille pour fonder le quartier de Texaco prouvera donc l'efficacité du pouvoir symbolique et performatif de la Parole, facteur en mesure de solliciter la mise en place d'un tissu relationnel entièrement nouveau[552]. Transmise incessamment d'un sujet à l'autre, l'héroïne ressent le besoin de lui conférer une durée stable ; de l'inscrire, au sens propre du terme, dans une espace temporel à l'abri de tout danger. Un tel projet est à l'origine du questionnement concernant le rapport entre les dimensions orale et écrite mentionné au cours de l'analyse de *Solibo Magnifique* et qui sera repris dans la suite.

4.2. Les réseaux spatial et linguistique : deux espaces pour un projet identitaire ouvert

Une analyse globale des rapports entre les dimensions identitaire et linguistique dans *Texaco* implique, nécessairement, un détour par la problématique spatiale, conçue comme une visualisation des problématiques linguistiques et identitaires : la recherche d'un espace en mesure d'accueillir le peuple créole représente l'enjeu du combat mené par Marie-Sophie Laborieux[553].

Plusieurs études ont été consacrées à la question de la spatialité aux Antilles et dans *Texaco*, dont notamment celles de Christine Chivallon. Dans ses contributions, Chivallon observe que plusieurs types d'espace se côtoient dans *Texaco*, liés par une relation dialectique que nous nous proposons de relier aux espaces linguistiques : d'un *espace-racine*, à un *espace-émietté* pour conclure avec un *espace-rhizome*[554]. Sur un plan plus proprement linguistique, une telle dialectique amène à postuler les concepts de *langue-racine*, *langue-dispersée*, et *langue-rhizome*. Cette perspective permettra de montrer que la recherche d'une langue apte à exprimer l'identité créole dans son épaisseur multistratifiée se déroule en concomitance

---

[551]*ibid*. p.41. C'est nous qui soulignons.

[552]La question du pouvoir symbolique du langage est approfondie par Bourdieu, P., *Ce que parler veut dire*, *op.cit.*, pp.97-119.

[553]Chivallon aussi observe que "l'affirmation de soi passe par le balisage rassurant de l'espace [...]". Chivallon, Ch., "Du territoire au réseau : comment penser l'identité antillaise?", in *Cahiers d'Études Africaines*, 148, XXXVII-4, 1997, p.771.

[554]Nous ne reproduisons pas exactement la terminologie proposée par Chivallon. Chivallon parle, en effet, d'*identité-racine*, *identité-mobile* et *identité-rhizome*. Nous préférons, en un premier temps, faire ressortir les qualités de l'espace et les relier aux plans identitaire et linguistique par la suite. Voir Chivallon, Ch., "*Texaco* ou l'éloge de la « spatialité »", *op.cit.*, p.90.

avec la recherche d'un espace, si bien que les caractéristiques spatiales et identitaires se recouvrent.

4.2.1. Espace et langue-racines *vs* espace et langue-émiettés : une divergence insurmontable

L'espace-racine se matérialise dans l'image de l'En-ville que Chamoiseau restitue à travers les yeux de l'héroïne et les considérations de l'urbaniste qui écoute son récit[555]. L'En-ville est présenté comme un espace gouverné par l'ordre[556], comme le centre articulé selon "une logique urbaine occidentale, alignée, ordonnée, forte comme la langue française"[557], prototype de la langue-racine. Une telle perspective monolithique s'accorde à plein titre avec le projet d'assimilation à la France mère-patrie, seule voie pour accéder au progrès et à la civilisation[558]. En contrepoint de l'espace et de la langue racines, ce sont l'espace et la langue émiettés qui se développent sans règle préfixée. Les acteurs responsables de cet(s) espace(s)[559], sont les "nègresclaves", arrachés au "Pays d'Avant, le Grand Pays"[560] d'Afrique et dont la langue est le créole ; un créole riche, crié, fait d'injures[561], prêt à accueillir les langues diverses assemblées sur le sol caribéen. En fait, ce serait donner une interprétation altérée du concept de l'identité-racine si on s'en tenait à une vision duelle de la réalité créole écartée entre l'En-ville - organisée autour de l'unicité - et les mornes - animées par le foisonnement, le désordre, le chaos -. Une logique strictement binaire déterminerait un rapport sclérosé entre les deux variables.

En revanche, l'intérêt consiste à montrer la vivacité des relations qui se tissent entre les deux espaces-langues, dont l'un représente une identité déjà accomplie et l'autre une identité en pleine élaboration. Ce

---

[555] La différence entre « ville » et « En-ville » est essentielle : "La langue créole ne dit pas « la ville », elle dit « l'En-ville » : [...]. L'En-ville désigne ainsi non pas une géographie urbaine bien repérable, mais essentiellement un contenu, donc, une sorte de projet. Et ce projet, ici, était d'exister." *Texaco*, p.492, note 1. Nous signalons aussi, à l'instar de Chivallon, que Chamoiseau attribue le genre masculin au mot "En-ville". Voir Chivallon, Ch., "*Texaco* ou l'éloge de la « spatialité »", *op.cit.*, p.96.
[556] Dans ses notes, l'urbaniste fait référence, à plusieurs reprises, à l'ordre qui structure l'En-ville. Voir *Texaco*, p.235.
[557] Telles sont les observations que l'urbaniste remet au marqueur de paroles. Voir *ibid.* p.282.
[558] *ibid.* p.312.
[559] Le pluriel conviendrait mieux à indiquer le foisonnement et la dispersion qui gouvernent les espaces émiettés.
[560] *Texaco*, p.49.
[561] *ibid.* p.34.

lien, déjà très articulé, ne cessera de se complexifier tout au long du roman.

La quête et le désir d'enracinement prônés par le Mentô poussent les nègres, désormais libérés après l'abolition de l'esclavage, à s'établir dans les "quartiers d'en-haut"[562] délaissés par les békés, ce qui se traduit par la première tentative de fonder un quartier créole, le *Noutéka des mornes*. L'échec des nombreuses tentatives des nègres de s'y établir doit être imputé à la force centripète de l'En-ville : reproduction de la ville occidentale, il cherche à soumettre et à phagocyter tout ce qui se développe dans les environs[563]. Toutefois, l'expérience du *Noutéka* ayant avorté[564], les Nègres cherchent à occuper les mornes aux marges de l'En-ville[565].

Par ailleurs, sur le plan linguistique, les tentatives de l'En-ville d'étendre sa logique urbaine aux alentours trouvent une représentation symbolique dans la figure du maître d'école de Marie-Sophie, décrit de la manière suivante :

> Le maître d'école était une sorte de nègre de volonté. Cet ancien cordonnier s'était tout seul révélé la lecture, enseigné l'écriture, et il avait grimpé jusqu'à l'École Normale sur le dos d'une rage à exister. Il portait chapeau, cravate, veston, gousset, mouchoirs, marchait raide, pivotait de son corps pour regarder derrière. Parler français était une sorte de succulence qu'il pratiquait dans une messe de mouvements. Il semblait un berger menant sans cesse un troupeau de vocables. Aucun mot ne pouvait s'éloigner de sa tête, il avait le souci de sans cesse les nommer, les compter, les récapituler. De vouloir tout dire en même temps l'amenait à bégayer. Chaque mot vibrait inépuisable dans sa manière fleurie de sonner la langue. Nous étions fascinés par son art. Nous le regardions comme le comptable divin des sciences les plus extrêmes. De lui, je ramenai ce goût de la langue française, ce souci de la dire d'une manière impériale que je cultivai dans mes temps solitaires. Pour l'instant, câpresse de boue, je considérai cette merveille : *un nègre noir transfiguré mulâtre, transcendé jusqu'au blanc par l'incroyable pouvoir de la belle langue de France.*[566]

---

[562]*ibid*. p.67.

[563]Par ailleurs, nous signalons la fréquence des refus que l'En-ville oppose aux tentatives du peuple créole de s'affirmer. Voir *ibid*. pp. 381-382, 395, 403, 405-406, 418-419, 429.

[564]*ibid*. p.181.

[565]Le cas des mornes Abelard est un exemple particulièrement représentatif du désordre et de l'éclatement de toute structure logique qui caractérisent les quartiers créoles en opposition à l'En-ville. Voir *ibid*. p.340 et pp.357-358.

[566]*ibid*. pp.248-249. C'est nous qui soulignons.

Bien que l'héroïne ne creuse pas les techniques d'enseignement appliquées par le maître ni son attitude à l'égard des élèves, le rapprochement avec le maître du négrillon est manifeste. L'héroïne non plus ne parviendra pas à s'échapper complètement du pouvoir envoûtant qui émane de la langue française ; langue qu'elle associe, comme l'avait fait le négrillon auparavant[567], à la sphère sémantique de la magie. Preuve en est sa réaction, totalement captivée, au moment où elle écoute le discours de son patron en faveur de l'assimilation à la mère-patrie. Partisan absolu de la langue française contre la langue créole[568], dans son discours les dimensions sonore et prosodique l'emportent décidément sur le contenu :

> Son français, son accent pointu, ses phrases fleuries, fonctionnaient comme une petite musique à laquelle je me livrais sans même tenter de comprendre ou bien de réfléchir. [...] Dans sa bouche, la langue française semblait infinie et chaque mot entraînait des dizaines et des dizaines de mots avec un allant de rivière dévalante. Perdue dans tout ce flot, j'essayais de repérer les noms, les pronoms, les verbes et les adverbes, mais j'abandonnais bien vite pour reprendre un peu plus tard sans trop savoir pourquoi.[569]

4.2.2. L'*espace-rhizome* et la *langue-rhizome* : vers un dépassement de la dichotomie

La dialectique inclusion (propre à l'En-ville et à l'identité-racine) *vs* fragmentation (propre aux mornes) trouve une solution dans la création de Texaco, le quartier populaire de Fort-de-France. Synthèse entre l'espace-racine monolithique et la dispersion des mornes, Texaco devient le prototype de l'*espace-rhizome*, en ce sens qu'il, maintient "le fait de l'enracinement, mais récuse l'idée d'une racine totalitaire"[570] :

> Au cœur ancien : un ordre clair, régenté, normalisé. Autour : une couronne bouillonnante, indéchiffrable, impossible [...][571]

---

[567]Nous rappelons les considérations du négrillon : "Le Papa lui, à l'occasion d'un punch, déroulait un français d'une manière cérémonieuse qui n'en faisait pas une langue, mais un outil ésotérique pour créer des effets." *Chemin d'école*, p.67. De même, le français d'Esternome est aussi qualifié de "français magique". *Texaco*, p.238.
[568]"Il ne s'adressait jamais en créole à quinconque [...]" *ibid.* p.308.
[569]*ibid.* pp.315-317.
[570]Glissant, É., *Poétique de la relation*, *op.cit.*, p.23.
[571]*Texaco*, p.235.

L'ordre de l'En-ville et la diffraction de Texaco s'avèrent indispensables pour assurer la survie réciproque :

> Si la ville créole ne disposait que de l'ordre de son centre, elle serait morte. Il lui faut le *chaos* de ses franges. C'est la beauté riche de l'horreur, l'ordre nanti du désordre. C'est la beauté palpitant dans l'horreur et l'ordre secret en plein cœur du désordre. Texaco est le désordre de Fort-de-France ; pense : la poésie de son Ordre.[572]

Nous sommes ici au cœur de la théorie glissantienne du *chaos* : "*chaos*, affirme Glissant, ne veut pas dire désordre, néant, [...], chaos veut dire affrontement, harmonie, conciliation, opposition, rupture, jointure entre toutes ces dimensions, toutes ces conceptions du temps, du mythe, de l'être comme étant des cultures qui se joignent [...]"[573] Une telle disposition de la pensée, consistant à rendre possible la co-présence entre des facteurs hétérogènes voire contradictoires, n'est pas sans rappeler le mouvement baroque[574]. D'autre part, sans pour cela sombrer dans un phénomène centralisateur, le croisement et l'imbrication dont il est question émanent d'un épicentre, selon le principe de l'"errance enracinée". Repère temporel (c'est dans sa mémoire que se concentre la mémoire collective), Marie-Sophie Laborieux devint aussi le noyau spatial de Texaco. Non seulement c'est à elle que revient la décision de fonder le quartier[575], mais c'est autour de sa case que Texaco s'organise tout en s'épanouissant[576]. Néanmoins, loin d'exercer une force centripète (reproduisant ainsi le mécanisme unificateur qui régit l'En-ville), le centre s'éclot dans le rayonnement qui produit l'articulation "réseau" propre à Texaco, décrit comme un "écosystème, tout en équilibres et en interactions"[577].

Au niveau linguistique, l'espace-rhizome se traduit dans la *langue-rhizome* organisée selon le principe de la langue rabelaisienne. Entre la langue française classique (représentée par le français savant de Montaigne) et la langue créole, Marie-Sophie manifeste un penchant

---

[572] *ibid.* pp.235-236. C'est nous qui soulignons.

[573] Glissant, É., "Le chaos-monde, l'oral et l'écrit", in Ludwig, R., (sous la direction de), *Écrire la parole de nuit, op.cit.*, p.124.

[574] Voir Bakhtine, M., *Eshtétique et théorie du roman, op.cit*, ch.III. La relation du baroque avec la poétique de la relation est approfondie par Glissant. Voir Glissant, É., *Poétique de la Relation, op.cit.*, pp.91-94.

[575] Voir *Texaco*, p.323.

[576] "De toute évidence, l'on s'était installé *autour de moi* : un espace vital plus large qu'ailleurs instituait mon foyer en centre rayonnant de Texaco-du-haut." *ibid.* p.463. C'est l'auteur qui souligne. Nous renvoyons aussi aux pages 385 et 403.

[577] Voilà la perception que Marie-Sophie Laborieux transmet à l'urbaniste et que celui-ci, à son tour, lègue au marqueur de paroles. Voir *Texaco*, pp.328-329.

pour le français rabelaisien[578]. La référence rabelaisienne est loin d'être neutre : "[...] l'exceptionnelle liberté des images et de leurs associations par rapport à toutes les règles verbales"[579], qui définit la langue de Rabelais, s'applique aussi à la langue-rhizome ambitionnée par Marie-Sophie Laborieux. Alors que le français de Montaigne exclut la possibilité d'un croisement avec d'autres langues et vise plutôt à s'imposer en tant que valeur universelle, la "bacchanale langagière" rabelaisienne[580], entièrement gouvernée par le principe dialogique, s'accorde avec les métaphores du rhizome et de la mangrove employées pour décrire Texaco, qualifié de "mangrove urbaine"[581].

La langue-rhizome résout donc le conflit entre le français officiel et le mélange linguistique et sonore qui est à la base de la "non-langue" créole. Loin d'être exclusive, cette lutte s'achève par l'enchevêtrement des forces en jeu, d'après une "forme réticulaire"[582] faite de connexions plurielles et transversales et convoque à un renouvellement de l'imaginaire des langues[583] qui correspond à l'éclosion d'une conception du monde et de l'identité créole entièrement inédite :

> Au centre, une logique urbaine occidentale, alignée, ordonnée, forte comme la langue française. De l'autre, le foisonnement ouvert de la langue créole dans la logique de Texaco. Mêlant ces deux langues, rêvant de toutes les langues, la ville créole parle en secret un langage neuf et ne criant plus Babel. Ici la trame géométrique d'une grammaire urbaine bien apprise, dominatrice ; par-là, la couronne d'une culture-mosaïque à dévoiler, prise dans les hiéroglyphes du béton, du bois de caisses et du fibrociment.[584]

À travers la sensibilité linguistique et sonore de Marie-Sophie, Chamoiseau propose une langue qui n'exclut ni le français ni le créole

---

[578] *ibid.* pp.288-289.
[579] Bakhtine, M., *L'œuvre de François Rabelais et la culture populaire au Moyen Âge et sous la Renaissance*, Paris, Gallimard, coll. « Tel », 1970, p.467.
[580] Telle est la définition que Monsieur Gros-Joseph donne de la langue de Rabelais, l'opposant ainsi à celle de Montaigne qu'il considère comme l'apothéose de la langue française. Voir *Texaco*, pp.278-279.
[581] *ibid.* pp.336-337.
[582] L'expression est de Chivallon, Ch., "Du territoire au réseau : comment penser l'identité antillaise ?", *op.cit.*, p.785.
[583] Glissant, É., *Introduction à une poétique du divers*, *op.cit.*, p.112.
[584] *Texaco*, p.282.

et rejoigne Glissant, là où il affirme que "l'imaginaire de l'homme a besoin de toutes les langues du monde"[585] :

> Elle mélangeait le créole et le français, le mot vulgaire, le mot précieux, le mot oublié, le mot nouveau..., comme si à tout moment elle mobilisait (ou récapitulait) ses langues.[586]

Cette coexistence productive d'une réalité linguistique et spatiale nouvelle empêche de déboucher sur l'extinction des deux composantes[587] et s'avère être le principe qui nourrit la Relation, conçue en tant que coprésence de "deux ou plusieurs identités ou entités maîtresses d'elles-mêmes et qui acceptent de changer en s'échangeant."[588] Conséquence ultime de ce processus de marronage linguistique et identitaire : l'équation "langue = identité", fortement exclusive et monolithique, est largement dépassée. En fin de compte, l'identité devrait suivre le même parcours d'éclosion creusé par la langue, c'est-à-dire élargir son terrain à des relations multiples, se métamorphosant ainsi en identité-rhizome. Né comme langue véhiculaire afin de favoriser les contacts entre les peuples déportés dans les Caraïbes, le créole assume donc le statut de vernaculaire et s'enrichit, par conséquent, d'une acception identitaire complexifiée.

4.3. La dimension écrite et la langue-rhizome : une relation conflictuelle ?

Les relations entre la langue-rhizome et la dimension écrite résultent de l'emboîtement de plusieurs plans. Premièrement, la notion de rhizome ne suppose pas seulement une langue renouvelée (et ouverte au renouvellement), mais aussi la recherche et la création d'un espace narratif autre. Ensuite, la problématique de la transcription de la langue-rhizome s'accompagne d'une réflexion théorique qu'il est essentiel d'examiner avant de passer à un niveau d'analyse plus proprement linguistique. Une telle réflexion définit le rôle du Marqueur de Paroles, personnage qui intervient dans *Solibo Magnifique* et dans *Texaco*. Son positionnement, qui se précise tout au

---

[585] Glissant, É., *Introduction à une poétique du divers*, op.cit., p.41.
[586] *Texaco*, p.494.
[587] D'après Chamoiseau, les deux espaces, et plus encore leurs versants linguistiques, deviennent une richesse effective au moment où l'on parvient à "les équilibrer, à(de) jouer avec eux de manière équivalente". Entretien avec Patrick Chamoiseau, "Devenir des fondateurs... Pladoyer pour un Guerrier de l'Imaginaire", in *Les périphériques vous parlent*, n°13, printemps 2000, p.13.
[588] Glissant, É., *Introduction à une poétique du divers*, op.cit., p.41.

long de la création romanesque de l'écrivain sans jamais atteindre une étape conclusive, fera l'objet d'un traitement à part[589].

4.3.1. La recherche d'un espace écrit pour la langue-rhizome : un premier degré de complexification

La recherche d'un espace écrit en mesure d'accueillir la quête identitaire et linguistique à l'œuvre dans la production de Chamoiseau s'accompagne d'un bouleversement de la dimension structurelle : celle-ci représente l'une des voies privilégiées dans lesquelles se reflète le dialogisme qui est au cœur de l'identité créole[590].

Cherchant à intégrer l'épaisseur multi-satratifiée de l'identité créole, la voix narratrice unique s'efface : "la narration n'est plus un récit linéaire des événements, remarque Dominique Chancé, mais le lien établi entre des récits multiples, ce n'est plus un discours mais une mise en cause du discours [...]."[591] Émanation de voix plurielles, les récits ne sont pas intégrés dans un arrière-plan qui les comprend, mais tout simplement juxtaposés par un narrateur conçu comme figure de la transversalité et qui donne vie à un "récit éclaté et polyphonique"[592].

C'est dans cette perspective que se justifie la présence de plusieurs voix narratrices dans *Solibo Magnifique* : de Chamoiseau-marqueur de paroles qui s'adresse aux lecteurs, à Chamoiseau-marqueur de paroles et personnage interrogé comme témoin, à Chamoiseau-marqueur qui dialogue avec Solibo et, enfin, aux autres personnages qui assument la narration à tour de rôle dans un jeu de miroirs imbriqués l'un dans l'autre. Le lien d'une instance narrative à l'autre est assuré par le marqueur de paroles[593]. Par ailleurs, la juxtaposition de ces différents points de vue, visualisée dans l'espace narratif par un bouleversement de la linéarité narrative, coupée de manière presque rythmique lorsqu'une nouvelle voix se charge de la narration[594], nous paraît une stratégie qui permet au marqueur de paroles de recomposer, dans les limites étroites de la page, une collectivité diverse et éclatée aussi bien

---

[589] Voir par. 2.5.
[590] La notion de dialogisme renvoie à "l'interaction maximale de la parole [...] avec le contexte, à leur influence dialogisante réciproque [...]". Bakhtine, M., *Esthétique et théorie du roman*, op.cit., p.165.
[591] Chancé, D., *L'auteur en souffrance Essai sur la position et la représentation de l'auteur dans le roman antillais contemporain (1981-1992)*, Paris, P.U.F., coll. « Écritures Francophones », 2000, p.15.
[592] *ibid.* p.16. La notion de "polyphonie", centrale dans toute la production romanesque de Chamoiseau, est au premier plan dans *Texaco*.
[593] *ibid.* pp.27-28.
[594] Nous signalons que la dislocation textuelle caractérise aussi les récits biographiques.

que de réintroduire dans le texte écrit la dimension visuelle qui était au premier plan dans les spectacles du conteur.

La pluralité et la superposition des plans narratifs s'intensifie dans *Texaco*, où la présence du marqueur de paroles est côtoyée par celle de Marie-Sophie Laborieux et par celle de l'urbaniste : ces trois voix se croisent tout au long du roman et se provoquent réciproquement. De plus, l'urbaniste et le marqueur de paroles demeurent, du moins au début, dans une dimension interstitielle. Nommé dès le début comme l'interlocuteur de Marie-Sophie, le marqueur se réduit à une présence virtuelle qui intervient de sa propre voix seulement à la fin de la narration de Marie-Sophie pour en assurer la transmission. Tout au long de la narration il s'efface et on pourrait aisément l'oublier si sa présence n'était suscitée de temps à autre par l'héroïne, ce qui confère au roman une allure décidément dialogique. Il en va de même pour l'urbaniste : introduit comme le prétexte qui déclenche la narration, il ne prendra jamais la parole directement. Son existence n'est rappelée que par les fragments de ses notes intégrés dans la narration principale[595].

Ces trois voix principales sont ensuite entourées par d'autres voix non moins révélatrices : nous pensons à celle du vieux nègre de la Doum[596] ou aux chants de Ti-Cirique[597]. En outre, si la narratrice principale est Marie-Sophie Laborieux, "ancêtre fondatrice de ce Quartier"[598], il n'en est pas moins vrai qu'elle "raconte ce que son papa Esternome lui a raconté, et qui parfois remonte à la vieille Africaine ou au « papa de [s]on papa », dans une chaîne très médiatisée des voix"[599].

On assiste ainsi à un enchâssement étonnant qui s'étale dans le temps et dans l'espace : d'une part Marie-Sophie Laborieux recueille les voix du passé ; de l'autre l'urbaniste et le marqueur de paroles diffusent la voix de l'héroïne. La présence du marqueur assure aussi la

---

[595]Par ailleurs, l'urbaniste est objet d'un détour identitaire produisant un effet d'illusion : en effet, l'étudiant de Paris IV préparant une thèse d'urbanisme n'est pas défini comme tel, mais est appelé le "Christ", ce qui laisserait supposer une présence autre parmi celles qui sont responsables de la narration. Ce n'est qu'à la fin du roman que Marie-Sophie dévoilera le mystère qui se recèle derrière cette appellation. Perçu au début comme un "ange destructeur", un "ange du malheur", voire un "fléau", l'urbaniste deviendra le sauveur de Texaco. Voir *Texaco*, p.39 et p.40.

[596]*Texaco*, pp.373-377.

[597]*ibid.* pp.417-418.

[598]*ibid.* p.38.

[599]Chancé, D., *L'auteur en souffrance*, op.cit., p.19. La figure d'Esternome, souvent nommé comme "mon papa Esternome" ou "mon Esternome de papa" occupe une grande partie du roman. Si Marie-Sophie est la fondatrice effective du quartier de Texaco, il n'en est pas moins vrai qu'Esternome est le premier à ressentir la nécessité pour les nègres esclaves de conquérir l'En-ville. Voir aussi *Texaco*, p.48.

durée dans le futur au moyen de son écriture. Le caractère dialogique et polyphonique, qui s'esquissait déjà dans les récits biographiques et dans *Solibo Magnifique*, assume ici des proportions remarquables. Envisagée en opposition à la vision monologique et homophonique du monde occidental, la polyphonie est présentée comme résultant d'un façonnement réciproque des voix qui participent à un développement collectif, selon l'un des principes fondateurs de la créolisation : l'"entraide"[600].

5. Le Marqueur de Paroles : une réaction au silence du monde créole

Au cours de la réflexion au sujet des relations qui se tissent entre la langue-rhizome, présentée essentiellement comme langue orale, et la dimension écrite, la confrontation avec la figure du marqueur de paroles est incontournable. Loin d'être une présence abstraite, le marqueur de paroles intervient dans les romans *Solibo Magnifique* et *Texaco* en tant que personnage réel (c'est ainsi que Chamoiseau-personnage définit sa profession dans la liste des témoins dressée par la police)[601], quoiqu'il soit possible de déceler sa présence dans les récits autobiographiques aussi[602].

Dans le roman *Solibo Magnifique*, où il apparaît la première fois, le marqueur de paroles est défini à deux niveaux emboîtés l'un dans l'autre. D'une part son portrait se compose au fur et à mesure des conversations que le marqueur entretient avec Solibo. Celles-ci se développent parallèlement à la narration principale et portent plus précisément sur le rapport entre le conteur, la parole et sa transcription[603]. De l'autre c'est Chamoiseau-personnage qui réfléchit aux traits qui le caractérisent en tant que marqueur de paroles et qui cherche à préciser son objectif ainsi que sa relation à l'égard des

---

[600] *Texaco*, p.172.
[601] *Solibo Magnifique*, p.30.
[602] Si le marqueur de paroles ne s'y manifeste pas de manière explicite, il n'en est pas moins vrai que les qualités de l'écriture des récits biographiques rejoignent celles des romans. De plus, la présence récurrente d'un personnage d'écrivain dans les romans martiniquais est mise en valeur par Lydie Moudileno. Voir Moudileno, L., *L'écrivain antillais au miroir de sa littérature, op.cit.*. Cette même thématique est traitée dans Moudileno, L., "Écrire l'écrivain : créolité et spécularité", in Condé, M., Cottenet-Hage, M. (sous la direction de), *Penser la créolité*, Paris, éd. Karthala, 1995, pp.191-204.
[603] Si elles contribuent à enrichir le portrait de Solibo, elles n'ont rien à voir ni avec l'enquête-officielle ni avec l'enquête-évocation qui constituent le sujet principal du roman.

écrivains traditionnels, voire son positionnement par rapport aux réalités orale et écrite.

5.1. Le marqueur de paroles et l'oral : une tentative de conservation

Le silence muet, qui envahit la culture créole, et dont la disparition du conteur est une conséquence aussi bien qu'un symbole, ne peut être considéré comme l'aboutissement de l'aventure créole. Parmi les démarches visant à réagir contre le danger d'écrasement de la culture créole de la part de la culture coloniale, la figure du marqueur de paroles occupe une position de relief :

> [...] le marqueur refuse une agonie : celle de l'oraliture, il recueille et transmet [...][604]

En quelques mots, Chamoiseau synthétise les tâches du marqueur de parole : ayant reconnu dans les conteurs le lieu d'une mémoire collective, dépositaire de la culture et de l'identité créoles, le marqueur se met à l'écoute de leur parole et cherche des moyens permettant de la recueillir et de la transmettre aux générations à venir. La figure du marqueur de paroles s'inscrit donc en contre-pied à l'effacement progressif de l'"oraliture", ce qui entraînerait la dernière étape du phénomène de glottophagie. Par ailleurs, le néologisme "oraliture"[605], relève de la tentative de rehausser l'oralité au même rang que la littérature ; tentative justifiée non seulement par la dimension esthétique de l'oraliture, mais notamment par son aptitude à transmettre une culture[606].

Si le projet du marqueur de paroles se laisse saisir aisément, la question des méthodes dont il compte se servir afin de traduire son projet dans la réalité est plus compliquée, dans la mesure où, contrairement aux griots maliens qui choisissent la répétition de vive voix comme moyen de transmission destiné à durer dans le temps, le marqueur de paroles fait appel à l'écrit.

---

[604] *Solibo Magnifique*, pp.169-170.
[605] À côté du substantif *oraliture*, les auteurs des *Lettres créoles* emploient aussi la forme *oraliturain* pour désigner le sujet qui se fait garant de l'oraliture. Le parallélisme avec *écrivain* est patent. Voir Chamoiseau, P., Confiant, R., *Lettres créoles, op.cit.*, p.82 ; Moudileno, L., *L'écrivain antillais au miroir de sa littérature, op.cit.*, p.110.
[606] Chamoiseau, P., "Que faire de la parole?", in Ludwig, R. (sous la direction de), *Écrire la parole de nuit, op.cit.*, p.153.

5.2. Le marqueur de paroles et l'écrit : une relation ambiguë

Attentif à la parole orale du conteur, le marqueur de paroles vise l'in-scrire dans le temps, et donc à l'"écrire" afin de lutter contre la mort culturelle du peuple créole[607]. Néanmoins, le passage par la dimension écrite est loin d'être sans conséquences. L'écriture est chargée, en effet, d'un poids historique et culturel considérable que le marqueur ne peut occulter et auquel il est obligé de se confronter. Née pour satisfaire des besoins concrets d'ordre économique ou juridique, l'écriture est "un fait social, et comme tel lié aux phénomènes de pouvoir, en même temps que [comme] un fait culturel qui, dans l'idéologie dominante, a parfois servi de fondement au mépris de l'autre"[608]. Un tel cadre s'applique parfaitement au lien qui s'instaure entre sociétés colonisatrices à écriture et colonisées sans écriture. Le maître du négrillon en constitue une preuve irréfutable : de son point de vue, la connaissance de la prononciation et de l'écriture françaises est un signe de civilisation qui permet de se distinguer des indigènes frappés d'ignorance. Choisir de rapporter à l'écrit la parole du conteur, dont l'essence réside dans l'oralité, pourrait donc relever d'un projet visant à réaffirmer la suprématie de l'ethnie et de la culture coloniales sur l'ethnie et sur la culture colonisées. Tel n'est pas le cas du marqueur de paroles : dans sa perspective, l'écriture n'est envisagée qu'au service de l'oralité. Instrument à double tranchant à cause des enjeux qui y sont rattachés, l'écriture exige donc un maniement délicat. En fait, si le marqueur de paroles compte intégrer la parole du conteur à la dimension écrite, il n'en est pas moins vrai qu'il tient à se distinguer de l'écrivain proprement dit. Voilà en quels termes il définit sa tâche :

> L'écrivain au curieux nom d'oiseau fut le premier suspect interrogé. Il parla longtemps longtemps, avec la sueur et le débit des nègres en cacarelle. Non, pas écrivain : *marqueur de paroles*, ça change tout, inspectère, l'écrivain est d'un autre monde, il rumine, élabore ou prospecte, le marqueur refuse une agonie : celle de l'oraliture, il recueille et transmet.[609]

---

[607]"Un peuple qu'on réduirait à la seule pratique orale de sa langue serait *aujourd'hui* [...] un peuple voué à la mort culturelle [...]" Glissant, É., *Le discours antillais, op.cit.*, p.316. C'est l'auteur qui souligne.
[608]Calvet, L.-J., *La tradition orale*, Paris, Seuil, coll. « Que sais-je? », 1984, p.104. Par ailleurs, Glissant aussi parle des *affres de l'écrit*. Tel est le titre d'un paragraphe du *Discours Antillais*. "Venu d'en haut", "privilège des maîtres et (par écho) de l'élite", l'écrit aurait provoqué l'aliénation des sociétés à tradition orale. Voir Glissant, É., *Le discours antillais, op.cit.*, p.223.
[609]*Solibo Magnifique*, pp.169-170.

Parole qui se nourrit des apports pluriels constitutifs de l'idéntité créole, qui les synthétise sans pour autant en neutraliser la spécificité, elle ne connaît pas les démarches propres à la logique pensée occidentale. Les choix terminologiques, par lesquels Chamoiseau définit les tâches de l'écrivain ("il rumine, élabore ou prospecte..."), indiquent bien que l'écriture comporte un travail de ré-élaboration et de rationalisation qui enchaîne, inévitablement et à jamais, la spontanéité du conteur. Dans son rôle de marqueur de paroles, Chamoiseau refuse ce travail de réflexion, dont les effets consistent à fixer la parole dans un cadre délimité par une ligne de démarcation très nette. Tel un miroir, le marqueur de paroles se voudrait capable de refléter la parole du conteur dans toutes ses facettes multiples et miroitantes, sans succomber aux visées et aux contraintes de l'écrivain. En fin de compte, comme le remarque Dominique Chancé, "il écrit sans être écrivain et parle sans être conteur"[610].

Bien que le marqueur soit alerté sur le risque de se métamorphoser en écrivain, son chemin est jalonné d'obstacles. En effet, étant donné que la parole du conteur s'actualise dans sa signification la plus profonde seulement grâce à l'apport de la dimension vocale, sonore et mimico-gestuelle, ce serait réduire le rôle du marqueur de paroles à celui d'un simple transcripteur si sa tâche ne consistait qu'à mettre sur papier les mots prononcés par le conteur. L'impossibilité de fixer à l'écrit tout ce qui tient du non-verbal n'échappe pas à Chamoiseau (personnage et narrateur) :

> Mais écrire ? Comment écrire la parole de Solibo ? En relisant mes premières notes du temps où je le suivais au marché, je compris qu'écrire l'oral n'était qu'une trahison, on y perdait les intonations, les mimiques, la gestuelle du conteur, et cela me paraissait d'autant plus impensable que Solibo, je le savais, y était hostile.[611]

Tout en reconnaissant la nature fuyante et insaisissable de la parole de Solibo, le marqueur de paroles ne renonce pas aux tentatives de la reproduire. Celles-ci sont articulées en trois étapes. Afin de récupérer l'épaisseur pluridimensionnelle de l'oraliture, c'est d'abord la voie orale que Chamoiseau-marqueur emprunte. Dans cette perspective, il est amené à remettre en scène les séances de Solibo, ce qui demande la collaboration des autres témoins. Toutefois, l'agencement de tous les facteurs que la parole du conteur mobilise - des inflexions de la voix, à la mimique du visage, aux mouvements du corps - s'avère extrêmement ardu et difficile à atteindre :

---

[610]Chancé, D., *L'auteur en souffrance*, op.cit., p.78.
[611]*Solibo Magnifique*, p.225.

> Je rencontrai mes compagnons, rescapés de cette garde à vue criminelle, et j'essayai d'ordonner avec eux le feuillage verbal de la nuit du conteur, ne prenant aucune note, laissant jouer ma mémoire. [...] je retrouvai sous le tamarinier fatal quelques-uns des survivants : chacun formulait à la manière du Magnifique les thèmes retenus, les autres donnant les réponses, et Sucette le soutien de son ka. *Ô amis, la parole n'est pas docile !...* Certains manquaient de souffle d'autres de rythme, pas un ne réussissait à marier le ton et la gestuelle : au travail de la voix, le corps se faisait lourd, quand le geste s'amorçait, la voix disparaissait. Pipi, maître-djobeur, par un désir aigu de sauver les mots du Magnifique, approcha la performance, sur plus de trois heures, à l'allure des chevaux de bois de nos manèges créoles.[612]

La deuxième phase consiste à enregistrer le spectacle : si la dimension visuelle est exclue et perdue à jamais, l'enregistrement est tout de même une source plus riche que l'écrit, dans la mesure où il parvient à conserver ce qui rentre dans la sphère sonore et vocale[613]. C'est grâce aux enregistrements que le marqueur de paroles réussit à saisir ces traits qui lui permettent de se distinguer à la fois du transcripteur et du traducteur. Le transcripteur se limite à transférer à l'écrit les mots prononcés par le conteur sans aucun souci pour la dimension paraverbale qui l'accompagne ni pour l'"économie orale"[614] qui la structure. En revanche, le traducteur non seulement fixe à l'écrit l'œuvre du conteur, mais la traduit en français, langue coloniale, et se fait ainsi responsable d'une double trahison : d'une part, en dépit des tentatives visant à sauvegarder la majorité des éléments qui interviennent à l'oral, le passage à l'écrit représente déjà une première infidélité ; de l'autre, le choix du français dénature irrémédiablement la parole du conteur réaffirmant la supériorité du français sur le créole.

Le passage à l'écriture correspond au dernier moment de cette expérience singulière sous plusieurs points de vue :

> Il fut enregistré, et je passai la saison des quénettes à *traduire* l'ensemble sur tout un lot de pages, tourbillonnantes et illisibles. Si bien, amis, que je me résolus à en extraire une version réduite. Organisée, *écrite*, sorte d'ersatz de ce qu'avait été le Maître cette nuit-

---

[612] *ibid.* pp.225-226. Quant à l'apport des dimensions mimique et gestuelle à l'oraliture, voir aussi Glissant, É., *Le discours antillais, op.cit.*, pp.237-238.
[613] Nous rappelons que les références à la présence d'un magnétophone reviennent à plusieurs reprises dans *Solibo Magnifique* et dans *Texaco*. Voir *Solibo Magnifique*, pp.43-45, p.226 ; *Texaco*, p.493, p.496. Voir aussi Chamoiseau, P., "Que faire de la parole?", in Ludwig, R. (sous la direction de), *Écrire la parole de nuit, op.cit.*, pp.155-156.
[614] *ibid.* p.153.

là : il était clair désormais que sa parole, sa vraie parole, toute sa parole, était perdue pour tous ——— à jamais.[615]

Les tentatives du marqueur de paroles de fixer à l'écrit la parole de Solibo de manière à lui insuffler le rythme, les nuances prosodiques et sonores aboutissent à des pages "tourbillonnantes et illisibles", mais surtout à la conscience de la perte irrémédiable de cette parole et de son épaisseur composite.

Faut-il conclure à un échec de la tâche du marqueur, voire du marqueur lui-même ? Dans cette perspective, le marqueur de paroles s'identifie effectivement à un "dérisoire cueilleur de choses fuyantes et insaisissables"[616], d'autant plus que le conteur même fait preuve d'un fort scepticisme quant à ce projet. En ce sens, le fait que "l'écrivain au curieux nom d'oiseau" soit le premier suspect interrogé n'est pas à négliger[617] : le marqueur de paroles est-il effectivement un prolongement du conteur ou bien est-il le premier responsable de sa mort ?

5.3. Le marqueur de paroles et Solibo Magnifique : un rapport conflictuel

Quoique le marqueur de paroles cherche à préserver l'authenticité de la parole du conteur, son point de vue n'est nullement partagé par ce dernier. Voilà en quels termes Chamoiseau-marqueur de paroles décrit l'attitude du conteur :

> Je lui avais dédicacé mon livre, mais il (Solibo) ne s'était jamais vraiment intéressé à moi... Il ne s'intéressait pas non plus à mon projet d'écriture de sa vie : l'écriture pour lui ne saisissait rien de l'essence des choses. Ce qui n'est pas mon idée, bien entendu. Nous sommes ici dans un frottement de monde, inspectère, un espace d'érosion, d'effacement où...[618]

L'écart entre les perspectives en jeu ressort aussi dans les conversations que le marqueur entretient avec le conteur[619]. C'est à

---

[615]*Solibo Magnifique*, p.226.
[616]*ibid.* p.225.
[617]*ibid.* p.169.
[618]*ibid.* p.170.
[619]Sans être liées directement aux enquêtes qui occupent une partie considérable du roman et qui en constituent - du moins en apparence - le motif principal, elles sont introduites au fur et à mesure comme un deuxième plan narratif qui alterne avec le premier en y introduisant de brèves suspensions. À travers ces échanges, qui se déroulent presque en filigrane, Solibo dévoile au marqueur un véritable *Art poétique*.

partir de la question "Chamzibié ho, écrire ça sert à quoi ?..."[620] que le conteur, suprême et dernière personnification d'une parole reconnue comme fondement et garantie du processus de créolisation, remet en cause toute la démarche du marqueur de paroles et l'exhorte à s'interroger de nouveau sur sa manière de concevoir l'écrit et la parole[621]. Le conteur prône une disponibilité ouverte, qui refuse de se laisser refouler dans des contours excessivement rigides pour trouver un accord harmonieux avec les multiples expressions de l'idée :

> Solibo me disait : « Oiseau de Cham, je ne me noierai jamais. Dans l'eau, je deviens eau, devant la vague je suis une vague. [...]. Cesse d'écrire kritia kritia, et comprends : se raidir, briser le rythme, c'est appeler sa mort... »[622]

Suivre le mouvement de l'idée dans ses métamorphoses signifie faire appel à une parole souple et protéiforme, dont la transposition à l'écrit entraîne forcément une cassure du rythme et, par conséquent, une paralysie de l'idée. Privée de son élan vital, sa capacité productive n'est plus opérationnelle, ce qui se traduit, sur le plan formel, par l'effacement de la parole remplacée par le mot : "On n'écrit jamais la parole, mais des mots, tu aurais dû parler"[623] reproche Solibo au marqueur. À cela s'ajoute la perte des dimensions sonore et visuelle, forcément exclues du tissu narratif, mais en dehors desquelles la parole s'éteint.

En dépit des nombreuses critiques, les remarques du conteur se parent aussi d'une allure constructive, là où il instruit son interlocuteur sur la manière de concevoir et de s'approcher de la parole : de l'exhortation à combattre pour briser les chaînes qui emprisonnent l'idée ("[...] dresse le compte de ce qui dans ta tête et dans ton ventre t'enchaîne. C'est d'abord là, ton combat...[...]")[624], à la mise en évidence du facteur auquel le marqueur doit accorder la priorité :

> Solibo Magnifique me disait : « Z'Oiseau, tu dis : La tradition, la tradition, la tradition..., tu mets pleurer par terre sur le pied-bois qui

---

[620] *Solibo Magnifique*, p.45.
[621] Précisons que les conseils du conteur, riches en métaphores étranges puisées dans le monde de la nature sont souvent entourés de mystère et, par conséquent, difficiles à interpréter tout comme la parole qu'il profère à l'occasion de ses spectacles. Voir *ibid.*, pp.52-53, p.63 et pp.75-76.
[622] *ibid.* pp.75-76.
[623] *ibid.* p.53.
[624] *ibid.* p.133.

perd ses feuilles, comme si la feuille était la racine !... Laisse la tradition, pitite, et surveille la racine... »[625]

D'après Solibo, au lieu de se figer dans des tentatives visant à sauvegarder la tradition et qui courent le risque de s'immobiliser dans une répétition stérile, le marqueur doit alimenter la "racine" ; non pas la "racine totalitaire" mais la "racine démultipliée, étendue en réseaux"[626] qui est à l'origine du parcours de créolisation. Cette problématique est au cœur de la réflexion de Chamoiseau, comme en témoignent aussi les renvois contenus dans le premier des récits biographiques, *Antan d'enfance* :

> Un peuple défaille et meurt quand pour lui-même s'invalide sa tradition, qu'il la fige, la retient, la perçoit comme archaïque sans jamais l'adapter aux temps qui changent, sans jamais la penser, et avancer riche d'elle dans la modernité. Ainsi, nous-mêmes, par ici et par là.[627]

5.4. Le Marqueur de Paroles et Marie-Sophie Laborieux : un questionnement partagé

Détentrice d'une parole fondatrice au même titre que Solibo, le rapport que Marie-Sophie Laborieux entretient avec le marqueur de paroles est encore plus complexe.

Dans *Texaco*, le marqueur de paroles n'est plus celui qui interroge, mais devient celui qui est interrogé. En effet, non seulement Marie-Sophie donne à voir et à entendre la langue-rhizome, mais elle ressent le besoin de fixer sur papier son expérience, afin de renouer le lien avec les figures-pivot de son passé ("L'idée me vint d'écrire l'ossature de cette solitude")[628]. Obsédée par le désir de mettre à l'écrit la parole de son père ("Écrire c'était retrouver mon Esternome […] me reconstruire lentement autour d'une mémoire […]")[629], mais consciente des dangers qui accompagnent cette opération, c'est à lui que Marie-Sophie s'adresse afin de découvrir le secret pour réaliser une "écriture informée de la parole" :

> Oiseau de Cham, existe-t-il une écriture informée de la parole, et des silences, et qui reste vivante, qui bouge en cercle et circule tout le temps, irriguant sans cesse de vie ce qui a été écrit avant, et qui

---
[625]*ibid.* p.63.
[626]Glissant, É., *Poétique de la relation, op.cit.*, p.23.
[627]*Antan d'enfance*, p.105.
[628]*Texaco*, p.411.
[629]*ibid.* p.411.

> réinvente le cercle à chaque fois comme le font les spirales qui sont à tout moment dans le futur et dans l'avant, l'une modifiant l'autre, sans cesse, sans perdre une unité difficile à nommer ?[630]

Par ces considérations, l'héroïne s'approprie le même questionnement qui nourrit la réflexion du marqueur de paroles. Son appel demeurera toutefois sans réponse, le marqueur de paroles n'étant pas parvenu à résoudre l'énigme. Au contraire, le souci du marqueur consiste à prévenir son interlocutrice sur les risques que l'écriture comporte :

> [...] il faut lutter contre l'écriture : elle transforme en indécence, les indicibles de la parole...[631]

Bien que du temps se soit écoulé entre *Solibo Magnifique* et *Texaco*, la réflexion du marqueur de paroles semble encore nourrie de contradictions et surtout, du moins au niveau théorique, elle est encore loin d'avoir abouti à une résolution de l'énigme intrinsèque à son existence même.

6. La transposition à l'écrit de la langue-rhizome : une possibilité envisageable ?
6.1. Les tentatives de Marie-Sophie Laborieux

C'est au cours de la transition d'un plan théorique à un plan pragmatique que les difficultés liées à l'écriture se manifestent avec toute leur évidence.

Le choix de la langue d'écriture est loin d'être immédiat. Entre sa langue maternelle et la langue coloniale, l'héroïne choisit le français sans hésitation, bien qu'elle s'aperçoive rapidement de l'impossibilité de réduire son "Esternome tellement créole" dans la logique étroite et rigide de la langue française sans que cela entraîne l'appauvrissement et l'assèchement de l'exubérance propre au créole :

> Autre chose : écrire pour moi c'était en langue française, pas en créole. *Comment y ramener mon Esternome tellement créole ?* Oh, de me savoir l'écrire en français l'aurait honoré, oui... mais moi, tenant la plume, je mesurais ce gouffre. Parfois, je me surprenais à pleurer de voir comment (le retrouvant pour le garder) je le perdais, et l'immolais en moi : les mots écrits, mes pauvres mots français, dissipaient pour

---

[630] *ibid.* p.413. De plus, l'emploi de l'appellatif *Oiseau de Cham* établit un lien de continuité par rapport à Solibo Magnifique, roman où il apparaît pour la première fois.
[631] *ibid.* p.258.

toujours l'écho de sa parole et imposaient leur trahison à ma mémoire.[632]

Voilà pourquoi la protagoniste est amenée à compenser les pertes irréparables provoquées par le passage à l'écrit par une re-mise en scène orale des contenus qu'elle voudrait confier à l'écriture[633].

Loin d'atteindre l'idéal visé, Marie-Sophie sombre dans les contradictions : si elle s'aperçoit que l'écriture s'accompagne d'un sentiment de mort ("[...] écrire, c'est dire : un peu mourir. Dès que mon Esternome se mit à me fournir les mots, j'eus le sentiment de la mort [...]")[634], il n'en reste pas moins que son idéal reste lié à une écriture en français, ce qui l'amène à accepter les corrections que Ti-Cirique apporte à ses notes écrites[635]. Malgré son origine haïtienne, Ti-Cirique assume une position décidément francophile sur le plan linguistique. Celle-ci se manifeste par le refus des traits rabelaisiens présents dans la langue écrite de Marie-Sophie Laborieux :

> [...] il se méfiait des folies de la langue et de la démesure. C'est sans doute le plus grand (Rabelais), madame Marie-Sophie, mais c'est aussi le pire car la langue se respecte, madame, elle se respecte... La langue n'est plus ouverte comme en ces temps magmatiques de patois et dialectes du bon abbé, maintenant elle est adulte, refroidie, raisonnable, pensée, centrée, axée, et se respecte.[636]

Personnage dont la présence paraît équivoque, Ti-Cirique pousse à réfléchir sur son positionnement et sur les contradictions qui jaillissent dans *Texaco*.

6.2. La langue du marqueur : un espace ouvert à la créolisation

L'échec du marqueur dans ses tentatives de conserver la Parole, déjà constaté dans *Solibo Magnifique*, se reproduit dans *Texaco*. "Scribouille d'un impossible"[637], le marqueur reconnaît son impuissance à accomplir la tâche qu'il s'est donné :

---

[632]*ibid.* p.412.
[633]*ibidem.* L'attitude de Marie-Sophie n'est pas sans rappeler les démarches du marqueur de paroles afin de faire revivre la parole de Solibo.
[634]*ibid.* pp.411-412.
[635]*ibid.* pp.414-416.
[636]*ibid.* p.416.
[637]*Solibo Magnifique*, p.225.

> Je regardais sa peau que la vieillesse séchait, et sa voix qui venait de si loin, et je me sentais faible, indigne de tout cela, inapte à transmettre un autant de richesse. Avec elle, sa mémoire s'en irait comme s'en était allé Solibo Magnifique, et je n'y pouvais rien, rien, rien, sinon la faire parler, ordonner ce qu'elle me débitait.[638]

Le recours à des moyens plus riches que l'écriture, tels que le magnétophone et l'audiovisuel, n'est que rapidement pris en considération. La marge de doute quant à leur aptitude à préserver la Parole dans son authenticité pousse le marqueur à ne pas tenter une telle expérience[639].

Les réflexions au sujet de la pluralité narrative et structurelle du roman permettent d'envisager le rôle du marqueur dans une perspective autre. En effet, le marqueur semble plutôt emprunter la voie qu'indique Glissant, celle-ci consistant à se "soustraire à l'Unicité par la liesse du Divers *où toutes les langues lui sont offertes*"[640]. Par conséquent, Chamoiseau-marqueur s'engage dans la voie d'une oraliture ouverte au multiple qui lui permettra de dépasser la dialectique oral *vs* écrit. Grâce à cette attitude disponible à installer une relation d'empathie avec les autres langues en présence, le sujet créateur peut aspirer à se défaire de l'image d'une langue "mise-sous-relation" pour atteindre, finalement, celle d'une langue "mise-en-relation". C'est en actualisant la dynamique transversale qui est à la base de la créolisation, qu'il sera possible de se rapprocher d'une écriture "qui bouge en cercle [...] et qui réinvente le cercle à chaque fois [...]"[641].

Nous sommes ici au cœur même de l'enseignement de Solibo, là où il exhortait le marqueur à veiller sur la racine, à conserver et actualiser le principe producteur d'une identité nouvelle[642]. S'il ne parvient pas à recomposer à l'écrit la parole du conteur dans toutes ses composantes, le marqueur cherche tout de même à en reproduire le principe qui l'inspire. Grâce à cette ouverture, le marqueur pourra échapper au danger de figer les multiples ressources de la langue créole dans des formules qui, faute d'être renouvelées, se vident de toute signification. Étant donné ces dernières considérations, l'hypothèse concernant la possibilité de considérer le marqueur de paroles parmi les causes principales de la mort du conteur ne peut être validée.

---

[638]*Texaco*, pp.495-496.
[639]*ibid.* p.496.
[640]Chamoiseau, P., *Écrire en pays dominé, op.cit.*, p.256. C'est nous qui soulignons.
[641]*ibid.* p.413.
[642]Voir *Solibo Magnifique*, p.63.

L'aptitude à "subsister dans la diversité", permet de dépasser la menace de l'universalité. C'est sous la forme d'une relation transversale, dans laquelle les nombreuses composantes fusionnent sans pour cela perdre leur identité, que l'unité pressentie par Glissant doit être conçue[643]. Il s'ensuit que, loin de s'élaborer dans une optique oppositionnelle par rapport à la puissance coloniale, la créolisation vise à l'intégrer ; elle se veut synthèse constructive et non pas sélective.

De ce point de vue, la présence d'un personnage comme Ti-Cirique, dont la contribution à la réalisation de Texaco tire profit de sa maîtrise de la langue coloniale ("Il parlait un français impeccable, sourcilleux [...])[644], se dégage de toute contradiction. Représentant d'un français encore classique au cœur même de la créolisation (sa profession de foi introduit, en effet, une nuance de scepticisme), sa présence indiquerait l'acceptation du français-langue coloniale dans la mosaïque hétérogène qui est à l'origine de la créolisation.

En dernière instance, Texaco ne se concrétise pas en éliminant l'apport de la langue française (et donc, finalement, de la logique occidentale). Au contraire, son intégration est indispensable pour que le quartier se réalise selon le principe même de la créolisation. Grâce à cette attitude, *Texaco* franchit, à nos yeux, une étape plus élaborée dans la réflexion de Chamoiseau, dans la mesure où, après un moment où la créolité est présentée en tant qu'objet annihilé par la colonisation, elle rentre dans une phase de construction en dehors du phénomène colonial.

La question du choix de la langue n'effleure pas le marqueur de paroles, qui se limite à exprimer son regret face à la perte inévitable de la voix de la narratrice, comme il l'avait fait lors de la mort de Solibo Magnifique. Doit-on supposer que la réflexion du marqueur de paroles n'atteint pas la même profondeur que celle de son informatrice ou, à l'inverse doit-on considérer la langue qu'il nous propose comme une solution de cette problématique ? Nous estimons que la deuxième hypothèse se rapproche davantage de la réalité narrative à laquelle nous sommes confrontée. Son refus du français classique comme langue d'écriture résout, d'après nous, le questionnement provoqué par l'attitude de l'héroïne et par les affirmations francophiles de Ti-Cirique et ravive le projet d'une langue disponible et animée par un imaginaire multilingue même à l'écrit.

C'est autour de cette voie que s'élabore le dernier roman de Chamoiseau, *Biblique des derniers gestes*. Un examen rapide de cet

---

[643] Glissant, É., *Soleil de la conscience, op.cit.*, p.20.
[644] *Texaco*, p.413.

ouvrage permet d'observer que les interventions du marqueur de parole diminuent considérablement, tant et si bien que l'expression marqueur de parole est remplacée par la citation, en exergue de ses interventions, *Notes d'atelier et autres affres*[645]. De même, la problématique qui est au cœur de la recherche du marqueur se résout progressivement. Si au début, quoique l'écriture soit présentée comme "une coupable trahison", le marqueur cherche à noter chaque mot et chaque geste du protagoniste afin de prolonger sa vie[646], petit à petit il se rend compte qu'écrire c'est "plonger dans l'insaisissable", *suivre une "mouvance polycentrique" dérivant d'"un désordre d'évocations multiples"*[647].

Bien évidemment, cela implique un renouvellement de la conception d'écriture. Traditionnellement liée à une "conception très dogmatique et autoritaire de l'universel [...]"[648], l'écriture fera l'objet d'une relativisation[649] favorisée par l'apport de l'idée de Relation. Pour que cela se réalise, la prise en compte de l'oral et son intégration avec l'écrit s'avèrent indispensables. De telles considérations introduisent la section suivante consacrée, plus proprement, à un développement linguistique.

7. Bilan récapitulatif : l'oralité à la source d'un questionnement multiple

Le parcours qui se dégage de la production de Chamoiseau est articulé en deux phases principales. À un premier moment marqué par la transition, relevée aux niveaux individuel et collectif, d'un état de pluriglossie naturelle à une diglossie artificielle qui s'éteint dans un silence total, fait suite une deuxième phase qui, en réaction au silence englobant, atteste un mouvement constructif, déclenché à partir de la parole.

L'itinéraire décrit est strictement lié à l'un des axes qui soutiennent notre questionnement de départ et, précisément, à l'attitude de l'écrivain face aux relations entre oralité *vs* écriture et aux moyens qu'il met en œuvre afin de rapporter l'oralité à la dimension écrite. Par ailleurs, cette problématique est d'autant plus centrale dans le contexte créole que l'oralité y occupe une position de relief : la

---

[645] *Biblique des derniers gestes*, p.138, 209, 291, 332, 333, 368, 436, 471, 490, 527, 627, 684, 691, 695, 762.
[646] *ibid.* p.128 et p.190.
[647] *ibid.* p.332 et p.436.
[648] Glissant, É., *Le discours antillais*, op.cit., p.318.
[649] *ibid.* p.319.

recherche et la réappropriation d'une oralité première représentent la seule chance de survie pour l'identité créole. Nous sommes ici au cœur même des considérations développées par le marqueur de paroles et reprises ensuite par Marie-Sophie Laborieux. Les réflexions qu'ils soulèvent s'articulent sur deux niveaux principaux : elles concernent d'une part le choix de la langue ; de l'autre les moyens mis en œuvre en vue de parvenir à une oralisation du tissu narratif.

7.1. La langue, véhicule de l'identité créole : une langue ouverte...

"Ma prime douleur fut dans ce drame des langues : entre langue créole et langue française", affirme l'écrivain dans son essai théorique *Écrire en pays dominé*[650]. En fait, le parcours de recherche identitaire et linguistique débouche sur une langue qui reflète l'ouverture et la transversalité à la base de l'identité créole, prouvant ainsi la vitalité extraordinaire d'une langue souple, protéiforme et "synchrétique"[651], et dont le principe fondateur est d'intégrer en son sein la multiplicité des langues qui participent du phénomène de la créolisation. Prenant ses distances du français littéraire ou du français standard, Chamoiseau parvient "(à) intégrer la variation linguistique dans ses romans"[652] et à élaborer une langue qui reproduit les alternances de l'usage antillais[653]. La langue française est donc détruite, démystifiée et entraînée dans un projet dont le principe vital consiste à explorer des voies nouvelles. C'est grâce à une langue qui se veut écho d'un "monde diffracté mais recomposé"[654] que le danger d'un impérialisme monolingue simpliste et réducteur est dépassé. La langue de Solibo nous donne à entendre une polyphonie qui se rapproche du "désir-omniphone" formulé par Chamoiseau[655] :

---

[650]Chamoiseau, P., *Écrire en pays dominé*, op.cit., p.248.
[651]Bernabé, J., Chamoiseau, P., Confiant, R., *Éloge de la créolité*, op.cit., p.31.
[652]Hazaël-Massieux, M.-C., *Écrire en créole. Oralité et écriture aux Antilles*, op.cit., p.235.
[653]Hazaël-Massieux remarque que le français régional propre aux séquences narratives alterne avec le français standard, le français oral et le créole des dialogues. Par ailleurs, les variations concernent aussi le niveau syntaxique et les phénomènes intonatifs. Voir Hazaël-Massieux, M.-C., *Écrire en créole*, op.cit., p.236 ; Hazaël-Massieux, M.-C., "À propos de *Chronique de sept misères* : une littérature en français régional pour les Antilles", in *Études Créoles. Culture, langue, société*, vol.XI, n°1-1988, p.118.
[654]Bernabé, J., Chamoiseau, P., Confiant, R., *Éloge de la créolité*, op.cit., p.27. L'expression écho-monde est empruntée à Glissant, É., *Poétique de la relation*, op.cit., pp.107-108.
[655]Chamoiseau, P., *Écrire en pays dominé*, op.cit., p.268.

> Ah, voici Margareth de Sainte-Lucie, et voici Haïti, parle-nous d'Haïti Roselita, manman ! c'est Clara de la Dominique et voici Porto-Rico come esta uste ? Damned ! qui que je vois là si c'est pas Sacha de la Barbade... la Caraïbe est là ! la Caraïbe est là !... Sans avoir connu ces pays, brisant dans sa tête les os de l'isolement, Solibo Magnifique pouvait en parler, et en parler et en parler...[656]

De même, la langue de Marie-Sophie Laborieux témoigne du dépassement de l'universel et devient un reflet de la totalité-monde[657] :

> Elle mélangeait le créole et le français, le mot vulgaire, le mot précieux, le mot oublié, le mot nouveau..., comme si à tout moment elle mobilisait (ou récapitulait) ses langues.[658]

Nous sommes ici au centre de la réflexion glissantienne : "[...] la langue créole [...] est littéralement une conséquence de la mise en rapport de cultures différentes, et n'a pas préexisté à ces rapports. Ce n'est pas une langue de l'Être, c'est une langue du Relaté."[659] Une telle perspective entraîne le déplacement, voire l'effacement des frontières entre les langues qui participent de la Relation et, en conséquence, le dépassement de tout conflit diglossique.

7.2. ... et dynamisée

Le deuxième niveau du questionnement concernant la langue porte sur l'identification des outils employés par l'écrivain afin de procéder à l'inscription des marques spécifiques de l'oralité dans le tissu narratif. La difficulté d'une telle opération n'échappe ni au marqueur de paroles :

> Mais écrire ? Comment écrire la parole de Solibo ? En relisant mes premières notes du temps où je le suivais au marché, je compris qu'écrire l'oral n'était qu'une trahison, on y perdait les intonations, les mimiques, la gestuelle du conteur, et cela me paraissait d'autant plus impensable que Solibo, je le savais, y était hostile.[660]

ni à Marie-Sophie Laborieux :

> Parfois, je me surprenais à pleurer de voir comment (le retrouvant pour le garder) je le perdais, et l'immolais en moi : les mots écrits,

---

[656] *Solibo Magnifique*, p.176.
[657] Glissant, É., *Introduction à une poétique du divers*, op.cit., p.141.
[658] *Texaco*, p.494.
[659] Glissant, É., *Le discours antillais*, op.cit., p.241.
[660] *Solibo Magnifique*, p.225.

mes pauvres mots français, dissipaient pour toujours l'écho de sa parole et imposaient leur trahison à ma mémoire.[661]

L'analyse du corpus malien, développée sous cet angle, avait mis en évidence l'analogie dans les procédés de transcription de la voix des personnages employés par Hampâté Bâ et par les écrivains occidentaux, exception faite pour le choix des verbes porteurs de marques métaphonologiques.

Quoique sa fréquence soit décidément moins intense comparativement au corpus malien, la présence du discours attributif et des périphrases sémantiques décrivant la voix des personnages caractérise aussi le corpus créole. La variété des verbes employés pour introduire les répliques des personnages atteint des niveaux extrêmement élevés : un relevé rapide permet d'identifier 27 verbes neutres et 38 verbes contenant une marque métaphonologique. Ce résultat est d'autant plus frappant que les verbes marqués dépassent les verbes neutres. Bien que la variété des ces derniers soit remarquable[662], ce sont les verbes marqués qui retiendront notre attention. La classification élaborée d'après les catégories proposées par Ivan Fónagy[663], et déjà appliquée au corpus malien, visualise la nature des verbes marqués choisis par Chamoiseau :

Verbes primaires

| bafouiller, balbutier, bougonner, chanter, grommeler, gueuler, héler, murmurer, psalmodier, s'écrier, vociférer |

---

[661]*Texaco*, p.412.
[662]Nous rapportons la listes des verbes neutres relevés dans les récits et romans analysés : abandonner, articuler, broder, demander, dire, expliquer, insister, interroger, intervenir, ironiser, maintenir, ordonner, penser, promettre, protester, réagir, recommencer, rectifier, répéter, repondre, reprendre, résumer, rétorquer, reveler, s'obstiner, trancher, transmettre. Comme nous l'avons déjà observé en analysant le corpus malien, des verbes neutres directs sont côtoyés par des verbes neutres indirects.
[663]Fónagy, I., "Reported speech in French and Hungarian", *op.cit.*, pp.264-267.

Verbes secondaires	
Sonorités humaines non-verbales	brailler, crier, geindre, gémir, hurler, pleurer, ricaner, rire, s'exclamer, siffler, souffler, soupirer
Phénomènes sonores naturels et/ou mécaniques	Tonner
Attitudes émotives qui n'impliquent pas d'actes verbaux	enrager, s'étonner, s'exciter, se déchaîner, s'indigner, s'inquiéter
Sonorités animales	beugler, chevroter, grogner, gronder[664], miauler, roucouler, rugir

Ainsi que Hampâté Bâ, Chamoiseau manifeste une préférence nette pour les verbes ayant subi le phénomène du *conventional semantic transfer*. Toutefois, comparativement aux données obtenues de l'étude du corpus malien[665], le groupe des lexèmes verbaux émotionnels est décidément plus réduit, alors que les ressources sonores dérivant de l'emploi de verbes indiquant des bruits animaux sont exploitées davantage. Le lien de ces derniers avec la dimension sonore étant plus direct, l'effet sonore produit est plus immédiat par rapport à celui qui dérive de l'emploi des verbes émotionnels.

Dans la plupart des cas, les périphrases sémantiques décrivent la voix des personnages à l'aide d'adjectifs, selon la structure adjectivale du type "verbe + d'une voix/d'un ton + adjectif". D'après l'articulation proposée par Laver, nous avons relevé des adjectifs phonétiques qui mobilisent les paramètres relatifs à l'intensité (*haut, bas, fort, énergique*)[666], au timbre (*résonnant, sourd*), à la hauteur (*criard*), à l'articulation (*raide*)[667] et au rythme (*lent, monocorde*). Les

---

[664] L'appartenance du verbe *gronder* à la catégorie des sonorités animales s'explique en fonction de la définition contenue dans le dictionnaire *Le Robert*. D'après *Le Robert*, la première signification du verbe *gronder* est à mettre en relation avec des sonorités animales. Ce n'est que par analogie qu'il est employé dans un sens plus général : "1° émettre un son menaçant et sourd, en parlant de certains animaux ; 2° *par anal.* : produire un bruit sourd, grave et terrible". *Le Robert. Dictionnaire alphabétique et analogique de la langue française, op.cit.* C'est la première acception signalée que nous avons retenue dans notre classification.

[665] Nous renvoyons aux tableaux rapportés au ch. 1, par.7.3.2.

[666] Les adjectifs sont rapportés au masculin bien que, dans la plupart des cas, ils qualifient le substantif *voix* et recourent donc au féminin.

[667] Les étiquettes qui renvoient aux aspects articulatoires de la production de la voix sont insérées par Laver dans le groupe des étiquettes descriptives. Le lien avec la dimension acoustique est assez strict pour justifier, à notre avis, leur appartenance à l'ensemble des *phonetic labels*. Laver, J., "Labels for voices", *op.cit.*, p.68.

étiquettes directes, qui renvoient aux aspects perceptifs de la voix, comprennent les adjectifs *étouffé, mort, travaillé* alors que le groupe des étiquettes métaphoriques est plus diversifié : les métaphores visuelles (*clair, cristallin*) alternent avec des métaphores tactiles (*aride, brisé, chaud, doux, froid, moelleux, mol*) et avec des métaphores qui renvoient au goût (*piment, rhumier, de vinaigre chaud*). La périphrase "d'une voix tremblotante d'âge" renvoie aux étiquettes identificatrices intrinsèques, alors que l'adjectif *familier*, ainsi que les expressions *d'avocat, de bougre fou, docte des savants*, font partie des étiquettes identificatrices extrinsèques qui portent sur l'origine et sur la profession du locuteur. D'autres adjectifs appartenant à ce groupe portent sur son état émotif et sur sa personnalité : *aimable, apaisant, faussement enjoué, extraordinaire, mort, pas gentil, respectueux, voluptueux*.

L'aspect imagé et métaphorique intervient aussi dans des périphrases complexes : la voix d'un chanteur qui apparaît dans *Texaco* est musicale ("bourrée de dièses")[668], mais sa puissance est telle qu'elle "souleve un océan d'algues et de vents rafraîchis"[669] ; celle du brigadier Bouaffesse "claque, semblable au bambou qui s'enflamme"[670]. Même le défaut phonétique du négrillon est à cheval entre la description phonétique et métaphorique :

> [...] il se découvrit affublé d'une prononciation réfugiée en bout de langue qui l'amenait à téter les syllabes les plus dures et à empâter les autres.[671]

Néanmoins, ni les lexèmes verbaux ni les commentaires sémantiques ne peuvent être considérés comme prioritaires dans le processus d'oralisation textuelle enclenché par Chamoiseau, d'autant plus que commentaires sémantiques et verbes avec et sans marques prosodiques, assez nombreux dans *Solibo Magnifique*, diminuent considérablement dans les récits biographiques et dans *Texaco*, situés chronologiquement après le roman consacré au conteur.

En outre, malgré les nombreuses références à l'atmosphère polyphonique qui caractérise la constellation linguistique créole, les périphrases métaphonologiques ne donnent pas d'informations sur la dimension prosodique de la langue créole. Celle-ci demeure donc mystérieuse pour le public occidental qui ne possède pas les

---

[668]*Texaco*, p.185.
[669]*ibid.* p.188.
[670]*Solibo Magnifique*, p.88.
[671]*Chemin-d'école*, p.54.

références nécessaires pour reproduire l'atmosphère multilingue et multisonore décrite par Chamoiseau.

C'est au moyen d'autres procédés que l'écrivain cherche à faire du texte écrit un miroir de la parole créole dans tous ses enjeux.

D'abord la disposition textuelle subit une première forme de bouleversement : la séparation entre séquences narratives et séquences dialogiques s'amincit considérablement, sans pour cela disparaître[672]. Nombreux sont les cas où les répliques des personnages sont enchâssées dans les séquences narratives. Parfois, la distinction entre les styles dialogique et narratif n'est marquée que par l'emploi de l'italique[673]. Celui-ci n'est pas exclusif, mais alterne avec la graphie normale :

> Si bien qu'en semaine quand il (Esternome) retrouvait Jean-Raphaël autour d'une table de cabaret parmi de petits milâtes, ouvriers et boutiquers, [...] qu'il les entendait nommer Victor Schoelcher dans un rituel d'invocation, et qu'enfin, juste avant de lever leur bol de vin choisi, s'exclamer tout soudain : *La Monarchie est condamnée, la Liberté arrive ! La liberté arrive !... Elle nous viendra des grandes traditions de la France !...* - lui se levait, mon Esternome oui, en son français pas très vaillant, se levait afin de déclarer dans un silence qui à la longue se fit plus rare : Non, Messieurs et directeurs, la liberté va venir des nègres de terre, de la conquête de cette terre-là...[674]

Le fragment cité permet de relever l'absence de tirets et/ou guillemets afin de signaler la prise de parole. Parfois, la participation du public aux tirades des conteurs est signalée par des parenthèses:

> [...] Quand il t'avait préparé une daube ou une soupe d'habitant, tu risquais de te mordre chaque doigt tellement ta bouche battait ! (Oh, belle parole, Sidonise...) J'espionnais sa marinade avec des yeux pointus [...][675]

L'effet produit par l'effacement de la ponctuation et par l'intégration de dialogues et narration consiste en un changement de la texture narrative et dialogique par rapport au corpus malien, marqué

---

[672]L'intégration entre dialogues et narrations n'est pas sans rappeler les considérations de Sarraute, là où elle reconnaît que "rien n'est moins justifié que ces grands alinéas, ces tirets par lesquels on a coutume de séparer brutalement le dialogue de ce qui le précède. Même les deux points et les guillemets sont encore trop apparents [...]". Sarraute, N., *L'ère du soupçon*, Paris, Gallimard, coll. « Folio-Essais », 1956, p.105.
[673]Un tel agencement textuel rend aussi très ardu le calcul des répliques de discours direct. Telle est la raison qui nous a poussée à procéder différemment par rapport à la méthode employée pour le corpus malien.
[674]*Texaco*, p.110.
[675]*Solibo Magnifique*, p.124. Voir aussi, *ibid.*, p.23.

par une organisation structurelle classique qui, par conséquent, ne frappe pas le lecteur occidental.

Dans *Chemin-d'école*, la narration est ponctuée par l'intervention, presque rythmique des "répondeurs" qui donnent aux lecteurs l'illusion d'un texte récité à voix haute par un conteur face à un public appelé à intervenir de manière assez régulière afin de souligner les moments cruciaux[676]. Les répliques des répondeurs, détachées de la narration et centrées au milieu de la page, acquièrent ainsi un relief particulier. Par ailleurs, là où ils ne manifestent pas ouvertement leur présence, il arrive que le narrateur soit amené à les réclamer ("Où sont mes répondeurs?")[677]. Dans *Antan d'enfance*, ce sont de brefs refrains, enchâssés dans le texte comme de véritables compositions poétiques, qui coupent la linéarité de la narration et lui restituent l'allure d'un récit oral[678]. Ce flottement entre narration et dialogue revient à plusieurs reprises si bien que le tissu narratif en est profondément retravaillé et transformé.

Enfin, un dernier facteur qui contribue au secouement de la linéarité textuelle, consiste dans la dislocation structurelle provoquée par le changement de voix narrative. Il suffit de penser au dialogue entre le marqueur de paroles et Solibo Magnifique qui coupe de façon transversale la narration de l'enquête et qui est souligné par une mise en page rentrée[679].

Parmi les moyens multiples que l'écrivain met en place en vue d'atteindre une oralisation du texte écrit, l'intégration de mots ou phrases entières en créole mérite d'être soulignée[680]. Langue essentiellement orale, la présence de termes créoles contribue à conférer au texte le ton de la langue parlée quotidiennement :

> Et mon Esternome criait comme ça : *Wô Ninon tan fè tan, tan lésé tan...*, petit désespoir qu'un milâte à plume d'oie aurait cru traduire par : Ninon ho, la vie n'a pas vraiment changé...[681]

---

[676] Voir *Chemin-d'école*. Des exemples se trouvent aux pages 24, 68-69, 73, 105, 120, 133, 139, 141, 145, etc.

[677] *ibid.* p.62. Nous signalons aussi que Chamoiseau fait allusion rapidement aux traits prosodiques de la voix des répondeurs : "gémissements et agonies sonores". *ibid.* p.136, note 1.

[678] *Antan d'enfance*, p.82, pp.98-99, p.159.

[679] Le même procédé revient en *Texaco*, afin d'insérer les notes de l'urbaniste et les extraits des cahiers de Marie-Sophie Laborieux.

[680] Un inventaire des outils que les écrivains créoles exploitent dans leurs ouvrages afin de créer un effet de *créolisation* est contenu en De Souza, P., "Inscription du créole dans les textes francophones. De la citation à la créolisation", in Condé, M., Cottenet-Hage, M. (sous la direction de), *Penser la créolité, op.cit.*, pp.173-190.

[681] *Texaco*, p.135.

Là où la voix médiatrice de l'écrivain n'intervient pas, l'association avec la traduction en français est plus immédiate :

> [...] il s'arrêtait souvent [...] pour hurler : *Oh tchoué mwen ba mwen libèté mwen, Tchoué mwen mé ba mwen Ninon mwen an*, Oh tuez-moi mais laissez-moi la liberté, tuez-moi mais laissez-moi Ninon !...[682]

L'intégration nous paraît d'autant plus réussie là où l'écrivain n'emploie même pas l'italique afin de marquer, au niveau visuel, le changement de langue :

> Au passage, il excite les deux autres, pétrifiés jusqu'ici à l'avant du véhicule : Yo lé tjwé nou, ils veulent nous tuer !!!...[683]

Entre parenthèses, la recours à la traduction soulève le problème de la liberté de l'écrivain face à la langue française : la présence de la traduction en français "revient à donner la priorité à la langue d'arrivée et à renforcer ainsi sont statut colonisateur"[684]. De plus, le besoin de fournir l'équivalent français indique que l'écrivain s'adresse à un public qui ne maîtrise pas le créole.

L'orthographe est une autre ressource qui se prête à signaler les inflexions phonétiques. La colère de la police à l'égard des Créoles suspectés d'avoir tué Solibo se traduit dans une augmentation du volume signalée par les lettres capitales :

> Solibo tombe avec une criade de douleur et vous restez devant lui comme devant un dessin animé ?! HEIN ?!... Reculant d'un pas, il nous englobe de sa fureur : VOUS AVEZ PRIS LA POLICE POUR DES MICKEYS, OU QUOI CES MESSIEURS-LÀ ?!...[685]

La graphie est au service des variations phonétiques même lorsqu'il s'agit de souligner des variations dans l'articulation, voire d'insister sur une scansion entre les syllabes particulièrement marquée, ce qui laisse supposer un ralentissement du débit :

> Les races supérieures, il faut le dire ouvertement à l'instar de Jules Ferry, ont, vis-à-vis des races primitives, le droit et le devoir de ci-vi-li-sa-tion !...[686]

---

[682]*ibid.* p.111.
[683]*Solibo Magnifique*, p.89. Voir aussi *ibid.* p.101.
[684]De Souza, P., "Inscription du créole dans les textes francophones. De la citation à la créolisation", *op.cit.*, p.179.
[685]*Solibo Magnifique*, p.109.
[686]*Chemin-d'école*, p.171.

Les astuces graphiques permettent aussi d'indiquer l'allongement de certains sons :

> Quand elle (Man Salinière) ouvrait les bras, effectuait avec ses mains une gracieuse rythmique, le négrillon se sentait encore envoûté, et il chantait, il chantait Aaaaa Béééé Céééé Dééééééé...[687]

Parmi les déformations que l'écrivain impose à l'orthographe, la langue orale graphiée occupe une position de relief. La manipulation des graphèmes aptes à transcrire les prononciations qui s'éloignent de la norme standard[688] est particulièrement fréquente dans les récits biographiques, là où l'écrivain s'attache à reproduire les prononciations fautives des élèves créoles :
> - C'est un volêr-dê-poule, mêssié...
> - Vo... leurr, pas *volêr* ! Voleurr de pommes, pas de poules !... Un voleurr de poule vole des poules, un voleurr de pommes vole des pommes ! Est-ce bien de voler ?
> - Noonn !...[689]

Parfois, les procédés soulignés fonctionnent simultanément : aux défauts phonétiques des élèves s'ajoute l'allongement vocalique de la négation finale, ainsi que l'emploi de l'italique finalisé à rendre audible aux lecteurs l'accent d'insistance qui frappe la deuxième syllabe du substantif *voleur* et la forme inexacte *volêr*.

Entre parenthèses, signalons aussi les tentatives de Chamoiseau de rapporter à l'écrit les bruits, ce qui se traduit dans la présence d'onomatopées qui jalonnent le discours :

> Des nègres à gueule douce commençaient à rôder : *Bien le bonjour Man Sidonise, et la santé ?...*, et snif-snif par-ci, snif-snif par-là..., *Alors Mââme Sidonise, ça fait tellement longtemps que je ne t'ai pas vue, tu vas bien ?...*, et ils allongeaient le cou snif-snif, snif-snif...[690]

Par ailleurs, nous rappelons que les sons onomatopéiques ponctuent les prises de parole du conteur dont ils représentent une composante vitale[691].

---

[687]*ibid.* pp.39-40. Voir aussi p.41.
[688]Hazaël-Massieux, M.-C., "La littérature créole : de l'oralité à l'écriture", in *Lalies. Actes des sessions de linguistique et de littérature* 10, Paris, Presses de la Sorbonne Nouvelle, 1988, p.65. La langue orale graphiée correspond à ce que nous avons appelé *fausses orthographes* dans l'analyse du corpus malien. Voir ch.1, par.7.3.3.
[689]*Chemin-d'école*, p.79.
[690]*Solibo Magnifique*, p.125.
[691]Voir pp.120-121.

Revenant à la voix, ses modulations sont reproduites dans toutes les nuances qu'elles assument : de l'augmentation de l'intensité à son effacement. Les points de suspension aident à visualiser les pauses-hésitations dont la durée n'est pas trop prolongée :

> [...] c'est quoi cette tache-là ?... c'est du joui ou quoi ?... notons... Dieu-jésis-marie ! le macchabée n'a même pas un bobo, non !... c'est un nègre sans sang ?... on le tue et il saigne pas ?... pas possible, tout le monde a du sang, même las Haïtiens !... on dirait un noyé, oui c'est ça, un noyé, notons... attends, si je marque ça, on va me dire : où est l'eau ?... c'est vrai, on ne se noie pas sous un pied-tamarins... alors c'est quoi ?... on a dû lui donner une mort-aux-rats... il est déjà raide, oui... qu'est-ce que je fais là ?...[692]

Les phénomènes d'hésitation s'insèrent d'autant mieux dans un texte oral qu'ils rendent compte d'un discours qui s'élabore au fur et à mesure[693]. Les points de suspension peuvent aussi indiquer des troubles dans l'émission vocale provoqués par la peur du locuteur de ne pas produire la prononciation correcte. Tel est le cas du négrillon et des autres élèves :

> - ... sent...
> - On avale les syllabes !?... On n'a pas assez mangé ce matin ? Rreprrenez-moi ça...
> - Pr... sent...[694]

En revanche, lorsque les silences occupent une durée temporelle plus étendue, les points de suspension sont remplacés par des traits allongés qui concrétisent le silence et le rendent tangible au lecteur :

> La scène s'éternisa ainsi ──── et aurait pu s'éterniser encore : un auditoire tafiaté, assis en rond dans un petit matin, ne s'inscrit pas dans l'éphémère[695]

Ralenti par l'effacement de la parole, le rythme est parfois suspendu de manière subite suite à l'introduction d'interjections typiques de la langue orale, du type *Mais, amis ho !, ou quoi ? han ? bon, hi hi hi, hum, hein, hélas, je disais quoi, là ? hum..., Héé, dites donc* :

---

[692]*Solibo Magnifique*, pp.86-87.
[693]Voir Ludwig, R. (ed.), *Les créoles français entre l'oral et l'écrit, op.cit.*, pp.27-28.
[694]*Chemin-d'école*, pp.52-53.
[695]*Solibo Magnifique*, p.37.

On se demandait déjà comment soulever l'agonisant quand *o-o* surgit l'innocence en personne, le citoyen Julot-la-Gale.[696]

Souvent, il se déploie de manière progressive jusqu'à subir de brusques accélérations, suite à l'introduction d'interjections, de propositions exclamatives et interrogatives. L'extrait suivant rend compte de nombreuses fluctuations rythmiques :

> Après la mort de Man Cyanise (pas un seul de ses békés n'est venu dire une bonne parole à sa veillée, non, est pas un seul n'est venu transpirer en suivant son cercueil ! et combien de nègres, hum ? tous les nègres ! toutes qualités de nègres pour boire son rhum ! hi hi hi, les conteurs de la veillée demandaient tout le temps au macchabée : Eh bien, Man Cyanise, tu ne dis pas aux nègres noirs de sortir là devant toi ? on reste ou on part ?... Hi hi hi)... Je disais quoi, là ? Ah oui, après sa mort, les héritiers n'ont pas supprimé l'autorisation des fours.[697]

La juxtaposition de propositions extrêmement brèves, réduites parfois à de simples syntagmes nominaux, accélèrent le rythme considérablement :

> Nègres marrons, nègres libres, nègresclaves, petits et gros milâtes, se retrouvèrent au même déferlement sur les pierres de la prison centrale. Bois pointus. Cocos-fers. Conques de lambi. Coutelas rouillés comme des épaves. Baïonnettes volées d'on ne sait. Madjoumbés. Boutus caraïbes. Becs séchés d'espadons-mères.[698]

Mais, surtout, comme le remarque Glissant, "le créole organise la phrase en rafale"[699]. La phrase créole est marquée par "le heurtement précipité. Peut être aussi le déroulé-continu qui fait de la phrase un seul mot indivisible"[700]. Cela se traduit dans des propositions très longues, qui occupent une page entière. Toutefois, celles-ci résultent de l'agencement de nombreuses propositions très courtes et

---

[696] *Texaco*, p.36. C'est nous qui soulignons. Les interjections orales reviennent avec une fréquence élevée surtout dans *Solibo Magnifique* et *Antan d'enfance*.
[697] *Solibo Magnifique*, pp.180-181.
[698] *Texaco*, p.129. Par ailleurs, nous remarquerons que les propositions brèves et haletantes qui caractérisent surtout les récits biographiques disparaissent (ou mieux, s'allongent) dans *Texaco*.
[699] Glissant, É., *Le discours antillais*, op.cit., p.239. Dans le même ouvrage, Glissant exhorte à "parler la langue avec gravité, (à) l'écrire avec emportement [...]". *ibid*. p.415. À ce sujet, nous citons la description de la voix de Man Sirène : "Elle nous menait au rythme des rafales de sa langue [...]". *Antan d'enfance*, p.125.
[700] *ibidem*.

coordonnées entre elles, de sorte que le rythme est loin d'être ralenti[701]. Dans d'autres cas, le "déroulé-continu" produit une décélération rythmique :

> Durant les semaines qui suivirent, la petite troupe marcha marcha marcha, répara quatre idigoteries, marcha marcha, mit d'aplomb deux caféières, marcha marcha, et un et-caetera de cases à marchandises, à bestioles ou à nègres.[702]

L'accumulation lexicale ("marcha, marcha, marcha"), répétée plusieurs fois, produit un effet de crescendo et n'est pas sans rappeler le rythme tambouriné des nègres[703]. Un écho du rythme martelant et battant des tambours nègres se laisse percevoir dans le récit des *Noutéka des mornes*[704] : le terme *noutéka*, qui revient de manière régulière et sépare les paragraphes, provoque une rupture rythmique et une suspension dans la linéarité narrative. Accumulation et répétition touchent aussi à des propositions plus amples :

> Qu'est-ce que tu connais toi-même-là de ces bois, Marie-So ? Ma toute savante, que sais-tu de l'arbre à pain, de l'abricot-pays, et du poirier séché ? Qu'est-ce que tu sais, Man-la-science, des parfums de laurier, des lépinés et des bois de rivières ? Moi je sais. Je. Je. Je.[705]

À l'accumulation, s'ajoute le rythme assonancé qui résulte de la répétition des labiales sourdes et sonores ("de l'arbre à pain, de l'abricot-pays, et du poirier...")[706]. La scansion de la phrase n'est donc pas déterminée par la structure sémantique : comme dans les contes oraux, "c'est la respiration du locuteur qui commande cette scansion [...]"[707]. Accumulations, répétitions de sons, de syntagmes nominaux et verbaux et de phrases entières produisent un effet de circularité comme si la narration avait besoin d'un certain temps avant de se

---

[701] *Texaco*, p.448.
[702] *ibid.* p.79.
[703] "Dans le débit du parler créole, on retrouve la hachure même du rythme tambouré." Glissant, É., *Le discours antillais, op.cit.*, p.239.
[704] *Texaco*, pp.161-173.
[705] *ibid.* p.174. L'emploi de l'accumulation revient à plusieurs reprises. Voir *Solibo Magnifique*, pp.27, 80 ; *Antan d'enfance*, pp.72, 85 ; *Chemin-d'école*, pp.26, 37, 39, 82, 93, 97-98, 101, 107, 122, 145, 147, 168, 171, 180 ; *Texaco*, pp.23-24, 57-58, 59-60, 71, 79-80, 87, 103, 107, 133, 147, 157, 177-178, 210, 220, 233, 265, 305, 333, 347-348, 357-358, 406.
[706] En ce qui concerne l'accumulation, Glissant souligne que "ce procédé s'appuie quelquefois sur l'assonance". Glissant, É., *Le discours antillais, op.cit.*, p.370.
[707] *ibid.* p.239. Ces considérations avancées à propos de la parole du conteur conviennent aussi à sa transposition sur la page écrite.

déployer. De plus, le recours constant aux structures répétitives assure, cet effet de redondance, qui d'après Hazael-Massieux, caractérise le discours créole oral[708].

Les derniers passages rapportés ne représentent qu'un rapide aperçu de l'*oraliture*, mais surtout ils permettent de réaliser que la recherche d'une voix apte à exprimer la racine créole se traduit dans un rythme extraordinairement changeant. La recherche menée sur les dynamiques de l'écriture indique que Chamoiseau élabore une écriture à même de "ne pas abdiquer dans les exigences de l'écrit"[709] au sens traditionnel du terme. En ce sens, le positionnement de Chamoiseau rejoint celui de Glissant, là où il affirme que l'opposition entre langue parlée et langue écrite n'a plus raison d'exister, car "la langue créole [...] vient à tout moment irriguer la pratique écrite du français, et le langage provient de cette symbiose [...]"[710]. Conçu en tant que mouvement de la parole dans l'écriture et en tant que producteur de la signifiance, le rythme fait de l'écriture, comme le suggère Henri Meschonnic, "la meilleure illustration de l'oralité"[711]. C'est ainsi que Chamoiseau parvient à éluder l'emprise de l'écriture et l'aliénation que celle-ci entraînerait dans la vie créole.

L'expérimentation langagière amorcée dans les récits d'enfance, dans *Solibo Magnifique* et dans *Texaco*, acquiert des proportions remarquables dans le dernier roman de Chamoiseau, *Biblique des derniers gestes*. Roman consacré à revivifier les souvenirs d'un individu presque mythique désormais proche de la mort, le sujet s'estompe face à l'éclatement de l'écriture. Non seulement des procédés tels que l'italique, la déformation orthographique, la dislocation textuelle confluent dans ce dernier roman, mais, accumulations, énumérations et répétitions, techniques propres aux conteurs, se multiplient démesurément dans le texte jusqu'à créer un rythme inédit :

> Il sut qu'il fallait se régler sur la lune-descendante ou sur la lune-faible, ou sur la lune-finie qui libère les volants ou sur la lune-forte qu'adorent les seiches et les orphies. Il sut qu'aux lunes-claires aucune pêche ne donnait mais que la lune-coupée remplissait toutes les nasses. Il sut que la lune-pleine livrait les les thazard blanc. Il sut que la grosse-caye portait le poisson rouge. Il sut la manière d'accorer le poisson des grands-fonds et l'autre pour saisir le poisson des grands-

---

[708]Hazael-Massieux, M.-C., *Écrire en créole. Oralité et écriture aux Antilles*, op.cit., pp.252-253.
[709]Glissant, É., *Le discours antillais*, op.cit., p.416.
[710]*ibid*. p.322.
[711]Meschonnic, H., *La rime et la vie*, op.cit., p.235. De telles affirmations illustrent le dépassement de la dualité entre écrit et oral.

seks. Il sut que la mer pouvait être debout, aller étale, rouler gonflée ou balancer mauvaise. [...]. Il sut qu'on pouvait battre de l'eau durant des heures pour invoquer la chance et trouver le poisson. Il sut qu'entrer bredouille était revenir-du-canal-blanc...[712]

La dimension lexicale est aussi convoquée à l'éclosion d'une langue inouïe : mots créoles et néologismes, résultant de la mise en contact inattendue de mots divers par un trait d'union (un *vieux-goût* ; *matoutou-falaise* ; *petit-petit* ; un vent *glacé-désespéré* ; il l'avait cherchée *tout-partout* ; un *flic-babylone*), jalonnent les pages du roman. Le langage est donc conçu comme un laboratoire où s'élabore une reconfiguration de l'oralité[713].

Cela étant dit, le remaniement global que Chamoiseau impose à la dimension écrite prouve que, loin d'être considérée simplement comme une transcription de l'oralité, celle-ci devient un instrument culturel à tous les égards.

Une comparaison avec les techniques exploitées par Hampâté Bâ en vue de sauvegarder les sonorités ethniques et culturelles du Mali s'avère utile, d'autant plus que les conditions de départ sont tout à fait similaires : dans les deux cas, c'est d'une société élaborée autour de l'oralité qu'il s'agit. Toutefois, alors qu'au Mali la colonisation n'éradique pas les fondements de la culture ethnique, il en va différemment aux Antilles, où l'oralité est complètement écrasée par le phénomène colonial. En conséquence, les tâches des écrivains sont différentes : le but de Hampâté Bâ est de transmettre une oralité qui est encore assez forte pour ne pas craindre de se servir d'un outil dangereux tel que la langue française. La mission de Chamoiseau est plus complexe : le projet de revivifier une oralité mise sous silence atteint le texte même, secoué dans sa profondité[714]. Loin de représenter un choix de repli, l'écriture de Chamoiseau nous paraît plutôt une tentative de mise en œuvre de l'idéal glissantien, là où il rêve d'une "[...] synthèse de la syntaxe écrite et de la rythmique parlée, de l'« acquis » d'écriture et du « réflexe » oral, de la solitude d'écriture et de la participation au chantier commun [...]"[715].

---

[712]*Biblique des derniers gestes*, p.700.

[713]Gauvin, L., *La fabrique de la langue. De François Rabelais à Réjean Ducharme*, Paris, Seuil, coll. « Points », 2004.

[714]Comme le remarque R. Ludwig, les techniques d'écriture ne sont pas indépendantes du contexte socio-historique dans lequel le texte s'insère : "[...] ce sont l'histoire et la réalité sociales des pays créolophones qui créent le cadre de l'évolution vers l'écrit." Ludwig. R. (éd.), *Les créoles français entre l'oral et l'écrit*, *op.cit.*, p.30, (souligné dans le texte).

[715]*ibid.* p.256.

Les considérations au sujet des outils qui permettent à l'écrivain d'atteindre l'*oraliture* nous ramènent au questionnement de départ, synthétisé par l'héroïne de *Texaco* :

> Oiseau de Cham, existe-t-il une écriture informée de la parole, et des silences, et qui reste vivante, qui bouge en cercle et circule tout le temps, irriguant sans cesse de vie ce qui a été écrit avant, et qui réinvente le cercle à chaque fois comme le font les spirales qui sont à tout moment dans le futur et dans l'avant, l'une modifiant l'autre, sans cesse, sans perdre une unité difficile à nommer ?[716]

et auquel font écho les mots, marqués de pessimisme et de défaite, du marqueur de paroles :

> Puis, j'écrivis de mon mieux ce Texaco mythologique, m'apercevant à quel point mon écriture trahissait le réel. Elle ne transmettait rien du souffle de l'Informatrice, ni même n'évoquait sa densité de légende.[717]

Si "la parole n'est pas docile"[718] et qu'elle ne se laisse pas renfermer dans les contraintes rigides de l'écriture, il nous semble que, le travail de création linguistique réalisé par Chamoiseau se rapproche d'une oralité située à la "lisière de l'oral et de l'écrit"[719]. Celle-ci correspondrait à un espace interstitiel, à mi-chemin entre l'oralité créole et la dimension écrite propre aux langues occidentales, mais n'en représenterait pas moins une première étape vers la reconquête d'une visibilité linguistique sonorisée en mesure de s'opposer à la domination silencieuse imposée par l'occident colonisateur. Par ailleurs, la visibilité linguistique créole, telle qu'elle est décrite dans la production de Patrick Chamoiseau, implique aussi une restructuration de l'articulation des dynamiques linguistiques qui traversent la constellation linguistique martiniquaise, dont les composantes se croisent dans un français polyphonisé.

---

[716]*Texaco*, p.413.
[717]*ibid*, p.497.
[718]" *Ô amis, la parole n'est pas docile !*" *Solibo Magnifique*, p.226. C'est l'auteur qui souligne.
[719]Glissant, É., "Un marqueur de paroles", Préface à Chamoiseau, P., *Chroniques des sept misères*, Paris, Gallimard, coll. « Folio », 1986, p.4.

CHAPITRE III -
LE SYSTÈME LINGUISTIQUE QUÉBÉCOIS : VERS UNE PROBLÉMATISATION DE LA POLYPHONIE

> *Quand j'ai commencé mes romans, je me suis rendu compte que je devais permettre à l'œil de s'accrocher, donc je me rapproche de l'étymologie, je pratique l'élision.*
> (Tremblay M., *Le Monde*, 16 novembre 1988)

1. La constellation québécoise dans le système gravitationnel francophone

La dernière étape du parcours au cœur des dynamiques linguistiques qui sillonnent le système gravitationnel francophone consiste à examiner le positionnement de la constellation linguistique québécoise. La mise en valeur des variétés linguistiques qui se croisent dans l'espace québécois, ainsi que les solutions d'écriture adoptées par l'écrivain Michel Tremblay, correspondent aux deux directions que nous comptons emprunter afin de cerner les relations que la constellation québécoise entretient avec la langue hyper-centrale ainsi qu'avec les constellations malienne et martiniquaise.

Le français étant la langue maternelle d'environ 81% de la population québécoise, la transition vers l'aire québécoise laisse supposer un rapprochement de la langue hyper-centrale. Les romans appartenant au cycle des *Chroniques du Plateau Mont-Royal* de Michel Tremblay (*La grosse femme d'à côté est enceinte*, *Thérèse et Pierrette à l'école des Saints-Anges*, *La duchesse et le roturier*, *Des nouvelles d'Édouard*, *Le premier quartier de la lune*, *Un objet de beauté*) constituent le terrain qui sera sondé afin de vérifier si cette hypothèse est confirmée ou bien si elle doit être remise en question[720].

---

[720]Quoique l'ensemble de ces romans constitue un cycle, il n'a pas été possible de retrouver un parcours évolutif dans les problématiques que nous traitons, comme pour la production de Patrick Chamoiseau. Des références à d'autres romans de Tremblay (*Un ange cornu avec des ailes de tôle*, *La nuit des princes charmants* et *Le cœur découvert. Roman d'amours*) seront utiles en vue de mieux illustrer notre perspective. Tremblay, M., *Le cœur découvert. Roman d'amours*, Montréal, Leméac, coll. « Babel », 1989 ; Tremblay, M., *Un ange cornu avec des ailes de tôle*, Montréal, Leméac, coll. « Babel », 1994 ; Tremblay, M., *La nuit des princes charmants*, Montréal, Leméac, coll. « Babel », 1995.

1.1. Les composantes de la constellation linguistique québécoise et leur articulation

Les composantes linguistiques qui structurent la constellation québécoise s'entremêlent jusqu'à former un réseau complexe.

Les deux premiers facteurs linguistiques, qui se croisent dans la production romanesque de Tremblay et qui représentent le noyau d'une dynamique complexe, correspondent au *français hexagonal* et au *français québécois* :

> Le jeune monsieur distingué s'inclina, prit doucement la main de la chanteuse qu'il porta à ses lèvres. « Je voulais vous rendre hommage, madame ». *L'accent était on ne peut plus français et fit son petit effet.* Des sourcils se froncèrent, des regards étonnés furent échangés. Madame Pétrie avait rosi. « Ah ! C'est bien gentil de votre part, monsieur... » Son ton avait évidemment changé et deux petites lueurs s'étaient allumées au fond des yeux. [...].
> « Justement, je voulais aussi saluer madame Oulette. » « Pas *Oulette*, Ouellette! Attendez un p'tit peu... Suivez-moi ». Madame Pétrie affectait soudain un petit accent qu'on ne lui avait jamais connu et qui amusa. Le monsieur distingué la suivit dans un silence lourd. Maintenant qu'un Français était parmi eux, personne n'osait plus parler. Même les plus fanfarons comme Samarcette et Édouard qui normalement auraient ri de son accent et se seraient amusés à l'imiter en le ridiculisant, étaient impressionnés par sa haute carrure et le regard supérieur mi-amusé mi-critique qu'il jetait sur eux. Seule Mercedes osa murmurer une phrase, qui résumait d'ailleurs la pensée de tout le monde : « Y en faut rien qu'un pour toute nous clouer le bec, hein ? »[721]

L'extrait cité prouve que le contact entre deux variétés d'une même langue, loin d'être neutre, traduit paradoxalement l'écart qui les sépare ainsi que la relation hiérarchique qui règle leur positionnement réciproque[722]. Les réactions des locuteurs québécois qui, face à l'accent français hexagonal, soit sombrent dans le silence, soit modifient leur propre accent, sont révélatrices : "preuve irréfutable d'élégance et de culture"[723], l'accent français est perçu comme un capital linguistique dont le pouvoir symbolique se manifeste

---

[721] *La duchesse et le roturier*, pp.71-72. C'est nous qui soulignons.

[722] Les facteurs historiques qui déterminent l'écart entre français hexagonal et français québécois sont exposés dans Dulong, G., "Histoire du français en Amérique du Nord", in Corbett, N. (sous la direction de), *Langue et identité. Le français et les francophones d'Amérique du Nord*, Québec, Les Presses Universitaires de Laval, 1990, pp.201-217 ; Mougeon, R., Beniak, É., *Les origines du français québécois*, Sainte-Foy, Les Presses Universitaires de Laval, 1994.

[723] *La duchesse et le roturier*, p.292. C'est nous qui soulignons.

progressivement et dont les détenteurs tirent un profit de distinction. Il ne sera pas étonnant de découvrir, quelques répliques après, que "le jeune monsieur distingué" est professeur de français dans une école d'Outremont, l'un des quartiers les plus élégants de Montréal : sa profession correspond au rôle de représentant de la variété linguistique légitime et prestigieuse qu'il possède[724].

Le silence et la transformation de son propre accent n'épuisent pas les réactions des Québécois à l'égard de l'accent français hexagonal. Loin d'être gênés, certains conservent, voir exhibent leur accent authentique sans chercher à le modifier :

> « Qu'est-ce que vous faites dans le boute, donc, vous ? C'est rare qu'on voie un Français dans le tramway Papineau ! » « J'étais moi aussi au Théâtre National... » « Un Français au Théâtre National ! Ben, on aura tout vu ! Avez-vous tout compris au moins ? » « Bien sûr ! Vous parlez un français... rocailleux et... vieillot, c'est vrai, mais c'est quand-même du français ! » « Ouan ? Ben c'est pas c'que tout l'monde disait de l'aut'bord ! Quand on a débarqué, en Normandie, on était des sauveteurs ça fait qu'on était donc fins pis donc beaux mais ça c'était dans le nord pis le monde parlait un peu comme nous autres... Mais quand on a descendu à Paris, j'vous dis que c'tait plus pareil pantoute ! On était toujours des sauveteurs pis on était traité comme des rois mais on faisait rire de nous autres, rare! Aussitôt qu'on ouvrait la bouche tout le monde se roulait à terre ! » [...]. « Savez-vous ça, vous, qu'on le savait pas qu'on avait un accent avant de se le faire dire bête de même ! Moé, avant tout ça, j'tais sûr que c'tait vous autres qui aviez un accent ! »[725]

Comparativement à l'extrait précédent, le passage ci-dessus, dans lequel l'accent est présenté comme un facteur favorisant en même temps l'auto-reconnaissance et la reconnaissance de l'autre, rend compte d'une complexification à plusieurs niveaux. Premièrement, les mots prononcés par le conducteur de tramway font état d'un élargissement du paysage linguistique en jeu. D'une part, des indices lexicaux (*boute*, *pis*, *pantoute*) et phonétiques (*ouan* ; *c'que* ; *tout l'monde* ; *aut'bord* ; *c'tait* ; *j'tais*) signalent la présence, à côté du

---

[724]Voir *La duchesse et le roturier*, p.74. La distance sociale qui sépare les gens d'Outremont des habitants des autres quartiers est au premier plan dans l'extrait suivant : "[...] devant Édouard et ses amis, les dames d'Outremont et leurs semblables qui avaient les moyens de se payer les meilleures places souriaient poliment, se laissant même parfois aller à émettre de petits cris discrets mi-amusés mi-choqués [...] ; derrière eux les tricoteuses hurlaient de joie, se donnaient des coups de coude, rétorquaient à voix haute aux attaques de monsieur Guévremont, [...]. Elles ne comprenaient pas toute la portée sociale de la pièce, [...]." *La duchesse et le roturier*, p.216.
[725]*ibid.* p.89.

français québécois, de sa variété vernaculaire, le *joual*[726]. De l'autre, par ses propos, le locuteur québécois signale que le français hexagonal, norme de référence et langue hyper-centrale du système gravitationnel francophone, n'est pas homogène, mais est tout aussi frappé par le phénomène de la variation. Deuxièmement, les remarques des deux locuteurs permettent aussi de visualiser la configuration selon laquelle les composantes relevées se disposent. D'abord, c'est l'écart entre les variétés, tellement profond qu'il parvient à mettre en cause l'intercompréhension même, qui est au premier plan. Un exemple de compréhension non réussie entre Québécois et Français nous est offert quelques lignes plus bas :

> « Paris ? J'étais tellement paqueté que j'm'en rappelle même pus ! » Le français s'était un peu penché vers lui. « Paqueté ? Qu'est-ce que c'est, paqueté ? » Cette fois le conducteur le regarda « Vous venez de me dire que j'parle français ! Allez voir dans le dictionnaire ! Ça doit s'écrire comme ça se prononce ! »[727]

Ensuite, les variétés du français hexagonal se disposent sur un axe vertical au profit du français parisien, alors que le français de Normandie est perçu comme étant plus proche du français québécois. Progressivement, il n'est plus question de "français" : celui-ci se réduit à une essence abstraite, qui se dissout dans l'articulation de ses composantes.

L'évaluation que le locuteur français fait de la parlure québécoise ("[...] vous parlez un français... rocailleux et vieillot [...]") tient de la stratégie de condescendance, celle-ci consistant à "tirer profit du rapport de forces objectif entre les langues qui se trouvent pratiquement confrontées [...] dans l'acte même de nier symboliquement ce rapport, c'est-à-dire la hiérarchie entre ces langues et ceux qui les parlent"[728]. Reconnaissant au français québécois, la qualité de "français", l'intention du locuteur peut être interprétée comme une tentative d'annuler l'écart évoqué implicitement dans la

---

[726] En ce qui concerne le phénomène du *joual*, son origine et son évolution, nous renvoyons à Benoît, J., "Joual ou français québécois" in Corbett, N. (sous la direction de), *Langue et identité. Le français et les francophones d'Amérique du Nord*, op.cit., pp.19-28 ; Santerre, L., "Essai de définition du joual : aspect du français parlé au Québec" in Corbett, N. (sous la direction de), *Langue et identité. Le français et les francophones d'Amérique du Nord*, op.cit., pp.263-270 ; Gauvin, L., *Langagement. L'écrivain et la langue au Québec, op.cit.* Comme nous travaillons sur un corpus écrit de nature littéraire, il est difficile d'affirmer que les locuteurs parlent le français québécois ou bien le joual. Cependant, étant donné les choix lexicaux de l'écrivain, nous estimons que le joual est mobilisé plus fréquemment que le français québécois.
[727] *La duchesse et le roturier*, p.90.
[728] Bourdieu, P., *Ce que parler veut dire, op.cit.*, p.62.

réplique précédente par l'interlocuteur québécois ("Avez-vous tout compris au moins ?"). Tout apparente qu'elle soit, cette subversion de la relation hiérarchique entre les langues (ou variétés linguistiques) en présence n'est possible que parce que le sujet responsable participe de la langue reconnue comme légitime. Une telle prise de position de la part du conducteur de tramway québécois aurait, sans doute, aiguisé les relations conflictuelles entre les deux variétés.

L'infériorisation linguistique, qui découle des remarques à l'égard du français québécois (remarquons que c'est la perception de l'autre qui détermine le nouveau regard qu'on porte sur soi)[729], se répercute sur les représentations que les Québécois se font des langues en présence et, finalement, sur leurs pratiques : le silence ainsi que la métamorphose de l'accent dont fait preuve la troupe des acteurs du Théâtre National, témoignent d'une condition d'insécurité statutaire et formelle. En revanche, le conducteur de tramway n'est pas victime de l'insécurisation exercée par le système dominant : s'il est conscient de la distance qui sépare les variétés en jeu et s'il reconnaît la variété prestigieuse, il ne cherche pas à l'imiter.

Structuré en fonction de la norme parisienne qui le légitime, le marché linguistique décrit ci-dessus ne couvre pas l'espace linguistique québécois dans sa globalité. En effet, le marché officiel est contrebalancé par un marché affectif[730] esquissé dans l'extrait suivant :

> [...] Germaine n'avait jamais eu à engager une claque quoi qu'en aient dit ses ennemis (elle en avait) qui prétendaient qu'elle disait faux et qu'elle jouait tout avec un accent québécois à faire frémir alors que sa sœur, qui avait été la première boursière à Québec à aller se perfectionner à Paris et qui était revenue avec le *bon* accent pour donner des ordres à ses valets, tromper ses maris dans les bras des jeunes premiers transis ou mourir, pâle et défaite, en murmurant des « Armand ! Armand ! » déchirants, pouvait passer n'importe quand pour une vraie Française qui n'aurait même jamais entendu parler de ses cousins du Canada. Mais chaque fois que Germaine mettait le pied en scène, la salle éclatait spontanément en applaudissements chaleureux et nourris tout simplement parce qu'on l'aimait ; et ses saluts étaient toujours longs et mouvementés (ses admirateurs se levaient, criaient, lui lançaient des fleurs [...]).[731]

---

[729] Voir Hall, E.T., *Proxémique*, in Winkin, Y., *La nouvelle communication*, *op.cit.*
[730] L'expression est suggérée par D. Lafontaine. Voir Lafontaine, D., "Le parfum et la couleur des accents", *op.cit.*
[731] *La duchesse et le roturier*, pp.209-210.

Si elle ne maîtrise pas le bon accent comme sa sœur, Germaine n'en demeure pas moins la préférée du public québécois, dont elle parvient à garder l'affection. L'évaluation du public québécois s'éloigne de la valeur légitime reconnue à l'accent français hexagonal et se fait en fonction d'une échelle affective.

À côté des composantes appartenant à l'aire française, la constellation linguistique québécoise s'enrichit de la présence de l'*anglais*. Langue officielle du Canada au même titre que le français, l'anglais, suite au Traité de Paris, exerce un poids considérable sur les plans économique et politique[732]. Cependant, cela ne lui octroie pas la préférence des locuteurs :

> « Aujourd'hui, comme vous le savez, c'est une vue de Tarzan en anglais qu'on va vous montrer ! » Hurlements, cris, sifflets. [...]. Face attendit que le silence revienne. « Pis la semaine prochaine... la vue va être en français ! ». Totale frénésie. Cela n'arrivait que deux ou trois fois par année. Le réseau auquel la salle paroissiale appartenait étant anglophone, les quelques films français qu'on arrivait à avoir étaient habituellement très ennuyeux mais les enfants étaient tellement étonnés de comprendre qu'ils en restaient muets pendant toute la séance.[733]

La dynamique qui règle les relations entre les deux langues est loin d'être détendue : c'est un véritable jeu de force qui s'instaure et dont témoignent les attitudes manifestées par les locuteurs à l'égard des deux langues[734]. Le rapport entre anglais *vs* français se rapproche de celui qui caractérisait la relation entre français hexagonal et français québécois, en ce sens que au pouvoir et à l'influence de l'anglais s'oppose un marché affectif dominé par le français, seule langue ressentie comme identitaire[735]. Dans certains cas, la force d'attraction du marché affectif est telle qu'elle parvient à déformer la prononciation de l'anglais :

---

[732]Signalons que le français devient langue officielle au Québec avec la *loi 22* promulguée en 1974, tandis que les romans du cycle des *Chroniques du Plateau Mont-Royal* relatent des événements qui se situent à une époque précédente.
[733]*La duchesse et le roturier*, p.187.
[734]Nous rappelons que la rivalité français *vs* anglais est à l'origine de la scission du milieu théâtral fréquenté par Édouard en deux écoles différentes (française et anglaise). Voir *La duchesse et le roturier*, pp.94-95.
[735]La dialectique qui oppose l'anglais au français est résumée de manière synthétique dans le passage suivant : "À la maison, leur mère s'est habituée à leur parler anglais après toutes ces années passées aux Etats-Unis, même si elle-même est une Crie francophone du nord de la Saskatchewan. Après tout, elle gagne sa vie en anglais, le français est devenu pour elle difficile et superflu parce qu'elle le pratique de moins en moins." *Un objet de beauté*, p.114.

On pouvait entendre de sonores : « Salade, salade, limonade sucrée ! Dites-moi le nom de votre cavalier ! » ponctués de coups de talons ferrés, ou des : *One two, button'my shoe, three four, shut the door...* tellement déformés que ce qu'il en sortait de la bouche des fillettes n'avait plus rien à voir avec la langue anglaise et sonnait à peu près comme ceci : *One two, botte, émail, chou, tree fore, chat dehors...*[736]

Face à l'anglais, la dialectique français hexagonal *vs* français québécois / joual paraît s'éclipser. Les trois variétés linguistiques fusionnent de sorte que le lecteur est confronté, plus simplement, à l'opposition anglais *vs* français, même si, d'après la transcription que l'écrivain en fait, les variétés en jeu sont presque toujours le français québécois et le joual.

Malgré l'influence de la langue anglaise, les sujets francophones ne semblent pas touchés par les phénomènes d'insécurité statutaire et formelle relevés à l'égard du français hexagonal. Au contraire, l'attachement au français est tellement intense qu'ils sont amenés à franciser les chansons anglaises :

> En fait, ils avaient chanté *Jingle Belles* en français : « Pére Nowel, pére Nowel, emporte des bebelles... »[737]

2. Le marché linguistique québécois et la remise en question identitaire

Du fait que les langues/variétés linguistiques en jeu ne se situent pas au même niveau, la pluriglossie qui marque l'espace québécois est à l'origine de phénomènes d'insécurité formelle et statutaire. En fait, l'identité des locuteurs québécois n'en est pas moins soumise à un processus de restructuration qui se déploie dans des directions divergentes et que nous tâcherons de suivre dans leurs déploiements successifs. D'une part, le sujet est amené à réajuster son identité linguistique et culturelle d'après le modèle dominant. De l'autre, malgré des phases de crises et d'hésitations, le sujet aboutit à une réaffirmation identitaire.

---

[736]*Thérèse et Pierrette à l'école des Saints-Anges*, pp.38-39.
[737]*ibid.* p.252. En fait, des exemples de remise en question identitaire provoquée par la diglossie français québécois vs anglais sont contenus dans le roman *La nuit des princes charmants*, p.37, pp.40-41.

2.1. Vers un reniement linguistique et identitaire : le cas de l'institution scolaire

Véhicule de la langue normée et donc légitime, l'école provoque des métamorphoses au niveau linguistique et identitaire, quoique, dans le cycle des *Chroniques du Plateau Mont-Royal*, le parcours qui amène à un tel changement ne soit décrit que rapidement. Le cas de Lucienne Boileau est révélateur. Ayant abandonné le quartier du Plateau Mont-Royal pour suivre les cours à l'école d'Outremont, Lucienne se voit confrontée à un univers différent et dont l'étrangeté se manifeste d'abord au niveau linguistique :

> Elle revoyait de loin le trio « Thérèse pis Pierrette » [...], et trouvait maintenant ces trois bruyantes et indisciplinées adolescentes bien vulgaires, bien *rue*, comme on disait à l'École Ménagère d'Outremont. Elle-même on l'avait trouvée très *rue*, au début, avec ses tresses grasses, [...], ses « moé », ses « toé », ses « icitte » et ses formulations inexactes comme « Tu viens-tu jouer dehors ? » ; on le lui avait fait sentir en riant presque systématiquement chaque fois qu'elle ouvrait la bouche pour parler. [...], Lucienne avait-elle rapidement appris à dire *fronçais* et *lindi* et *dellar* et, surtout, *qu'est-ce que* (la première fois qu'elle avait sorti un *de que c'est que* la classe s'était écroulée et la religieuse avait rougi de honte pour elle) ; elle avait fini par prendre tout ça au sérieux et reprenait ses parents et ses sœurs, à la maison, les engueulant, même, lorsqu'elle entendait quelque chose qui choquait particulièrement son oreille nouvellement initiée aux beautés du bon parler français, comme *litte* ou *frette*, les deux expressions les plus honnies de l'École Ménagère d'Outremont [...]. Il était donc normal que Richard fût la seule personne de son ancien monde que Lucienne acceptât de fréquenter ; après tout, il allait au collège Saint-Marie, se destinait à la vie professionnelle et commençait lui aussi à renier ses origines ![738]

Les railleries, dont elle est objet à cause des fautes phonétiques, sont à l'origine de l'insécurité formelle et, en dernière instance, de la métamorphose linguistique qu'elle met en œuvre. L'intériorisation d'un nouveau modèle linguistique s'accompagne aussi d'un remodelage de la visibilité identitaire qui amène le sujet à déprécier visiblement ses origines[739].

---

[738]*Thérèse et Pierrette à l'école des Saints-Anges*, pp.226-227. C'est l'auteur qui souligne. En ce qui concerne l'attitude de Richard, instrument de diffusion de la prononciation normée, nous renvoyons à *La duchesse et le roturier*, p.19.

[739] Soulignons que l'acquisition d'un nouvel accent - voire, de l'accent valorisé et prestigieux - est liée à tout un rituel théâtral qui se nourrit aussi des dimensions non-verbales (mimique et gestuelle) : "Lucienne Boileau, pour sa part, s'était transformée radicalement [...]. Elle s'était radie en quelques mois, avait dressé le dos, tendu le cou,

Le portrait sonore et identitaire de Lucienne Boileau n'est pas isolé. Les *Chroniques du Plateau Mont-Royal* contiennent d'autres références à l'école et, plus précisément, à la prononciation correcte qu'elle propose, sans que cela n'engendre aucune remise en cause identitaire. Au contraire, les élèves paraissent absolument indifférents aux remarques de leurs maîtres :

> Il (le frère Robert) avait voulu faire une farce, question d'alléger un peu l'atmosphère avant le début des examens, et se trouvait une fois de plus confronté à l'ignorance indécrottable de ses élèves. Il avait donc vraiment perdu toute une année à essayer de leur inculquer quelques notions de base de français ? Et où avaient-ils eu la tête pendant ces quatre ans ? Il se faisait souvent dire : « C'est plate à mort le français ! », « C'est trop compliqué, j'comprends rien... » « Pourquoi y a tant de mots... On n'a pas de besoin de tous ces mots-là... » ; il répondait alors avec toute la patience dont il était capable, expliquant que c'était une langue passionnante dont il fallait être fier, que les règles, compliquées au début, se simplifiaient au fur et à mesure qu'on les comprenait, que les mots bien utilisés étaient des choses merveilleuses... pour se faire bâiller en pleine face ou se rendre compte qu'on ne l'écoutait plus depuis longtemps.[740]

Les représentants religieux de l'école incarnent le modèle du français standard, à tel point que le français appris à l'école est qualifié de "français de bonne sœur"[741]. Dans cette optique, l'opposition entre les répliques des religieux/ses transcrites en français standard et celles des élèves en joual devient opérationnelle.

2.2. Le retour à sa propre langue : le voyage d'Édouard à Paris

Le roman *Des nouvelles d'Édouard* rend compte du bouleversement linguistique et identitaire que le protagoniste subit au cours d'un voyage en France. Les sonorités et les accents qu'il perçoit transforment un voyage touristique en un véritable voyage sonore. Les attitudes sonores du protagoniste et leurs retombées identitaires permettent d'articuler le voyage en deux étapes principales : la

---

prit des poses et un ton de voix nouveau, elle choisissait chacun de ses mots et le prononçait en articulant bien, ce qui lui donnait un parler caricatural de parvenue fraîchement débarquée au pays des nantis." *La duchesse et le roturier*, p.225. Le renvoi au rôle de la dimension non-verbale et à son apport à la mise en scène sonore et prosodique avait été relevé aussi tout au long de l'analyse du corpus malien - en relation au personnage de Wangrin - et créole - en relation au maître du négrillon -.
[740] *Le premier quartier de la lune*, p.95.
[741] *Un objet de beauté*, p.114.

première concerne Édouard dans l'espace clos du bateau ; la deuxième porte sur les péripéties d'Édouard à Paris.

2.2.1. Le départ d'Édouard ou Édouard dans l'espace clos du bateau

Espace clos dans lequel s'accomplit la première partie du voyage d'Édouard, le bateau est tout de suite présenté comme un espace plurilingue et multisonore où la langue dominante est loin d'être le français :

> [...] (le *Liberté* a beau avoir un nom français, tout se fait en english à bord ; Américains obligent) [...][742]

Le locuteur se retrouve plongé dans un contexte anglophone ("Mes voisins de table, qui parlaient tout juste anglais [...]")[743], ce qui repousse le français dans la position de langue dominée : le prestige historique attribué au français, manifestation de la volonté de garder un contact privilégié avec la France, est ici concurrencé par un prestige d'usage qui revient à l'anglais.

Malgré l'espace réduit, le bateau accueille aussi une autre langue, qui ne sera jamais décryptée :

> J'ai traversé le petit pont en me présentant en français. Erreur. Y m'a regardé avec des yeux ronds, comme si j'avais inventé une langue au fur et à mesure que je parlais. Que c'est qu'y va faire quand y va arriver en France ? J'espère que sa famille l'attend ! J'ai tout recommencé en anglais : y'a ouvert les yeux encore plus grands pis y m'a dit quequ'chose qui avait l'air du bruit qui sort d'un tordeur de machine à laver. Ça bourdonnait, ça chuintait, ça se cassait en mille miettes en sortant de sa bouche. Y vient pas d'Amérique du Nord, certain, lui ! Y doit arriver directement de Bogota, Valparaiso, de Montevideo ou de Santa quequ'chose...[744]

C'est en écoutant et en décodant les composantes sonores qu'Édouard parvient à en délimiter l'appartenance géographique de sorte que le locuteur sera identifié tout au long du voyage par l'appellatif "le gars de Bogota".

Finalement, c'est la rencontre avec un représentant du français qui se produit :

---

[742]*Des nouvelles d'Édouard.*, p.61.
[743]*ibid.* p.65.
[744]*ibid.* pp.71-72.

> Y (le capitaine) m'a fait un grand sourire en me disant :
> - Are you American ?
> J'y ai répondu dans mon plus bel anglais :
> - No, I am a French Canadian
> Son sourire s'est encore élargi et y'a switché en français avec un plaisir évident. C'est un Français ! Mon premier vrai ! En deux minutes y'a réussi à me dire ce que ça nous prendrait une vie à conter, nous autres... Y m'a parlé des Canadiens français qu'y'a rencontrés à la fin de la guerre [...] ; à quel point y'avaient été héroïques au débarquement, que son pays leur en serait éternellement reconnaissant, que la province de Québec était admirable d'être restée française après trois cents ans, que notre accent était donc beau... Vous auriez dû me voir ! Un oiseau hypnotisé par un chat ![745]

Le passage cité condense un certain nombre de phénomènes qui conviennent à notre perspective. Le premier concerne, de nouveau, le rôle de relief accordé à l'anglais : langue qui interviendra rarement dans la suite de l'action, l'emploi de l'anglais de la part de deux locuteurs francophones renvoie à l'étendue de son pouvoir. Ensuite, s'il est vrai que les descriptions directes des modulations prosodiques sont absentes, il est toutefois possible d'en percevoir la présence et la portée, dans la mesure où l'accent est présenté comme facteur permettant aux acteurs sociaux de manifester leur visibilité ethnique. L'identification des visibilités ethniques se déroule de manière extrêmement paisible, de sorte que nous sommes ici confrontée à un cas de reconnaissance positive, produisant à son tour un recadrage des rôles : placé en position haute par son rôle social, le capitaine, conformément aux stratégies de condescendance[746], se livre à un éloge des Québécois, contribuant ainsi à rehausser son interlocuteur, situé en position inférieure et du point de vue social (en tant que voyageur) et du point de vue ethnique (en tant que québécois). Par ailleurs, le capitaine n'oublie pas d'exprimer un jugement sur l'accent québécois ("[...] que notre accent était donc beau [...]"). Tout en étant positive, une telle évaluation révèle la problématique plus profonde des représentations que le sujet se fait de l'autre et des évaluations qui s'ensuivent. Le poids des événements historiques est évident : les vieux liens qui unissaient la France et le Canada se manifestent dans l'admiration réciproque manifestée par Édouard et le capitaine.

Si la description de la première approche entre les locuteurs français et québécois ne fait qu'effleurer la description de la

---

[745] *ibid.* pp.74-75.
[746] Bourdieu, P., *Ce que parler veut dire*, *op.cit.*, p.36.

dimension sonore, celle-ci passe au premier plan immédiatement après :

> [...] quand j'ai parlé, ma voix avait changé ! Je sais pas ce qui s'est passé mais... mes « r » ont changé de place dans ma bouche ! Je sais pas comment vous expliquer ça... J'essayais pas de parler comme lui, Dieu m'en garde, comme y diraient dans les romans français, mais j'étais pus capable de parler comme d'habitude... Y a pas eu l'air de s'en rendre compte (que chus niaisieux, y m'avait jamais entendu avant !) pis y a continué. Mais je l'écoutais pus. Je le fixais comme si j'avais été passionné par ce qu'y disait mais je pensais juste à ce qui venait de se passer. Ce qui m'étonnait le plus c'est que ça s'était fait automatiquement. Sans le vouloir, j'avais changé ma façon de parler juste parce qu'un Français me parlait ! Pis quand y'a eu fini son monologue pis qu'y m'a demandé ce que je faisais dans la vie, j'ai répondu, toujours avec ma nouvelle voix et sans réfléchir : « Acteur ! Je vais tourner un film en France... » [...][747]

C'est une véritable métamorphose phonétique qui est décrite : le - *r* - roulé, qui caractérise le français québécois, disparaît pour assumer la même articulation que le - *r* - français. Le nouveau - *r* - laisse le protagoniste d'autant plus ahuri qu'il le ressent comme un son qui se produit en dehors de sa volonté et qu'il ne peut expliquer sinon par le biais d'une transformation automatique non maîtrisée. D'ailleurs, bien qu'Édouard refuse l'hypothèse de l'imitation, nous estimons que celle-ci ne doit pas être écartée, mais placée à un niveau différent. L'imitation se produirait plutôt à un niveau inconscient : non seulement Édouard est hypnotisé par les propos du capitaine, mais son éblouissement est tellement profond qu'il se manifeste, en premier lieu, au niveau phonétique. À ce sujet, signalons que la dernière réplique du personnage est transcrite sans aucune déformation phonétique. Le français québécois est donc objet d'une double trahison : d'abord, le protagoniste l'efface pour passer à l'anglais, ensuite il cherche à le cacher pour assumer une prononciation plus proche de celle du français hexagonal.

Ces derniers échanges laissent deviner qu'une dynamique identitaire est en train de se mettre en place. Celle-ci, du moins dans ses premières phases, est marquée par des attitudes d'insécurité formelle et statutaire : confronté à des variétés plus prestigieuses, le locuteur cherche à cacher sa prononciation naturelle, d'autant plus qu'elle correspond à la variété du joual.

Par ailleurs, ce phénomène reviendra au cours d'une conversation avec une concitoyenne :

---

[747]*Des nouvelles d'Édouard*, pp.75-76.

- Vous aimez Julien Green ?
Elle prononçait Green en roulant bien ses « r » ; j'ai tout de suite reconnu l'accent d'Outremont. On en a assez, au magasin, des chiantes d'Outremont qui essayent cent vingt-huit paires de chaussures en roulant leurs « r » pis qui repartent sans rien acheter pis sans dire merci, que je reconnaîtrais c't'accent-là même les oreilles bouchées !
[...] pis j'ai dit (Édouard) :
- Vous êtes d'Outremont ?
J'me suis rendu compte que j'avais pris le même accent qu'avec le capitaine. Mes « r » étaient retombés dans le fond de ma gorge comme si j'avais avalé un poil de moustache ![748]

Le passage ci-dessus rend compte de la complexification linguistique qui se produit dans le cadre restreint du bateau. En effet, aux langues ou variétés linguistiques déjà relevées dans le bateau, s'ajoute l'accent d'Outremont, variété typique d'un quartier distingué de la nouvelle bourgeoisie montréalaise[749]. Dès les premiers mots qu'elle prononce, Édouard reconnaît l'accent d'Antoinette et le restitue aux lecteurs enrichi d'un jugement personnel fortement péjoratif.

La suite de la conversation n'est pas moins révélatrice :

Elle a sursauté.
- Comment le savez-vous ? Je n'ai pourtant pas le mot Outremont inscrit dans le front, que je sache !
J'ai pas su quoi répondre. Peut-être qu'elle le sait pas qu'elle a un accent très typique ! J'pouvais quand-même pas y dire qu'elle parlait comme une bonne sœur, même si c'est vrai. J'ai laissé le silence s'éterniser un peu trop longtemps. [...]. C'est elle qui a fini par trouver que ça devenait insupportable [...][750]

Vivement surprise par la remarque d'Édouard, la réaction d'Antoinette est celle du locuteur qui n'est pas conscient de son

---

[748]*ibid.* p.81.
[749]La production romanesque de Tremblay est ponctuée par d'autres caractérisations de l'accent d'Outremont. L'extrait suivant contribue à mieux situer la prononciation d'Antoinette, ainsi que son statut, dans la hiérarchie sociale québécoise : "L'immuable Outremont, la tant haïe pour certains, le rêve secret pour d'autres, l'ancienne forteresse des Canadiens français fortunés, le berceau de la plupart des hommes politiques influents des années soixante et soixante-dix, [...] la cible préférée des ouvriers de l'est de Montréal, *la snob pincée qui avait longtemps cru qu'elle parlait un français international alors qu'elle parlait un accent à faire frémir*, qui, longtemps, avait été non pas un endroit où vivre mais une façon de vivre, un statut social [...]"Tremblay, M., *Le cœur découvert. Roman d'amours, op.cit.*, pp.68-69. C'est nous qui soulignons.
[750]*Des nouvelles d'Édouard*, p.81.

propre accent, alors que celui-ci fonctionne en tant que marqueur social indirect : il dévoile l'origine du locuteur à son insu et, parfois, contre sa volonté même[751]. L'accent pour Antoinette est une évidence invisible[752], dont elle ne prend conscience que suite à la remarque de son interlocuteur[753].

2.2.1.1. Vers une complexification des dynamiques linguistiques et identitaires

Les relations entre les variétés linguistiques en jeu, et notamment entre français hexagonal, accent d'Outremont et joual, se compliquent au fur et à mesure que se déroule la conversation entre Édouard et Antoinette Beaugrand. Dans le détail, la réaction contrariée d'Antoinette au moment où Édouard devine sa provenance est à mettre en relation avec son admiration pour la France et avec le mépris qu'elle ressent pour son pays qualifié de "trou inculte"[754]. La caricature phonétique qu'Édouard fait de son interlocutrice prouve que l'adoration qu'elle manifeste à l'égard de la France, perçue comme le berceau de la "Culture", affecte aussi ses traits phonétiques :

> [...]. Nous allons nous tremper toutes les deux dans la grande culture ! Elle prononçait le mot culture comme si ça avait commencé par un K ! J'sais pas trop comment vous décrire ça... Ça donnait comme un éternuement : Kul... tuuuuure.
> - J'espère seulement que ma Lucille est assez sensible pour comprendre l'importance de tout ce qu'elle verra [...][755]

---

[751] Antoinette, en effet, ne manifeste pas un fort enthousiasme vis-à-vis des remarques d'Édouard, qui a dévoilé sa provenance socio-géographique. Au contraire, la manière brusque dont elle réagit révèle sa volonté de clôturer le sujet et de revenir au thème qu'elle avait proposé elle-même (la production littéraire de Julien Green). Ce n'est que lorsque la conversation sera bien avancée, qu'Antoinette reprendra, malgré elle dirait-on, la question de sa provenance. Voir *ibid.* p. 84.
[752] Nous empruntons l'expression au titre de l'ouvrage de R. Carroll, *Les évidences invisibles, op.cit.*
[753] Le cadre décrit par Tremblay correspond aux considérations de E.T. Hall au sujet des processus qui règlent la prise de conscience identitaire. Celle-ci serait favorisée par les rencontres entre individus qui n'appartiennent pas à la même sphère ethnique et/ou socio-culturelle : "[...] elles (les rencontres interculturelles) procurent le bien plus grand avantage de permettre une prise de conscience des structures de son propre système, qui ne peut s'accomplir que par la fréquentation de ceux qui ne font pas partie du même système [...]" Hall, E.T., *Au-delà de la culture*, Paris, Seuil, coll. « Point-Essais », 1987, p.50.
[754] *Des nouvelles d'Édouard*, p.82.
[755] *ibid.* p.85.

Par son comportement, Antoinette fait preuve d'un sentiment d'insécurité[756] intense qui la pousse à renier son pays et sa culture face à un autre pays et à une autre culture ressentis comme étant plus valorisants. Ce reniement passe d'abord par l'effacement des traits phonétiques spécifiques et ensuite par l'imitation du modèle prestigieux.

Le phénomène d'imitation phonétique visant à reproduire l'articulation des voyelles et des nasales du français hexagonal, souligné par les déformations imposées à l'écriture, est au premier plan au moment où Lucille, la fille d'Antoinette, prend la parole :

> Le silence a fini par être interrompu par l'adorable Lucille qui a dit sur un ton aussi naturel qu'un enfant qui a passé sept ans à se faire martyriser par madame Audet : « Mamon, est-ceuh queuh jeuh peux avoir mon peutit quatre heuuures ? »[757]

Néanmoins, ce n'est que face à sa mère qu'elle se sent obligée d'emprunter une visibilité sonore plus prestigieuse, alors que, en l'absence de celle-ci, elle revient à son accent naturel[758].

La fascination et l'imitation servile de la France et de l'accent français hexagonal ne caractérisent pas seulement les strates supérieures de la société québécoise (la société d'Outremont), mais atteignent l'ensemble de la population. Tout au long de ses pérégrinations sur le *Liberté*, Édouard se mêle aux passagers de deuxième classe parmi lesquels il retrouve les mêmes typologies identifiées en première classe. La caricature sonore que l'écrivain trace de Madame du Tremblay en fait une reproduction fidèle d'Antoinette Beaugrand, même si à un niveau moins élevé de la hiérarchie sociale :

> [...] le pedegree de son chien et celui de sa bonne (qu'elle appelle d'ailleurs son *personnelll* en prononçant le « l » comme s'il y en avait trente-deux) [...] et surtout sa grande admiration pour la France et les Français. Et leur accent qu'elle essayait, elle aussi, d'imiter (en vain, bien sûr). Pareille à l'autre, je vous dis, mais moins raffinée.[759]

---

[756]En ce qui concerne l'insécurité nous renvoyons à Calvet, L.-J., *Pour une écologie des langues du monde*, *op.cit.*, pp.167-172, et à Labov, W., *Sociolinguistique*, *op.cit.*, pp. 183-184 et p.200.
[757]*Des nouvelles d'Édouard*, p.120.
[758]*ibid.* p.157 et p.174.
[759]*ibid.* p.134. Une telle ligne de conduite phonétique coïncide avec les considérations de William Labov : d'après lui, la petite bourgeoisie serait la classe atteinte le plus profondément par les phénomènes d'insécurité linguistique. Voir Labov, W., *Sociolinguistique*, *op.cit.*

Ces derniers épisodes dévoilent la nature multifonctionnelle de l'accent. Si, pour Antoinette, l'accent est un miroir de sa visibilité socio-ethnique, dans le cas d'Édouard il fonctionne plutôt comme un masque phonétique et prosodique : contrairement à Antoinette, qui est trahie par son accent, Édouard parvient à cacher son origine sociale suite au changement involontaire du - *r* -. Nous sommes donc confrontée à des portraits sonores et identitaires hybrides. En effet, Antoinette illustre bien le français québécois d'Outremont, au niveau sonore, mais, du point de vue identitaire elle a renié son pays pour se vouer à un culte démesuré de la France. Le cas d'Édouard est décidément plus complexe : représentant d'une variété dialectale du français québécois, il témoigne lui aussi d'une forme de dissociation. Le changement automatique dans la prononciation du - *r* - témoigne d'une forme d'insécurité statutaire et formelle latente vis-à-vis du français hexagonal. Si d'après les considérations qu'il porte sur Antoinette et sur sa fille, son identité paraît ne pas être atteinte par les phénomènes d'insécurité, sa conduite n'est pas sans contradictions. L'adoption d'une identité caricaturale (acteur qui entreprend une carrière radiophonique à cause de son physique spécial et écrivain d'un essai à propos de l'influence du Théâtre National sur la vie artistique de Montréal)[760] de la part d'Édouard s'explique-t-elle simplement en relation à son désir de se moquer d'Antoinette ? La question mérite d'être posée, d'autant plus que, si face à l'adoration d'Antoinette à l'égard de la culture française, il prend la défense de la culture québécoise, il n'en reste pas moins qu'il n'a pas assez de courage pour affirmer son admiration pour le plus populaire Théâtre National[761]. Ayant deviné les préjugés sociaux de son interlocutrice, Édouard est sur le point de renier sa visibilité sociale et identitaire : ses tentatives de dissimuler la visibilité sonore, sociale et identitaire traduisent la volonté de ne pas perdre la face vis-à-vis d'Antoinette. D'ailleurs, il suffit d'un moment de distanciation pour qu'il comprenne les enjeux de sa ligne de conduite[762]. S'il parvient à sauver sa face vis-à-vis de sa partenaire bourgeoise, il la perd vis-à-vis de lui-même, ce qui ne va pas sans causer au sujet des troubles profonds. Le cours des événements permettra de découvrir comment et dans quelle direction Édouard résoudra cette tension.

Antoinette et Édouard se situent donc dans un espace interstitiel, à mi-chemin entre deux pôles bien définis, la France et le Québec, ce qui, d'après nous, est en relation avec l'endroit où les sujets se

---

[760]*Des nouvelles d'Édouard*, pp.85-86 et pp.110-111.
[761]*ibid.* p.117.
[762]"Je m'entendais pour la première fois de ma vie, moi qui ai toujours été si franc, si direct, dire le contraire de ce que je pensais de peur de me faire mal juger." *ibid.* p.118.

trouvent. Situés sur un bateau au milieu de l'océan, à mi-chemin entre le Canada et la France, les deux personnages se ressentiraient de l'influence magnétique déployée par le pôle français dont la force est telle qu'il parvient à perturber le positionnement des variétés en jeu.

Les premières phases de ce processus de déstabilisation ont lieu sur le bateau même et font suite à l'intervention d'une représentante de la langue française, la princesse Clavet-Daudun, dans la dynamique heurtée qui se déploie entre Antoinette et Édouard. L'échange qui se développe entre les trois personnages, porte de nouveau sur la problématique de l'identification de la visibilité ethnique grâce au décodage de l'accent :

> - La princesse Clavet-Daudun a reconnu mon accent, elle aussi, imaginez-vous donc ! Je vais finir par croire que j'en ai vraiment un ! J'en suis d'ailleurs un peu gênée et m'en suis excusée mais la princesse m'a vite rassurée... Ladite princesse l'a coupée en lui tapotant l'avant-bras (Était-ce là un geste noble ? En tout cas...)
> - En effet, cet accent typique de la province de Québec me ravit ? Hhm ? [...][763]

Le passage cité fonctionne en relation à la première rencontre entre Édouard et Antoinette, quoique plusieurs éléments nouveaux obligent à recadrer la situation. Les remarques de la princesse Clavet-Daudun suscitent auprès d'Antoinette le même étonnement déjà manifesté plus haut à l'égard d'Édouard ("La princesse Clavet-Daudun a reconnu mon accent, elle aussi, imaginez-vous donc ! [...]"), à quelques différences près : si elle avait réagi sèchement aux propos d'Édouard ("Comment le savez-vous ? Je n'ai pourtant pas le mot Outremont inscrit dans le front, que je sache !"), le ton de sa réplique change vis-à-vis de la princesse Clavet-Daudun ("J'en suis d'ailleurs un peu gênée et m'en suis excusée mais la princesse m'a vite rassurée... [...]"), ce qui est à mettre en relation avec l'appartenance sociale diverse des interlocuteurs. Néanmoins, si Antoinette parvient à se parer d'une identité pseudo-française au niveau de la culture, son accent, qui ne passe pas inaperçu, trahit ses origines sociales et ethniques. C'est suite aux conversations avec Édouard et avec la princesse Clavet-Daudun que l'insécurité culturelle d'Antoinette atteint aussi le niveau sonore et se double d'une forme d'insécurité prosodique : confrontée à des points de vue différents, Antoinette

---

[763] *ibid.* p.137. La caricature sonore qu'Édouard ébauche de la princesse trahit le regard sarcastique à l'égard de la princesse. En revanche, possédant les deux qualités convoitées par Antoinette Beaugrand (l'aristocratie sociale et ethnique), la princesse Clavet-Daudun devient, presque automatiquement, proie de son attention. Voir *ibid.* pp.136-137.

perçoit le décalage qui sépare la perception subjective de son accent - qu'elle ressent comme neutre - de la manière dont celui-ci est perçu par ses interlocuteurs, à savoir comme une pratique exprimant une connotation ethnique et sociale fortement marquée. La non-coïncidence entre les pratiques (qui touchent à la dimension prosodique, voire aux accents ethniques) du sujet et les représentations que les autres s'en font, et autour desquelles s'articulent "les phénomènes relationnels entre les individus et/ou les groupes"[764], est à l'origine du sentiment d'insécurité du sujet. Fortement déterminée à dissimuler son identité la plus cachée, le dévoilement de la part d'Édouard et de la princesse Clavet-Daudun est tout aussi ressenti par Antoinette comme une perte de la face devant le groupe valorisé[765].

D'après ces premières considérations, il est évident qu'Édouard, Antoinette Beaugrand et la princesse Clavet-Daudun représentent trois points de vue différents qui, dans leurs dynamiques, se croisent, trouvent des points de convergence, ou bien s'éloignent provoquant ainsi un débat qui frôle la dispute. L'enchevêtrement de ces trois perspectives deviendra de plus en plus serré au cours de l'échange suivant :

> - En effet, cet accent typique de la province de Québec me ravit ! Hhm ?
> Quand elle (la princesse Clavet-Daudun) parlait, on avait l'impression que quelqu'un avait par mégarde laissé la porte d'un poulailler ouverte, quelque part pas loin, et qu'une dinde s'était échappée.
> Et je me suis entendu dire avec mon propre nouvel accent qui sort je ne sais d'où :
> - Vous savez, madame la princesse, tout le monde ne parle pas comme madame Beaugrand, chez nous... L'accent change selon les quartiers...
> La princesse a paru surprise ; Antoinette m'a carrément fusillé du regard. J'ai continué, sans m'occuper d'elle :
> - Vous êtes donc passée par Montréal ?
> - Oui, j'y ai passé trois jours. Et je me suis fort ennuyée. Cette ville est un désert culturel ! Hhm ? Excusez-moi de vous le dire aussi brusquement, mais je vous comprends tous les deux de l'avoir quittée. Hhm ?
> Madame Beaugrand a produit une espèce de petit gémissement d'approbation que je serais volontiers allé étrangler dans sa gorge. [...]. On peut tout me faire : rire de mon physique, s'apitoyer sur mon ignorance, se moquer de mes aspirations, de mon accent, de ma façon de vivre et de penser, mais attaquer ma ville, ça, je le prends pas ! [...].

---

[764]Abdallah-Pretceille, M., *Vers une pédagogie interculturelle*, op.cit., p.32.
[765]Rappelons que l'attitude d'Antoinette n'est nullement isolée au Québec ; au contraire, l'insécurité qu'elle exprime renvoie inévitablement au sentiment d'infériorité ressenti par les Québécois à l'égard de la France.

Je veux pas qu'on en dise du mal même si c'est vrai que c'est un désert culturel ! J'ai pris une grande respiration avant de parler, sinon j'aurais explosé pis y'auraient été obligés de nettoyer le pont jusqu'à ce qu'on arrive au Havre ! [...].
- [...] Eh ! Bien, laissez-moi vous dire que ce que j'ai vu à Montréal m'a a-hu-rie !
Je bouillonnais et ça devait paraître. Antoinette Beaugrand, elle, naturellement, acquiesçait à tout ! [...][766]

Tout au long de cette conversation, les trois positionnements se confrontent directement. En fait, seulement Édouard et la princesse Clavet-Daudun prennent la parole ; Antoinette se tient à l'écart, sans pour cela s'effacer complètement. Au lieu de s'exprimer au moyen de la parole, elle se sert, dans ce cas particulier, des ressources du langage non-verbal : du regard au gémissement. Bien qu'il y ait émission de la voix, le sujet ne déborde pas dans la sphère du verbal proprement dit, mais reste à une étape précédant l'articulation de la parole[767].

Le facteur qui déclenche le mouvement, timidement amorcé dès le début du voyage d'Édouard, est contenu dans les premiers mots de la princesse Clavet-Daudun qui sont à mettre en relation avec la réplique d'Antoinette analysée plus haut. L'attitude de la princesse s'articule en plusieurs étapes que nous allons présenter en suivant un développement vertical. Le niveau le plus superficiel est caractérisé par la perception de l'accent non français d'Antoinette. Nous avons déjà souligné plus haut les rebondissements que cette perception produit sur la visibilité ethnique et identitaire de sa partenaire. Toutefois, ce serait limiter la portée de l'attitude de la princesse que de s'en tenir aux relations avec Antoinette. D'autres enjeux se laissent deviner. D'abord, la princesse n'est pas indifférente au rituel prosodique autre auquel elle est confrontée : la perception qu'elle a de l'accent d'Antoinette est ici doublée par sa réaction ("En effet, cet accent typique de la province de Québec me ravit [...]")[768]. Entre parenthèses, perception et réaction se situent aux deux extrêmes d'une progression articulée en plusieurs étapes : de la perception à la représentation à l'évaluation/jugement pour conclure avec la réaction à une pratique sonore autre. La transition de la perception à la représentation est aisée : étant donné que le point de vue du sujet sur

---

[766]*Des nouvelles d'Édouard*, pp.137-138.

[767]Nous adoptons ici le point de vue de Ivan Fónagy qui intègre le gémissement dans la catégorie des "non-verbal human sound-making". Fónagy, I., "Reported speech in French and Hungarian", *op.cit.*, p.264.

[768]Par parenthèse, la réplique de la princesse prouve l'existence de rituels prosodiques propres à chaque langue ou à ses variétés régionales.

l'objet perçu participe de l'élaboration de la représentation, non seulement la perception que le sujet a d'un rituel prosodique différent détermine la représentation qu'il s'en fait, mais après en avoir défini les contours, il est amené à l'évaluer. En général, ces évaluations sont classées en deux dimensions principales articulées l'une autour d'un critère esthétique, l'autre d'un critère normatif[769]. Toutefois, comme le remarque Dominique Lafontaine, la référence à la dimension sociale est inévitable dans les deux cas : "de tels jugements, même s'ils s'appuient sur des arguments esthétiques [...] sont avant tout des jugements sociaux. Si telle variété, tel accent, sont jugés vulgaires, c'est surtout en référence à l'identité sociale des locuteurs qui utilisent en priorité cette variété."[770]

D'après ces considérations, il est légitime de s'interroger sur la nature de l'évaluation faite par la princesse. Bien que ses mots ("[...] votre accent... me ravit [...]") relèvent d'un sémantisme positif, voire d'une touche d'exotisme dû au dépaysement, il nous semble que la référence à l'accent français, tacitement reconnu comme la norme légitime à partir de laquelle chaque variété est définie, ne peut être occultée. Ce serait donc indirectement sur un plan normatif que la princesse perçoit et évalue l'accent d'Antoinette.

Édouard est le dernier élément de la triade qu'il nous reste à examiner[771]. Sa réaction aux remarques de la princesse se rapproche de celle d'Antoinette, dans la mesure où elle consiste en une prise de conscience sonore et identitaire. Toutefois, son attitude se situe dans une perspective différente. Loin de remettre en cause sa visibilité sonore, l'attitude d'Édouard se traduit en une réaffirmation de son identité sonore et ethnique d'autant plus intense qu'elle est dévalorisée par les autres locuteurs. Le parcours d'extériorisation d'un tel positionnement est articulé en plusieurs phases. D'abord, Édouard rappelle les multiples facteurs qui composent le système linguistique québécois ("Vous savez, madame la princesse, tout le monde ne parle pas comme madame Beaugrand, chez nous... L'accent change selon les quartiers")[772]. Il met ainsi en valeur la complexité du système linguistique québécois, celui-ci dérivant de la coprésence entre accents

---

[769]Lafontaine, D., "Le parfum et la couleur des accents", *op.cit.*, pp.60-73.

[770]Lafontaine, D., *Le parti pris des mots*, *op.cit.*, p.15.

[771]En ce qui concerne la structure du récit, le positionnement d'Édouard relève de l'observation participante, dans la mesure où la plupart des actions nous sont restituées d'après son point de vue : Édouard observe, participe à l'action tout en gardant, au début, une certaine distance. Mais il se sent de plus en plus impliqué personnellement de sorte qu'il est amené à prendre une position nette, perdant ainsi la neutralité de son positionnement.

[772]*Des nouvelles d'Édouard*, p.137.

différents qui se côtoient et s'oppose ainsi à la perspective homogénéisante proposée par la princesse. Ensuite, le mépris dont fait preuve la princesse et qui synthétise la dévalorisation que la France manifeste à l'égard du Québec[773] provoque chez Édouard un mouvement de réaffirmation culturelle et identitaire. Toutefois, son positionnement est d'autant plus complexe que, bien qu'il partage ses réflexions avec les lecteurs, il n'en fait pas encore part à la princesse, ce qui laisse percevoir une forme d'insécurité dont il serait atteint au même titre qu'Antoinette. Toutefois, si les considérations de la princesse ont un rôle important dans le processus de prise de conscience d'Édouard, c'est surtout l'attitude d'Antoinette qui déclenche sa réaction. Face à la prise de position qu'elle assume contre la culture québécoise, Édouard retrouve le courage d'affirmer sa visibilité sonore et ethnique qu'il avait failli effacer au début. Il s'ensuit que, au moment où Édouard ne parvient plus à retenir son énervement, c'est d'abord à Antoinette qu'il s'en prend, et ne s'adresse à la princesse que dans la suite :

> Mais moi, là, j'en pouvais pus. Enough is enough, comme on dit en français. Je me suis levé d'un seul bond et j'ai crié à madame Beaugrand :
> - Maudite niaiseuse ! J'ai jamais été acteur ni écrivain de ma ciboire de vie ! Vous creyez n'importe quoi d'abord qu'on vous le dit avec un accent qui vient d'ailleurs ! [...] Vous venez de passer cinq jours avec un vendeur de chaussures, grande épaisse !
> Là, j'me suis retourné vers la supposée princesse.
> - Pis vous, là, si vous voulez le savoir, le vrai accent de Montréal, c'est celui que vous entendez là, okay ? Elle, tout ce qu'est capable de faire, c'est d'essayer de vous copier ! Pis moé aussi, dans un sens, pis j'en ai honte! J'veux pas que vous pensiez que tout le monde parle comme elle, [...]. Ce n'est pas surprenant que vous vous soyez ennuyée avec du monde pareil ! Si jamais vous repassez par Montréal, venez donc faire un tour dans mon boutte, j'vas vous montrer c'qu'y'a de vrai dans c'te ville-là moé ! J'vas vous montrer notre vrai cœur au lieu de notre fausse tête ![774]

Édouard atteint ici le dernier stade de son parcours, dont l'élément le plus marquant consiste dans la métamorphose sonore, soudaine et imprévue, qui intervient dans sa façon de parler. C'est au moment où il réussit à réimposer son identité québécoise qu'il retrouve son accent

---

[773] Les mots de la princesse Clavet-Daudun ne sont qu'un premier point de vue sur l'accent québécois. Cette problématique sera au premier plan dans une étape suivante, à savoir au moment où Édouard débarquera en France.
[774] *Des nouvelles d'Édouard*, p.142.

naturel, signalé aux lecteurs, non pas à travers des périphrases sémantiques ou descriptives, mais au moyen d'une oralisation de la dimension écrite. Les déformations graphiques transforment la page en un miroir de la langue québécoise parlée. Amorcée initialement à un niveau sémantique, ce n'est que grâce à l'implication du niveau phonétique et prosodique que la solidarité du sujet vis-à-vis de son groupe d'appartenance peut être considérée comme accomplie. La corrélation entre oralité et visibilité identitaire/ethnique, que nous avons posée comme l'un des axes de notre analyse, en est d'autant plus renforcée. Retrouvant l'accent qui lui est propre, Édouard actualise le style expressif qui définit son groupe social et accorde ainsi sa préférence au marché affectif au détriment du marché normatif[775].

En outre, le comportement d'Édouard relève d'un décalage entre la reconnaissance et la connaissance de la norme légitime[776]. Ce même écart conditionne le comportement d'Antoinette, mais il est intériorisé différemment : la reconnaissance de la variété légitime (le Français de France) s'accompagne de la volonté de s'en approprier, voire d'atteindre, le stade de la connaissance[777]. Quant à Édouard, le décalage entre reconnaissance et connaissance se complique d'un troisième niveau, que nous appellerons acceptation (ou non-acceptation) de la variété légitime : le sujet reconnaît la norme valorisée, la centralité du Français, mais n'accepte pas de s'y soumettre. Loin d'être immédiat, ce refus ne représente que la dernière étape d'un parcours fait d'hésitations et de tâtonnements. Et c'est dans cette zone floue entre acceptation et non-acceptation que se déroule le drame du sujet. La conscience de la distinction[778] phonologique et culturelle entre deux variétés situées à des niveaux différents entraîne des conséquences diverses selon les acteurs sociaux : Édouard accepte la distinction à laquelle il est confronté et parvient à l'extérioriser, alors qu'Antoinette cherche à la combler[779].

Par ailleurs, l'attitude d'Édouard n'est pas exempte d'une forme d'ambiguïté, dont il est conscient : tout en refusant de se soumettre à l'emprise de la culture française, il ne peut s'empêcher d'en subir le

---

[775] Signalons aussi la contamination linguistique français – anglais qui caractérise le joual au niveau lexical ("enough is enough, comme on dit en français"). La remarque du locuteur "comme on dit en français" indique que l'expression est employée normalement si bien qu'elle est ressentie comme française.

[776] Bourdieu, P., "L'économie des échanges linguistiques", *op.cit.*, p.29.

[777] En fait, c'est plutôt sur Lucille, la fille d'Antoinette, que se projette le dessein d'Antoinette de s'approprier de la visibilité plus valorisante.

[778] La notion de *distinction* est employée dans le sens que Bourdieu lui attribue. Voir Bourdieu, P., *Questions de sociologie*, *op.cit.*, pp.10-11.

[779] Bourdieu, P., *Ce que parler veut dire*, *op.cit.*, p.54.

charme ("Elle (Antoinette), tout ce qu'est capable de faire, c'est d'essayer de vous copier ! Pis moé aussi, dans un sens, pis j'en ai honte !"). Toutefois, au capital linguistique constitué par la langue française, Édouard substitue un capital moins valorisé du point de vue de la rentabilité en termes de visibilité par rapport à des regards extérieurs, mais plus précieux sur le plan affectif. Il s'ensuit que le sujet se situe en dehors de toute problématique concernant la sécurité / insécurité formelle et statutaire. Préférant une échelle de valeurs affectives, il renforce, par le biais des sonorités, sa sécurité identitaire : retrouvant son accent québécois, Édouard affirme de façon catégorique que son accent caractérise, voire fonde sa communauté d'appartenance.

Rappelons que le charme qu'Édouard éprouve à l'égard de la culture et de la langue françaises n'est pas un élément novateur, mais se rapproche de l'attitude manifestée par Amkoullel, par le négrillon et par Marie-Sophie Laborieux. Toutefois, chez Amkoullel, la fascination à l'égard de la France ne provoque aucunement les troubles identitaires manifestés par les autres sujets. Il nous semble que la réaction d'Édouard renvoie plutôt à celle du petit négrillon, protagoniste des récits de Chamoiseau. Néanmoins, quoique la situation de départ soit articulée autour des mêmes éléments (nous faisons référence à la dévalorisation exercée par la langue dominante vis-à-vis de la langue ou d'une variété dominée), le comportement des deux protagonistes ne se développe pas dans la même direction. Sans doute à cause de son jeune âge, le négrillon intègre le mépris exprimé par le maître et parvient à partager les mêmes opinions, effaçant ainsi son "être" créole, tant et si bien que les *Actes Menaçant la Face* (*Face Threatening Acts*) provoquent l'anéantissement de l'identité (sonore, culturelle et ethnique) de l'enfant[780]. En revanche, chez Édouard, l'identité québécoise est ancrée assez profondément pour qu'il n'atteigne pas l'étape finale correspondant au reniement complet. Il s'ensuit que, la menace que les représentant(e)s de la langue valorisée et dominante portent sur la visibilité sonore du sujet placé en position inférieure se traduit par une redécouverte et par une réaffirmation d'autant plus intenses de son essence sonore et identitaire.

Finalement, les épisodes qui se sont produits sur le bateau permettent à Édouard de supposer que la rencontre entre les variétés du français ne passera pas inaperçue :

> J'ai fait rire la princesse Clavet-Daudun avec mon vrai accent, tout ce qu'il me reste à espérer c'est que les Français me fassent rire avec le

---

[780] Nous renvoyons au chapitre 2, par.2.5. et par.2.6.

leur. Mais le problème c'est que j'y suis habitué alors qu'eux ne le sont pas au mien ! [...]"[781]

2.2.1.2. Synthèse d'une dynamique linguistique conflictuelle : vers un recadrage du marché linguistique

L'étude des relations entre sujets d'origine ethnique et sociale différentes par le biais du niveau phonétique dévoile un parcours de négociation, de définition, mais surtout de redéfinition de l'identité sonore du sujet et de l'autre.

À la fin de la première étape de cet itinéraire (qui se termine avec l'arrivée des personnages au Havre), il est possible de visualiser la configuration de l'articulation entre les trois pôles sonores et identitaires qui ont fait l'objet de notre attention. En effet, les événements que nous venons de relater permettent d'ébaucher quelques considérations concernant l'identité des sujets en jeu, voire l'articulation des relations identité *vs* altérité par le biais des représentations sonores des dynamiques linguistiques en jeu.

En premier lieu, nous constaterons que les images de soi que le sujet renvoie sont multiples : l'image personnelle (c'est-à-dire l'image que le sujet a de soi-même) est côtoyée par deux types d'images sociales ou publiques : d'une part l'image projetée que l'on diffuse volontairement aux autres, de l'autre l'image perçue ou identité objective que l'on projette inconsciemment et que les autres perçoivent[782].

Deuxièmement, ces trois aspects de la même identité ne coïncident pas forcément. Le personnage d'Antoinette, en particulier, relève d'une dissociation entre l'image personnelle et l'image perçue ou attribuée par l'entourage socio-ethnique. Ce n'est qu'au moment où les autres lui restituent une image différente d'elle-même qu'elle commence à remettre en cause sa visibilité sonore ("[...] je vais finir par croire que j'en ai vraiment un !"). Relativement à Antoinette, c'est l'opposition entre image personnelle et image perçue qui devient opérationnelle, dans le sens où la non-coïncidence entre identité personnelle et identité perçue[783] débouche sur une redéfinition

---

[781]*Des nouvelles d'Édouard*, p.143.

[782]Malewska-Peyre, H., "Le processus de dévalorisation de l'identité et les stratégies identitaires", in Camilleri, C. (et alii), *Stratégies identitaires*, Paris, P.U.F., coll. « Psychologie d'aujourd'hui », 1999 (3ème éd.), p.113. Nous rappelons que la définition d'identité objective en opposition à l'identité personnelle est proposée par Lipiansky, E.M., "Identité subjective et interaction", in Camilleri, C., *Stratégies identitaires*, *op.cit.*, pp.173-174.

[783]Étant donné la double acception de l'expression identité publique, la forme identité perçue ou objective nous paraît moins ambiguë.

identitaire et comporte le risque d'une perte de la face[784] : l'image attribuée par l'entourage révèle au sujet des traits qu'il ignorait et modifie, par conséquent, l'image personnelle de locuteur sans accent qu'il s'était construit. Nous sommes donc face à un premier exemple de coproduction identitaire, résultant de l'action combinée du "moi" et de l'"autre", par le biais de la dimension sonore, voire de l'accent ethnique. Cependant, l'analyse du comportement d'Antoinette indique que son évolution se limite à la prise de conscience de son propre accent. Loin de se traduire en un bouleversement de son attitude, voire en une revalorisation de sa visibilité identitaire en présence du français hexagonal, elle demeure liée à son mépris de l'accent et de la culture québécois et à la surévaluation de la France et du français hexagonal légitimé par la norme.

En revanche, la conduite d'Édouard sur le bateau se caractérise par des mouvements identitaires contradictoires. Au début, la reproduction, plus ou moins consciente, des traits phonétiques propres au français hexagonal (le - r - notamment) rentre dans le cadre de la recherche de la conformité, et s'explique en relation à l'insécurité linguistique ressentie à l'égard du français hexagonal. Si le sujet ne souhaite pas parvenir à l'étape de l'assimilation, il n'en est pas moins vrai qu'il cherche à s'aligner, du moins du point de vue phonétique, sur le groupe dominant[785]. Nous sommes ici au niveau du rapport entre image personnelle et image projetée volontairement par le protagoniste sur son entourage, composé essentiellement par le capitaine et par Antoinette. Aucune information directe concernant l'image perçue n'est donnée au lecteur ; cependant, il est possible d'inférer que, du moins dans les premières phases de son voyage, Édouard parvient à manipuler, grâce à une métamorphose phonétique, l'image perçue par ses interlocuteurs : le capitaine, Antoinette et la princesse Clavet-Daudun paraissent ne pas être frappés par l'accent d'Édouard. S'il ne modifie pas l'image personnelle (la note d'ironie qui caractérise les considérations personnelles d'Édouard sur la prononciation d'Antoinette et de Mme du Tremblay en constitue une preuve)[786], le projet de se conformer à la prononciation du groupe dominant s'accompagne, pourtant, d'une remise en cause de la visibilité identitaire d'origine : le dédoublement relevé en relation à la

---

[784]L'expression goffmanienne est reprise par Lipiansky, E.M., "Identité subjective et interaction", *op.cit.*, p.175.
[785]Nous rappelons que J. Kastersztein identifie trois finalités identitaires : la conformisation, l'anonymat et l'assimilation. Voir Kastersztein, J., "Les stratégies identitaires des acteurs sociaux : approche dynamique des finalités", in Camilleri, C. (et alii), *Stratégies identitaires*, *op.cit.*, pp.32-36.
[786]Voir *Des nouvelles d'Édouard*, p.85, p.134.

prononciation manifeste un déchirement plus profond, provoqué par la fascination exercée par la France et qu'Édouard subit.

Néanmoins, la dynamique identitaire qui se rattache au protagoniste ne peut être réduite à la quête de la ressemblance. Celle-ci est contrebalancée par un mouvement contraire consistant en une revendication de la différenciation. C'est au moment où l'état de conformité est sur le point de se convertir en assimilation que le sujet prend ses distances et déclenche un mouvement qui se déploie en une direction opposée. Le retour et donc le dévoilement de son accent naturel à la princesse et à Antoinette rentre dans les stratégies de différenciation, voire de sur-affirmation identitaire : le sujet déprécié réagit contre le sujet dépréciateur et porte au premier plan le facteur stigmatisé, l'accent joualisant[787]. Par le biais du niveau sonore, Édouard revendique son appartenance au groupe identitaire québécois.

Enfin, placée en position forte grâce à son origine ethnique, la princesse Clavet-Daudun ne se distingue par aucune évolution évidente. Le seul élément d'innovation concerne sa sensibilité linguistique et consiste dans la découverte du vrai accent québécois qu'elle entend pour la première fois dans la bouche d'Édouard. Il reste à vérifier si elle devine qu'il s'agit de l'accent québécois pur et non pas d'une imitation théâtrale.

2.2.2. Édouard à Paris : un Rastignac québécois[788]

La deuxième phase du voyage d'Édouard se caractérise par un changement d'environnement : le protagoniste sort de l'espace bien défini du bateau pour plonger dans le contexte français et, plus précisément, parisien.

Après avoir vérifié la manière dont les relations entre les sujets se métamorphosent, notre hypothèse consiste à poser l'existence d'un rapport entre le changement de contexte, le rôle des sonorités et les

---

[787] La sur-affirmation est une des manifestations de l'identité réactionnelle qui se manifeste "le plus communément entre porteurs de cultures différentes engagés dans une relation asymétrique". Camilleri, C., "Identité et gestion de la disparité culturelle : essai d'une typologie", in Camilleri, C. (et alii), *Stratégies identitaires, op.cit.*, p.90. Par ailleurs, une telle attitude correspond aussi à ce que Taboada-Leonetti définit comme *surenchère*. Voir Taboada-Leonetti, I., "Stratégies identitaires et minorités : le point de vue du sociologue", in *ibid.* pp.66-67.

[788] L'exclamation d'Édouard "À nous deux, Paris !" rappelle inévitablement celle du héros balzacien : "Rastignac, resté seul, fit quelques pas vers le haut du cimetière et vit Paris tortueusement couché le long des deux rives de la Seine où commençaient à briller les lumières. [...] Il lança sur cette ruche bourdonnante un regard qui semblait par avance en pomper le miel, et dit ces mots grandioses : « À nous deux maintenant ! »". *Des nouvelles d'Édouard*, p.249 ; Balzac, Honoré (de), *Le Père Goriot*, Paris, Gallimard, coll. « Folio », 1971 (1988), p.367.

dimensions relationnelle et identitaire. En effet, le bateau représente un terrain neutre, un espace clos où les forces en jeu sont, du moins théoriquement, au même niveau. La transition vers un cadre contextuel différent[789] s'accompagne d'un renversement de perspective concernant le décalage entre accent québécois et accent français hexagonal ainsi que les relations inter-ethniques. L'extrait suivant rend compte de ces multiples transformations :

> Un monsieur très sérieux avec un uniforme et une casquette est venu poinçonner nos billets et regarder nos papiers en blaguant sur l'accent si drôle des Canadiens français. Antoinette a blanchi. Moi, j'ai rougi. J'ai eu envie de lui dire que son accent était aussi drôle pour nous mais il n'aurait peut-être pas compris. À partir de maintenant je dois accepter le fait que je suis en minorité, ici, et que c'est moi qui ai un accent. Ça va être difficile parce qu'on riait tellement, sur la rue Mont-Royal, quand on entendait quelqu'un qui avait l'accent français.[790]

Plongé dans un nouvel environnement, la première réaction du sujet est de passer inaperçu et de s'identifier au groupe dominant. Pour ce faire, il met en œuvre la stratégie de la mimésis, consistant à revêtir le masque phonétique et prosodique propre au groupe dominant :

> « Vous allez à Paris ? » Je lui ai répondu avec un accent qui s'approchait le plus possible du sien : « Ceurtaineument ! »[791]

Dès les premiers mots qu'il prononce, Édouard fait preuve de flexibilité communicative[792], dans le sens où, en dépit de présupposés phonétiques différents, il cherche à combler les attentes sonores de ses nouveaux interlocuteurs. Néanmoins, une telle flexibilité n'est pas

---

[789]Nous rappelons que la notion de "contextualisation" est une des notions centrales de la sociolinguistique et de l'ethnographie de la communication. Voir Gumperz, J., *Engager la conversation. Introduction à la linguistique interactionnelle, Engager la conversation. Introduction à la sociolinguistique interactionnelle*, Paris, Les Éditions de Minuit, 1989.

[790]*Des nouvelles d'Édouard*, pp.189-190. À propos des remarques des Québécois sur l'accent français hexagonal, voir aussi *La grosse femme d'à côté est enceinte*, p.19 et pp.47-48 ; *La duchesse et le roturier*, pp.71-72.

[791]*Des nouvelles d'Édouard*, p.186. La prononciation mimétique d'Édouard se rapproche de celle de Lucille Beaugrand que nous avons "entendue" plus haut (*Queu c'est beau, mamon, queu c'est beau ! Reugarde les jeulies mésons !*). Voir aussi *Des nouvelles d'Édouard*, p.224 : " - Jeu suis bian au quatrième étâage ? "

[792]La notion de *flexibilité communicative* est empruntée à Gumperz : elle consiste à adapter ses stratégies communicatives à celles de son auditoire (et, plus précisément, à celles du groupe dominant), si bien que les sujets sont en mesure de comprendre le message transmis. Voir Gumperz, J., *Engager la conversation. Introduction à la sociolinguistique interactionnelle*, op.cit., p.21.

sans relation avec l'insécurité sonore qui s'insinue dans l'attitude du protagoniste. En effet, la sécurité statutaire qui caractérisait Édouard sur le bateau est ici fortement remise en cause : le changement de contexte suffit pour que les convictions du sujet s'écroulent et pour qu'il retombe dans l'admiration du modèle français hexagonal.

En conséquence, il sera question d'examiner comment la prononciation française d'Édouard se justifie relativement à la défense acharnée de la visibilité sonore, identitaire et ethnique québécoises dont il a fait preuve sur le bateau. Par ailleurs, au moment où le sujet laisse son tempérament s'épancher sans aucun frein, l'accent et les traits phonétiques joualisants qui le caractérisent réapparaissent spontanément :

> J'aurais voulu arrêter un de ces hommes affairés qui me croisaient, une de ces femmes pressées, et leur dire en battant des mains : « Regardez, c'est moi, chus là ! Je viens d'arriver de ben loin, de l'autre bout du monde, pis chus tellement content d'être là ! Avez-vous vu la couleur du ciel ? Avez-vous vu comme tout est beau, ici ? Comment tout va ensemble, comme dans un décor ? » Mais ils auraient probablement ri de moi : ils sont nés là-dedans ; ils ne doivent plus rien voir.[793]

Sans arriver au reniement total, il nous semble plutôt que l'hypothèse d'un retour dans l'ambiguïté relevée déjà au début du voyage peut être avancée[794].

Si sur le bateau le problème de la sécurité *vs* insécurité formelle et statutaire n'était qu'effleuré, maintenant, quoique indirectement, ces deux formes reviennent au premier plan. Les tentatives d'Édouard de parler avec un accent français, révéleraient sa volonté de plaire aux représentants du français hexagonal et, par conséquent, d'être accepté par le contexte normé. Dans cette optique, l'occultation de son accent naturel dans les conversations avec des locuteurs du français hexagonal s'expliquerait en fonction de la dévalorisation et du discrédit que le sujet jette sur celui-ci. Cependant, l'insécurité prosodique dont Édouard fait état n'atteint pas le niveau le plus profond, à savoir le niveau identitaire, comme le prouve la dernière réplique citée. Le retour spontané au joual dès qu'il se parle à lui-même, signale que le sujet ne souhaite pas l'assimilation totale au français hexagonal.

---

[793] *Des nouvelles d'Édouard*, pp.214-215.
[794] En particulier, nous faisons référence au phénomène phonétique consistant à remplacer le – r – roulé québécois par le – r – français tout au long de la conversation avec le capitaine.

La problématique des relations entre français québécois *vs* français hexagonal est au premier plan dès que, des réflexions abstraites d'Édouard, l'on déplace l'attention à ses premiers échanges avec des Français, voire des Parisiens :

> J'étais trop épuisé pour déguiser mon accent. Dès que j'ai ouvert la bouche, le chauffeur, un titi avec un accent parigot à faire frémir (areuh, areuh, areuh...) s'est mis à rire.
> - Vous êtes canadien ?
> - Oui. Ça s'entend ?
> - Et comment ! C'est que je connais bien le Canada, vous savez ! J'ai une sœur qui est installée là-bas depuis des années. À Saint-Boniface. Vous la connaissez ?
> - Je suis de Montréal, vous savez...
> Il ne m'écoutait pas.
> - Madame Debout. Une grande brune, un peu forte. Son mari est professeur de français, là-bas... Ça ne vous dit rien ?
> - Vous savez, Saint-Boniface est presque aussi éloignée de Montréal que Paris !
> Il a tellement ri cet homme-là, que je pensais qu'on allait rentrer dans l'église de la Trinité qu'on était en train de contourner.
> - Ces Canadiens, tous des farceurs ! Allez-y, dites-moi quelque chose, votre accent me fait marrer !
> J'avais le goût, d'abord, de faire le singe sur la banquette arrière d'un taxi, après la journée que je venais de passer ! Mais il insistait tellement que j'ai dit n'importe quoi en regardant par la fenêtre. [...] J'ai donné ce que je pensais être un gros pourboire au chauffeur qui m'a rappelé une dernière fois à quel point mon accent le faisait rire. Là, j'avais mon voyage et je lui ai répondu, bêtement :
> - Si y fallait qu'on éclate de rire chaque fois qu'on entend un Français parler, chez nous, on passerait pour des hystériques !
> Et c'est là que j'ai réalisé qu'il ne comprenait pas un mot de ce que je disais, qu'il riait juste aux sons que je faisais.[795]

L'extrait rapporté se prête à une lecture plurielle. Premièrement, la dimension sonore constitue la toile de fond sur laquelle les relations entre les deux protagonistes sont enchâssées : l'identification de la provenance ethnique et sociale des locuteurs résulte d'un processus d'inférence phonétique, grâce auquel les protagonistes déterminent leur origine réciproque sur la base de la reconnaissance de l'accent[796].

---

[795] *Des nouvelles d'Édouard*, pp.218-220.

[796] La notion d'inférence dans le domaine de la conversation est introduite par Gumperz. Voir Gumperz, J., *Engager la conversation*, *op.cit.*, pp.55-56 en particulier. L'épisode d'identification de l'accent québécois à Paris n'est pas isolé. Malgré les efforts pour cacher les traits phonétiques et intonatifs québécois, Édouard ne parvient pas à passer inaperçu. Voir *Des nouvelles d'Édouard*, p.272.

C'est donc une redéfinition identitaire qui a lieu dans l'interaction : les identités s'expriment et se retrouvent dans les performances langagières et sonores, des sujets[797]. La reconnaissance d'un accent divers, loin d'être neutre, s'accompagne de l'évaluation de la part du sujet percevant : "[...] Allez-y, parlez, dites-moi quelque chose, votre accent me fait marrer !"[798]. Édouard non plus ne s'en tient pas à un niveau perceptif : non seulement il reconnaît l'accent parisien, mais il rapporte aussi le point de vue de ses concitoyens. Par sa réplique, il rétablit une nouvelle forme d'équilibre : si d'une part l'accent québécois amuse les Français, de l'autre l'accent français n'en est pas moins ridiculisé par les québécois[799]. La remarque d'Édouard paraît contredire le respect dont il a lui-même fait preuve à l'égard du français hexagonal, ce qui permet de supposer que, situés dans leur propre contexte et donc placés en position forte, les Québécois se sentent autorisés à se moquer de l'accent français sans avoir l'impression de perdre la face. Enfin, signalons aussi l'autonomie des phénomènes prosodiques et intonatifs dont la signification n'est pas en relation avec le niveau sémantique : ils peuvent se rencontrer et se superposer mais aussi diverger et se développer dans des directions différentes.

L'approche avec les Français n'est pas toujours positive. Il suffit d'avancer dans l'examen des aventures du héros et de son exploration de la capitale, pour que des accidents prosodiques se produisent :

> Un bruit de conversation venait de la cuisine. D'engueulade, plutôt. [...].
> - Qu'est-ce que vous faites là, vous ?
> Son ton était tellement brusque que la gêne m'a presque rendu muet. J'ai ravalé avant de répondre :
> - C'été ouvert...
> - Mais c'est fermé ! Il n'est pas sept heures ! Nous n'ouvrons pas avant sept heures, vous le savez bien [...]
> - Il est sept heures moans dix, presque moans ciinq...
> - Voilà ! Qu'est-ce que je vous disais ! Allez, sortez ! Vous reviendrez à sept heures !
> - Mais est-ceu queu jeu neu pourré pas rester ici jusqu'à sépt heuures ? Jeu pourrais reugarder lei meunu ?

---

[797] La relation identité – expression langagière est aussi à la base de la réflexion de Gumperz. Voir Gumperz, J., *Sociolinguistique interactionnelle. Une approche interprétative*, La Réunion, L'Harmattan, 1989.

[798] Nous ne nous arrêterons pas sur la problématique de la perception-évaluation des accents à laquelle la réaction du chauffeur renvoie inévitablement et que nous avons traitée dans les paragraphes qui précèdent.

[799] Nous rappelons qu'Édouard aussi exprime son jugement sur l'accent du chauffeur ("un accent parigot à faire frémir"). Voir l'extrait rapporté plus haut, p.201.

> Il me fixait avec de grands yeux pendant que je m'enfargeais dans mes mots.
> - Mais d'où sortez-vous, avec cet accent ? Vous êtes belge ou quoi !
> Je ne sais pas si c'était une insulte, mais je l'ai très mal pris. [...] Il s'est étiré sur le bout des pieds [...] en me montrant la sortie.
> - Nous n'acceptons pas les Arabes, ici, monsieur !
> Après les Belges, les Arabes ! Franchement ![800]

Dans ce passage, l'accent québécois du protagoniste est loin de produire le même effet que dans le fragment rapporté plus haut. Malgré les efforts pour déguiser son accent, Édouard. n'atteint pas la neutralité visée. Au contraire, sa voix assume une nouvelle configuration prosodique, tout de même refusée de la part de son interlocuteur, dont l'ethnocentrisme est extrême. Et encore une fois, ce refus est d'abord un refus d'un accent et d'une voix ethnique autre. En ce sens, Édouard, est victime d'une *double contrainte* : plus il cherche à cacher son accent, plus ce dernier est reconnu comme marqué. D'ailleurs, la non-reconnaissance, voire l'assimilation de son propre accent à des accents autres, perturbent le sujet profondément ("Après les Belges, les Arabes ! Franchement !").

Exception faite pour un cas d'évaluation positive de l'accent québécois ("Roger avait reconnu mon accent, même si je l'avais quelque peu déguisé, et m'écoutait parler comme si ce qui sortait de ma bouche était de la musique...")[801], les autres expériences d'Édouard à Paris se situent à un autre niveau qui, à son tour, est articulé en plusieurs étapes : de la ridiculisation à l'agression et au refus. Même là où la perception de l'accent québécois est représentée dans une perspective comique, c'est toujours la face du sujet qui est en jeu et qui est l'objet d'un véritable *Acte Menaçant la Face*.

La nouvelle rencontre d'Édouard avec la princesse Clavet-Daudun se situe précisément dans cette perspective :

> Au milieu du brouhaha général j'ai entendu une voix que je connaissais :
> - Mais oui, c'est bien lui ! C'est mon ami le Canadien !
> La princesse Clavet-Daudun ! Y manquait plus qu'elle ! [...][802]
> - C'est mon Canadien ! Quelle chance d'être tombé dessus comme ça ! Allez-y, l'acteur, dites-nous quelque chose ! Je parle de votre accent à mes amis depuis hier mais je n'arrive pas à l'imiter ! Hhm ? Vous allez voir, vous autres, c'est incroyable ! On ne comprend pas un mot mais c'est d'un drôle !

---

[800]*Des nouvelles d'Édouard*, pp.250-251.
[801]*ibid.* p.255.
[802]*ibid.* pp.295-296.

> Je l'aurais tuée ! Après l'avoir martyrisée pendant de longues heures, savamment, avec ingéniosité et patience. Elle continuait comme si elle avait montré une bebelle dans une vitrine.
> - Non, écoutez, j'ai une meilleure idée ! On sonne chez Anne-Marie que je connais bien, on descend tous, vous montez sur la scène et vous nous faites un petit numéro de Canadien. Je suis sûre que Boris vomira des ronds de chapeau, lui qui aime tant les accents ! Hhm ?
> J'avais pas encore dit un mot et toute la rue savait que j'avais un accent à couper au couteau ! Je me suis dégagé tant bien que mal de son étreinte et je me suis sauvé comme un chien battu. [...] Je veux bien me donner en spectacle, c'est même un des grands plaisirs de ma vie, mai je refuse de faire le singe pour un gang de Français paquetés en mal de folklore ![803]

Cet épisode condense un certain nombre de traits déjà soulignés, à partir de l'écart entre les niveaux sémantique et prosodique jusqu'à la ridiculisation de l'accent étranger. L'accent du français québécois est réduit à un facteur folklorique, source de divertissement pour les Français. Une telle prise de position renvoie implicitement à la norme et, par conséquent, à la supériorité de l'accent français sur l'accent québécois. Quant à la réaction d'Édouard, sa face ayant été atteinte profondément, la seule voie qui lui reste est la fuite. En outre, dans ce passage, l'accent n'est plus seulement une dimension qui s'ajoute au contenu, mais il devient le contenu même, il est thématisé, quoique aucune description phonétique ni prosodique ne soit esquissée, sinon au niveau métaphorique ("[...] un accent à couper au couteau [...]").

À partir de la rencontre avec la princesse Clavet-Daudun, les expériences d'Édouard à Paris sombrent assez rapidement dans une dimension de plus en plus dramatique. Les remarques désagréables qu'un français lui adresse ont pour effet d'accentuer sa désillusion et son désespoir :

> [...] Et, évidemment, le waiter a demandé si j'étais canadien. Je lui ai répondu, en prenant l'accent de la ville de Québec : « Oui, de Québec, viargette ! » Simone a franchement ri et Toutoune a ouvert de grands yeux. Quelqu'un du groupe qui n'avait pas encore parlé [...] a murmuré entre ses dents : « Je déteste l'accent canadien. » Les larmes me sont immédiatement monté aux yeux et je lui ai répondu, rien que sur une pinotte : « Me laissez-vous au moins le droit de vivre ? » [...]. Simone a étiré le bras, posé la main sur la mienne. « Ne l'écoutez pas, monsieur, il est soûl. » Avant de me replonger dans ma carte de Paris j'ai juste répondu : « Moé aussi, chus soûl, pis j'insulte personne ! » L'homme a haussé les épaules en faisant un bruit moqueur avec sa bouche. [...].

---

[803] *ibid.* pp.296-298.

Et naturellement, je me suis senti comme un intrus, un indésirable qu'on n'a pas invité et qui s'installe quand même chez vous comme si tout lui était dû. [...]... et je me suis senti tellement, mais tellement *déplacé* ! Et indigne ! Pas même de faire partie de ce que je voyais mais juste d'être là ![804]

Le passage s'ouvre sur le rituel de la reconnaissance ethnique par le biais de l'accent, phénomène qui constitue, pourrait-on dire, le pivot autour duquel se déroule le voyage du protagoniste. La ridiculisation de l'accent, relevée dans le passage précédent, se transforme en rejet explicite. Suite à l'*acte menaçant la face* produit par le locuteur parisien, la perte de la face, de la part d'Édouard, est totale. La réaction d'Édouard prouve que "c'est à travers la réception de sa parole", voire de son accent, "que le sujet se trouve confirmé dans la représentation qu'il exprime de lui-même ou au contraire ignoré, rejeté ou dénié"[805]. La réplique d'Édouard ("Me laissez-vous au moins le droit de vivre?") est un signe évident du renoncement au combat qu'il avait engagé pour affirmer son identité québécoise. Le défi balzacien lancé par le protagoniste lors de son arrivée à Paris, s'éteint dans un état de résignation et est remplacé par un sentiment d'abandon de tout effort pour se faire accepter. L'intégration non-réussie, qui fait suite au discrédit porté sur l'accent québécois, insiste sur le rôle de la voix en tant que marqueur direct de la visibilité ethnique.

Si l'on recompose la dynamique identitaire intrinsèque aux comportements d'Édouard à Paris, il sera possible de découvrir plusieurs phases dont l'articulation reproduit, bien qu'à un niveau plus profond, celle qui caractérisait l'attitude du protagoniste sur le bateau. Dans cette perspective, la recherche d'une conformité phonétique, déjà soulignée auparavant, se répète à Paris avec une intensité redoublée : le changement de contexte pousse le protagoniste à chercher à passer inaperçu au point d'atteindre un état de désindividuation[806]. Afin de masquer son identité québécoise, Édouard engage une tentative de négociation identitaire qui se traduit dans des tentatives de contourner l'attribut stigmatisé - son accent - qui le dévoile, en dépit de ses efforts. Toutefois, les risques d'une telle attitude sont élevés : l'identité du sujet est effacée à tel point qu'aucune tentative de réaffirmer sa visibilité canadienne ne suffit plus au protagoniste pour contrebalancer l'anéantissement identitaire dont il est objet :

---

[804]*ibid.* pp.303-304.
[805]Lipiansky, E.M., "Identité subjective et ineraction", *op.cit.*, p.186.
[806]Voir Kastersztein, J., "Les stratégies identitaires des acteurs sociaux : approche dynamique des finalités", in Camilleri, C., *Stratégies identitaires, op.cit.*, p.27-41.

- Je voudrais aller à Château-Rouge, s'il vous plaît... [...]
- Plaît-il ?
- Je voudrais un billet pour la direction Porte de Clignancourt... J'm'en vais à Château-Rouge.
J'étais trop fatigué désormais pour me tricoter un accent français.
Un grand sourire s'est dessiné sur le visage gris et cerné du vendeur.
- Vous êtes canadien ? [...]
- Donnez-moi une deuxième classe, une troisième, même si vous en avez, ça va être assez pour moi ! Pis chus pas canadien ! Chus un Zoulou bilingue ![807]

L'influence exercée par le contexte est telle que le sujet atteint un état de manque de voix, de perte d'accent : sans avoir acquis l'accent français, Édouard ne se reconnaît plus dans l'identité québécoise qu'il avait défendue avec tant acharnement. Tout au long du bref séjour franco-parisien et suite au contact direct avec les parisiens, le protagoniste se retrouve dans un espace dans lequel les deux dimensions sonores se côtoient sans se superposer. Cet état d'accumulation, de multiplication identitaire est vécu, paradoxalement, comme un vide, comme une perte de toute identité. Ayant pris conscience de ce tremblement identitaire, le protagoniste semble hésiter, pour décider ensuite de récupérer l'identité qui était en train de s'effacer. Face à cette dilution identitaire, il décide de mettre fin à son séjour parisien et de rentrer au Canada[808].

À la fin du voyage linguistique et identitaire d'Édouard, une remarque comparative avec le parcours identitaire accompli par les sujets créoles s'impose dans la mesure où les deux sont marqués par les mêmes concepts de dévalorisation et d'écrasement identitaire. Néanmoins, pour les protagonistes de la créolité, l'anéantissement identitaire et culturel est à considérer comme une étape préalable à la construction identitaire, dont les prémisses sont esquissées dans *Texaco*. Au contraire, en dépit de la multiplication des variétés linguistiques relevée au début, l'expérience québécoise se conclut par la perte de tout repère linguistique et identitaire. La réaction, ou mieux l'absence de réaction, d'Édouard est tournée vers le renfermement sur soi. Cela est d'autant plus paradoxal si l'on se rapporte aux arrière-plans. Étant donné le vide créé par les colonisateurs, c'est une entreprise de construction sur les plans identitaire, culturel et linguistique que les sujets créoles sont obligés d'enclencher. En

---

[807]*Des nouvelles d'Édouard*, pp.306-307.

[808]"Je vais préparer ma valise, me rendre à la gare Saint-Lazare, quitter Paris par le premier train en partance pour le Havre. [...]. Sur le bateau, le *Liberté* ou un autre, je m'inventerai un voyage fantastique que je mettrai bien au point pour pouvoir le servir à tout le monde en rentrant à Montréal." *ibid*. p.315.

revanche, les sujets québécois ne sont pas confrontés à un tel vide : quoique dépréciés et ridiculisés, leurs repères culturels, identitaires et linguistiques n'ont pas été, pour autant, effacés complètement. Un processus de réaffirmation suffirait pour faire face au danger grandissant venant du français hexagonal.

3. L'oralité et ses enjeux identitaires : un dynamisme apparent ou réel ?

Les références à la dimension orale et sonore jalonnent, de manière ponctuelle, les romans appartenant au cycle des *Chroniques du Plateau Mont-Royal*. Loin d'être accessoires, les phénomènes sonores, phonétiques et prosodiques notamment, sont largement responsables des représentations que les protagonistes se font de la relation entre les variétés linguistiques en jeu et des attitudes qu'ils manifestent à leur égard.

En conséquence, avant de conclure l'examen du corpus québécois, nous porterons le regard sur deux points principaux liés entre eux par une relation de cause à effet : une enquête textuelle sera le point de départ qui nous permettra, en un deuxième temps, de déceler les enjeux qui se cachent derrière les choix linguistiques de l'écrivain.

3.1. L'oralisation de la narration

3.1.1. Techniques adoptées et effets produits

L'enquête textuelle sera articulée en deux points : après avoir porté le regard sur la structure textuelle, nous signalerons les techniques dont Tremblay se sert afin d'intégrer à la narration les voix de ses personnages et les sonorités qui animent ses romans.

Traitant de la structure textuelle, notre projet est de prendre en compte l'articulation entre parties dialoguées et parties narratives. Un survol comparatif avec les corpus déjà analysés n'est pas dépourvu d'intérêt. Problématique qui ne concerne pas le corpus malien, dans lequel les répliques des personnages sont bien séparées du reste de la narration, elle prend une importance considérable dans la production de Chamoiseau. De ce point de vue, les textes créoles font état d'une forte dislocation structurelle, où à la fusion du tissu narratif et des échanges dialogués s'ajoute l'insertion de textes de natures différentes (lettres, conversations qui se déroulent à un autre niveau, poèmes, etc)[809]. En revanche, les romans du cycle des *Chroniques du Plateau Mont-Royal* se développent selon une direction contraire comparativement à la tendance fusionnelle propre à Chamoiseau. En effet, dans les premiers romans du cycle (*La grosse femme d'à côté est enceinte*, *Thérèse et Pierrette à l'école des Saints-Anges*, *La duchesse et le roturier*), le mélange entre narration et répliques de discours direct est absolu. Les prise de paroles des personnages sont signalées à l'aide de la ponctuation (les guillemets en particulier), mais ne sont jamais mises en relief au niveau de la disposition spatiale :

> Laura avait pris son repas avec la grosse femme. Lorsqu'elle avait vu la maison se remplir tout d'un coup elle s'était réfugiée auprès de sa cousine, prétextant un étourdissement. « J'peux-tu rester un p'tit peu avec vous, ma tante ? Quand y'a trop de monde, ça me donne mal au cœur... Êtes-vous de même, vous aussi ? » La grosse femme avait esquissé un sourire plutôt froid. « Y'a jamais ben du monde qui viennent me voir en même temps, t'sais... » « Excusez-moé, c'est vrai, vous pouvez pas vous déplacer pis la chambre est pas ben grande... « Assis-toé, Laura, t'es supposée d'être étourdie... » Laura s'était assise sur le lit, jambes serrées et bras croisés sur la poitrine. « Pis détends-toé, un peu...[...] ».[810]

En revanche, dans les trois derniers romans (*Des nouvelles d'Édouard*, *Le premier quartier de la lune*, *Un objet de beauté*), l'écrivain esquisse un mouvement de retour vers une disposition traditionnelle du texte, en glissant de l'homogénéisation textuelle vers la dissociation des composantes narrative et dialogique. Le texte romanesque se rapproche ainsi du texte de théâtre, d'autant mieux que, souvent, la narration qui sépare les répliques des personnages évoque les didascalies propres aux ouvrages de théâtre :

> « Veux-tu une bière ? »
> La réponse lui parvint de très loin, comme si Simone parlait avec une main sur la bouche :
> « Ben oui, j'aime mieux t'accompagner dans'boisson que de t'endurer paquetée... »
> Elle ouvre une grosse bière en marmonnant.
> « C'est ça, braille donc, c'est tout ce que tu sais faire. »

---

[809] Les cahiers de Marie-Sophie Laborieux dans le roman *Texaco*, l'échange entre le conteur et le marqueur de paroles dans *Solibo Magnifique*, l'intervention des répondeurs dans les récits biographiques ne sont que les exemples les plus marquants.
[810] *La grosse femme d'à côté est enceinte*, pp.255-256.

Elle prend deux verres, revient vers le salon. Elle s'appuie contre le chambranle de la porte, contemple la femme-homme étendue sur le sofa dans son ridicule déguisement de petit monsieur trop propre.[811]

L'influence de l'abondante production théâtrale de l'écrivain est remarquable.

Quant à l'intégration dans la narration des traits suprasegmentaux et de leurs variations, les techniques employées par Tremblay coïncident avec celles déjà relevées dans les corpus malien et créole bien que leur distribution diffère. Sans procéder à un calcul numérique des formules elliptiques relevées, une première lecture suffit pour observer que les romans de Tremblay sont décidément envahis par les formules elliptiques, dont la présence dans les romans de Chamoiseau est extrêmement réduite. Conformément aux textes écrits pour être mis en scène, Tremblay agence de longs échanges sans que le discours attributif ne soit mobilisé. L'effet produit est celui d'une proximité plus forte avec les conversations réelles et d'une accélération rythmique : les voix s'enchaînent l'une après l'autre, de manière naturelle, signalées simplement par les guillemets[812] : "[…] quand eux (les personnages) parlent, il n'y a pas de « dit-il », « dit-elle », « fit-il », « fit-elle » ; je ne m'immisce jamais dans ce que mes personnages disent."[813] L'objectif est clair : "je voulais qu'à la longue, le lecteur ne voie plus la différence entre mon style et celui de mes personnages"[814], continue l'écrivain.

En revanche, le traitement que Tremblay réserve au discours attributif est assez particulier. L'emploi de verbes neutres et marqués diminue considérablement, alors que les périphrases sémantiques sont fréquentes. Même si elle est plus réduite par rapport aux choix opérés par Hampâté Bâ et par Chamoiseau, la variété de la gamme verbale proposée par Tremblay est encore remarquable. De plus, comme dans le cas des corpus malien et créole, elle est caractérisée par la priorité accordée au verbes marqués (au nombre de 30) contre les verbes neutres (22)[815]. Toutefois, leurs occurrences baissent

---

[811] *Un objet de beauté*, p.217.

[812] Pour de longues séquences de formules elliptiques, nous renvoyons à *La grosse femme d'à côté est enceinte*, pp.24, 121, 218 ; *Le premier quartier de la lune*, pp. 108-109, 213, etc.

[813] *Le Monde*, 9 novembre 1979.

[814] *Ibidem*.

[815] Voici les verbes neutres rapportés selon un ordre alphabétique : acquiescer, ajouter, annoncer, avouer, confier, continuer, déclarer, demander, dire, interrompre, intervenir, parler, penser, poser des questions, poursuivre, raconter, répéter, répondre, riposter, se décider, se demander, se dire. Il est possible de remarquer qu'aucun des verbes mentionnés ne rentre dans la catégorie des verbes neutres indirects.

considérablement, étant donné que le nombre de répliques qu'ils introduisent est extrêmement limité.

Les verbes contenant une marque suprasegmentale ont été classés selon les mêmes critères déjà employés auparavant :

Verbes primaires :

bafouiller, bougonner, chanter, chantonner, chuchoter, entonner, fredonner, grommeler, lancer, maugréer, marmonner, murmurer, s'écrier

Verbes secondaires

Sonorités humaines non-verbales	crier, geindre, gémir, grogner, hurler, pleurer, pouffer, ricaner, rire, s'exclamer, sangloter, soupirer
Phénomènes sonores naturels et/ou mécaniques	Claironner
Attitudes émotives qui n'impliquent pas d'actes verbaux	s'inquiéter
Expressions du visage	Sourire
Sonorités animales	aboyer, roucouler

Conformément à la forte inclination pour la dimension sonore, Tremblay accorde sa préférence aux verbes primaires ainsi qu'aux verbes indiquant des sonorités humaines non-verbalisées.

Néanmoins, la plupart des modulations suprasegmentales de la voix des personnages sont décrites à l'aide de périphrases sémantiques dont la composition reproduit la structure adjectivale du type "verbe + d'une voix/d'un ton + adjectif"[816] déjà signalée dans les corpus malien et créole. Les 86 typologies *adjectivales* relevées dans l'ensemble des *Chroniques du Plateau Mont-Royal*[817] confirment l'attention de l'écrivain à l'égard du secteur prosodique et sonore. L'application des catégories proposées par J. Laver, déjà mobilisées dans les chapitres précédents, permet d'obtenir un classement complexe ainsi qu'un aperçu général des préférences de l'écrivain. Le groupe des étiquettes phonétiques s'étend sur plusieurs paramètres : de l'intensité (*haut,*

---

[816] Nous rappelons que les périphrases adjectivales sont côtoyées par des périphrases adverbiales contruites selon la structure *verbe déclaratif + adverbe* (ex. : *dire doucement, tendrement*, etc.). Moins nombreuses que les premières, nous nous limitons à signaler leur présence.

[817] La plupart des adjectifs accompagnent le substantif *voix* ; 13 qualifient le *ton* et 1 l'*accent*.

bas, fort, gros, de stentor)[818], au timbre (*enroué, rauque, tremblant, tonitruant*), à la hauteur (*chantant, flûté, grave, interrogatif, nasillard, pointu, strident, haut perché, de fausset*) pour terminer avec l'articulation (*guttural*)[819] et le rythme (*ânonnant, hachuré, lent, saccadé*). Moins nombreux, les adjectifs décrivant les aspects perceptifs de la voix (*assuré, chevrotant, ferme, nasillard, nuancé, plaintif, suppliant*) sont qualifiés d'étiquettes directes. Les étiquettes métaphoriques s'articulent en métaphores visuelles (*blanc, clair, menu, teinté de bonne humeur*), métaphores tactiles (*adouci, brisé, cassé, charnel, chaud, crémeux, doux, éraillé, froissé, glacial, rude, sec*) et métaphores qui renvoient au goût (*brûlé*). Les deux derniers regroupements correspondent aux étiquettes identificatrices intrinsèques (*lointain, petit, rapproché, venu de nulle part, de femme, d'homme*) et aux étiquettes identificatrices extrinsèques (*agressif, aimé, autoritaire, cajoleur, caressant, contrite, désespéré, presque émue, enchanteresse, enjoué, hystérique, impératif, inquiet, insultant, intelligible, joyeux, las, moqueur, naïf, paternaliste, posé, réconfortant, ridicule, sans passion, snob, vulgaire*)[820].

Il s'ensuit que les préférences manifestées par Tremblay dans le choix des adjectifs ne coïncident pas avec les choix opérés au niveau des lexèmes verbaux. Les verbes marqués, en effet, se caractérisaient par l'absence (exception faite pour le verbe *s'inquiéter*) de verbes qui décrivaient le niveau sonore par le biais des états émotifs. Au contraire, malgré une présence imposante, les étiquettes phonétiques sont côtoyées par la catégorie des étiquettes identificatrices extrinsèques. Celles-ci ne renvoient qu'indirectement aux sonorités décrites, s'opposant ainsi aux étiquettes phonétiques.

Souvent, les nuances suprasegmentales sont décrites au moyen de commentaires sémantiques décidément plus complexes. Parfois, les adjectifs sont associés entre eux, comme pour mieux décrire une composante insaisissable :

> Une voix lointaine, presque sans intonation, trop lente, lui murmura ce qu'il savait déjà [...] Lui aussi parlait trop lentement. Et de trop loin. [...] La voix était plus rapprochée, plus chaude, plus nuancée.[821]

---

[818] Les adjectifs sont rapportés au masculin bien que, dans la plupart des cas, ils qualifient le substantif *voix* et recourent donc au féminin.
[819] Nous avons déjà justifié l'insertion des étiquettes qui renvoient aux aspects articulatoires de la production de la voix dans le groupe des étiquettes phonétiques plutôt que dans celui des étiquettes descriptives.
[820] Notons aussi la présence d'un groupe exigu d'adjectifs (*égal, naturel, neutre, normal, ordinaire, sans intonation*) qui indiquent l'absence de modulations prosodiques et qui ne peuvent, d'après nous, être intégrés à aucun des regroupements cités.
[821] *Le premier quartier de la lune*, p.158.

Dans d'autres cas, l'écrivain précise les conditions qui sont à l'origine de certaines inflexions prosodiques

> Albertine avait soutenu le regard de sa mère mais sa voix était rauque comme si une émotion trop forte était bloquée dans sa gorge [...][822]

ou bien les effets produits :

> Louise Bérubé ayant attaqué le *Ô Canada* d'une voix nasillarde qui fit rire quelques filles, mais qui produisit quand-même son effet, les fillettes se mirent à courir vers leurs places [...].[823]

À côté des commentaires sémantiques qui portent sur la voix des locuteurs, d'autres phénomènes sonores captivent l'attention des lecteurs. Nous pensons aux bruits qui envahissent la production romanesque de Michel Tremblay et dont la variété est impressionnante. De plus, les bruits humains qui jalonnent les romans couvrent une gamme sonore extrêmement étendue, souvent enrichie par des adjectifs qui précisent les paramètres sonores en jeu : cris (*hystériques, sonores, stridents, de panique*), hurlements (*de joie*) et rires (*pleins, déments, de clochette, francs, heureux, sentis*) sont accompagnés de chants, murmures (*amusés*), chuchotements, plaintes, gémissements, pleurs, reproches, babillages, sanglots (*... des sanglots d'enfants, mi-cri, mi-plaintes...*)[824]. D'autres bruits touchent au fonctionnement des organes vocaux : les personnages respirent bruyamment, ronflent, se raclent la gorge, avalent bruyamment[825], reniflent, renâclent, toussotent et crachent[826].

Enfin, le dernier regroupement comprend des bruits non-humains : "brouhaha de chaises déplacées"[827], cliquetis, applaudissements, coups de sifflets, grincements, tintements de sonnette, piétinements[828]. Dans plusieurs cas, les bruits non-humains sont reproduits à l'aide d'onomatopées. Du bruit du tramway, dans lequel l'écrivain décèle une ressemblance avec la parole,

> Bruit du tramway. « Écoute... Écoute, le moteur... Sais-tu c'qu'y dit ? Écoute comme faut, pis tu vas l'entendre... Y dit : "Des pois, des pois,

---

[822] *La grosse femme d'à côté est enceinte*, p.276.
[823] *Thérèse et Pierrette à l'école des Saints-Anges*, p.97.
[824] *Un objet de beauté*, p.101.
[825] *Thérèse et Pierrette à l'école des Saints-Anges*, p.88.
[826] *ibid.* p.244.
[827] *La duchesse et le roturier*, p.96.
[828] *Un objet de beauté*, p.241.

des pois, des pois, des pois, des pois, des pois". Entends-tu là ? Quand y marche y le dit pas, mais quand y'arrête, y demande des pois ! »[829]

au rire :

[...] avant d'éclater en un rire démoniaque - style « Gniak, gniak, gniak, gniak, gniak » [...][830]

Finalement, dans les romans de Tremblay le silence est réduit au minimum. Il s'installe difficilement,

[...] le repas du matin se déroulait dans un quasi-silence, seuls les cris d'Albertine traversant parfois la maison comme des couteaux à viande, mais personne ne l'écoutait, les nez restaient collés au fond des assiettes [...][831]

ne dure que quelques instants et s'avère plutôt éphémère :
Le silence s'installait. Confortablement. Mais au bout de quelques minutes : [...]. Silence encore. Le triple cliquetis des broches.[832]

À côté des verbes marqués et des commentaires sémantiques, l'oralisation du texte est atteinte aussi grâce à une transcription mimétique obtenue à travers l'exploitation des ressources graphiques : du recours aux lettres capitales pour signaler une augmentation du volume

- J'te l'ai dit cent fois que j'comprends rien au français ! Fais-moé pas répéter, on vient d'en parler ! J'COMPRENDS RIEN AU FRANÇAIS ![833]

aux traits d'union afin de reproduire une scansion syllabique qui s'éloigne de celle qui caractérise l'acte locutoire en des conditions normales :

---

[829]*Thérèse et Pierrette à l'école des Saints-Anges*, p.98. La présence des bruits dans d'autres romans québécois est traitée par Galazzi. Le bruit du tramway est reproduit aussi dans *La duchesse et le roturier*, pp.81 et 117. Voir Galazzi, E., "Plaisir des sons, diversité des voix. Le langage métaphonologique dans « L'Enfirouapé » et « Le Matou » d'Y. Beauchemin", *op.cit.*
[830]*La duchesse et le roturier*, p.175. Voir aussi p.63 : "[...] des sifflets s'élevèrent de la salle, des « chous » sonores descendirent du balcon [...]" ; et *Des nouvelles d'Édouard*, p.38.
[831]*La grosse femme d'à côté est enceinte*, p.34.
[832]*ibid.* p.7.
[833]*Le premier quartier de la lune*, pp.87-88.

> "- R'cule im-mé-diat'-ment, Marcel, ou ben donc j'appelle la police ! M'as-tu entendue ? Y'a toujours ben des limites !"[834]

Deux autres procédés s'ajoutent aux techniques mentionnées. Nous faisons référence à l'italique et à la répétition du même graphème. Le premier est employé pour signaler une citation

> […] et le pianiste piochait sur son instrument quelque chose à la limite entre le *Ô Canada* et le *God save the king* pour couvrir le tout.[835]

pour mettre en relief des prononciations incorrectes ("[…] Pas *Oulette*, Ouellette ! […]")[836], des fautes morpho-syntaxiques ("[…] tu lis Balzac pis tu dis encore *un* banane pis *une* escalier ! […]")[837], pour transcrire des fragments prononcés en anglais[838], ou encore pour souligner un accent d'insistance :

> « Quand j'dis un monsieur, Rose, j'veux dire un *monsieur* ! »[839]

Quant à la répétition du même graphème, il suggère l'allongement de certains sons et, par conséquent, des modifications dans la durée :

> Ça donnait comme un éternuement : Kul... tuuuuure[840]

En général, les allongements vocaliques et consonantiques interviennent lorsque l'écrivain transcrit des imitations dont la nuance ironique est évidente :

> Reprenant son accent français, Édouard murmura sur un ton de conspirateur : "Vous crrroyez que c'était la terrrible Alllberrtine"[841]

Les derniers exemples anticipent le niveau des *fausses orthographes*, voire des orthographes phonétiques, employées en vue de transcrire la prononciation exacte des personnages, le joual :

---

[834] *Un objet de beauté*, p.312.
[835] *La duchesse et le roturier*, p.40. Voir aussi *La grosse femme d'à côté est enceinte*, p.40.
[836] *La duchesse et le roturier*, p.72.
[837] *ibid.* p.19.
[838] *Thérèse et Pierrette à l'école des Saints-Anges*, p.39.
[839] *ibid.* p.73.
[840] *Des nouvelles d'Édouard*, p.85.
[841] *La grosse femme d'à côté est enceinte*, p.48. Voir aussi *La duchesse et le roturier*, p.292 et *Des nouvelles d'Édouard*, pp.210 et 259.

« X'cuse-moé si j'te parle pas tu-suite... Mais chus-t'un peu paqueté. Pis ben déprimé »[842]

L'exemple rapporté ne condense que quelques-unes des principales variations phonétiques qui marquent le joual et l'éloignent ainsi du français normé : la chute du e caduc, la variation vocalique *[wa]* > *[we]*, l'assimilation de sonorités (*chus*), la simplification de groupes consonantiques complexes (*tu-suite*), les liaisons fautives (chus-*t'un* peu), la réduction vocalique (*pis* ; *ben*) pour ne citer que les principaux. Un autre phénomène phonétique propre au joual concerne la chute de la consonne liquide - *l* - en position finale[843] :

« Y'est pas tro tôt, Duplessis, y'est quasiment trop tard ! [...] » « Parle pas trop fort, y vont t'entendre... »[844]

L'écart par rapport à la prononciation normée est souligné par Édouard, lorsqu'il commente la manière de parler Mme du Tremblay :

[...] le pedegree de son chien et celui de sa bonne (qu'elle appelle d'ailleurs son *personnelll* en prononçant le « l » comme s'il y en avait trente-deux) [...][845]

Procédé dont l'exclusivité ne revient pas à Tremblay, il n'en est pas moins vrai que les manipulations de l'orthographe atteignent la limite extrême dans le corpus québécois. Il sera donc question de dévoiler et de réfléchir aux enjeux portés par de tels choix stylistiques.

3.1.2. Un choix linguistique, stylistique et idéologique pour une contre-affirmation identitaire

Quoique l'ensemble des techniques énumérées ci-dessus contribue à l'oralisation de la narration, c'est surtout le procédé de la transcription mimétique qui retiendra notre attention[846]. En effet, si les exemples abondent, ce procédé ne concerne que les répliques des locuteurs québécois qui s'expriment en joual, alors que les autres

---

[842]*La grosse femme d'à côté est enceinte*, p.260.
[843]Rappelons aussi l'opposition entre le - r - du français standard et le - r - roulé du français québécois, soulignée par Édouard. Bien que stigmatisé, ce phénomène n'est pas signalé par des déformations graphiques singulières.
[844]*La duchesse et le roturier*, p.233.
[845]*Des nouvelles d'Édouard*, p.134.
[846]Un panorama des nombreux procédés mis en place afin de reproduire à l'écrit les phénomènes phonétiques propres au joual est contenu en Gauvin, L., *Langagement. L'écrivain et la langue au Québec*, op.cit., pp.129-130.

répliques, ainsi que le reste de la narration, sont en français standard. Par cette ruse stylistique, non seulement Tremblay trace des frontières bien marquées entre joual et français normé mais, conformément aux règles du carnavalesque bakhtinien, opère un renversement hiérarchique des deux variétés : langue stigmatisée en tant que signe d'aliénation culturelle, Tremblay, par la *littérarisation* qu'il effectue[847], paraît en faire un instrument de sur-affirmation linguistique et identitaire, la transformant de langue méprisée en langue de fierté[848]. Néanmoins, les effets d'un tel choix ne vont pas sans quelques ambiguïtés. En effet, en instituant des barrières entre les langues/variétés en question, le joual fonctionne en tant que facteur responsable de la séparation et du repli sur soi. En d'autres termes, le dessein de Tremblay serait de montrer que, loin d'aboutir à une réaffirmation culturelle et linguistique, l'emploi du joual débouche sur une condition d'aliénation linguistique, culturelle et identitaire encore plus dramatique. Cette hypothèse nous paraît d'autant plus réelle que le recours au joual, en vue de dénoncer une condition de vide linguistique et identitaire, rentre aussi dans les projets du groupe d'intellectuels gravitant autour de la revue *Parti pris* dont Michel Tremblay était un lecteur assidu[849].

Étant donné que la plupart des techniques relevées dans le corpus québécois, notamment la subversion de l'orthographe, coïncident avec celles des romans et récits de P. Chamoiseau, une comparaison avec les résultats concernant la production de Chamoiseau sera utile afin de mieux éclairer les raisons qui sont à l'origine des choix de Tremblay.

Bien que la quête identitaire et ethnique créole et québécoise s'expriment de manière similaire, les projets qui les sous-tendent s'éloignent considérablement. La recherche identitaire de Chamoiseau vise la créolisation, conçue "comme un métissage sans limites, dont les éléments sont démultipliés, les résultantes imprévisibles"[850]. "La créolisation, rappelle Glissant, emporte ainsi dans l'aventure du plurilinguisme et dans l'éclatement inouï des cultures. Mais l'éclatement des cultures n'est pas leur éparpillement, ni leur dilution mutuelle. Il est le signe violent de leur partage consenti, non

---

[847] L'expression est proposée par Lise Gauvin afin d'indiquer non seulement le transcodage mais surtout la "recollection sélective" dans les romans des éléments propres à la langue populaire. Voir Gauvin, L., *Langagement. L'écrivain et la langue au Québec, op.cit.*, p. 130.
[848] Corbeil, J.-C., "Origine historique de la situation linguistique québécoise", in *Langue française*, n°31, septembre 1976, p.14.
[849] Voir Dargnat, M., *Michel Tremblay. Le « joual » dans Les Belles-Sœurs*, Paris, L'Harmattan, 2002, pp.159-162.
[850] Glissant, É., *Poétique de la relation, op.cit.*, p.46.

imposé."[851] Au niveau linguistique, cela débouche sur une réalité scripturale nouvelle. Que ce soit une écriture créolisée ou, *chamoisisée*[852], c'est à une langue "dont le génie est de toujours s'ouvrir"[853] que le lecteur est confronté.

En revanche, Tremblay met en scène un parcours de recherche qui s'éloigne de la créolisation et se déploie dans la direction opposée. L'aspect multiculturel qui marque la société québécoise, et dont la coprésence de l'anglais et des multiples variétés du français est une preuve, ne trouve pas d'issue possible dans la langue de Michel Tremblay. L'éclatement linguistique que les ouvrages de Tremblay reproduisent ne débouche pas sur une quête linguistique articulée sur le mode de la relation, mais se réduit à un panorama linguistique dont les composantes se côtoient en évitant toute interaction. S'il parvient, comme le fait Chamoiseau, à "trouver sa langue dans la langue"[854], celle-ci correspond à la reproduction d'une variété particulière du français québécois déjà existante : le joual. L'objectif de Tremblay n'est donc pas une quête, mais plutôt une réaffirmation identitaire qui s'exprime sur le mode de la distinction.

---

[851]*ibid.* pp.46-47.
[852]La définition d'écriture *chamoisisée* est de Milan Kundera, cité par Albert, C., *Francophonie et identités culturelles, op.cit.*, p.25.
[853]Glissant, É., *Poétique de la relation, op.cit.*, p.46.
[854]Albert, C., *Francophonie et identités culturelles, op.cit.*, p.16.

CONCLUSION

L'exploration des romans maliens, martiniquais et québécois a permis de constater que la dimension orale constitue, à plusieurs égards, le pivot autour duquel s'organisent les dynamiques linguistiques, culturelles et identitaires à l'intérieur du système gravitationnel francophone. L'oralité est, en effet, le premier facteur concerné par les contacts inter-linguistiques qui se produisent dans le système gravitationnel francophone. Les représentations sémantiques et linguistiques des phénomènes relevant de l'oral dévoilent d'une part les composantes qui participent des constellations du système francophone, de l'autre la nature de leurs relations. C'est ainsi que l'on découvre un rétrécissement progressif du plurilinguisme foisonnant des aires malienne et martiniquaise vers le plurilinguisme restreint du Québec. Une telle transition n'est pas sans rappeler les hypothèses posées en début de parcours et consistant à supposer d'une part que la transition de l'éloignement à la proximité des langues/variétés linguistiques en jeu serait directement proportionnelle à la transition d'un état de sécurité à un état d'insécurité linguistique et identitaire ; de l'autre, que le degré d'insécurité augmente à mesure que disparaissent des facteurs de médiation linguistique et culturelle. Une confrontation comparative et transversale des résultats obtenus sera utile pour esquisser une vision d'ensemble.

Dans la constellation malienne, l'infériorisation des langues ethniques, exercée par l'introduction du français hexagonal et du français des tirailleurs - sociolecte qui qualifie le groupe des interprètes - ne se traduit pas dans des procédés d'anéantissement des langues ethniques vernaculaires. Le choix du français hexagonal comme langue d'écriture ainsi que la conformité aux techniques de transposition de l'oral dans l'écrit employées par les écrivains français sont subordonnés à un projet de revalorisation d'une culture ancestrale qui représente un antidote contre la remise en question de l'identité ethnique, en cela qu'elle permet aux sujets de ne pas être victimes des phénomènes d'insécurité linguistique et/ou identitaire. La voie de la coexistence harmonieuse des composantes linguistiques présentes sur le sol malien est indiquée comme solution valable aux problématiques linguistiques et identitaires.

La coprésence de plusieurs langues/variétés linguistiques et la dépréciation des langues locales dérivant de la survalorisation du français hexagonal caractérisent aussi la constellation martiniquaise. Néanmoins, étant donné que le français participe de l'élaboration de la langue créole, la distance qui le sépare des langues ethniques diminue.

N'empêche que, le créole ne peut être comparé au français des tirailleurs, dans la mesure où il parvient à se métamorphoser en langue vernaculaire, voire en symbole ethnique et culturel. Malgré la proximité croissante entre les langues en jeu, la constellation créole n'en subit pas moins les effets de la supériorité de la langue française colonisatrice : langue de la culture et de la civilisation, son pouvoir se traduit en une stigmatisation du créole. Ne pouvant puiser l'énergie vitale indispensable à sa survie dans l'arrière-plan des traditions ancestrales, effacées par les français à l'époque de la colonisation, la langue créole ne parvient pas à freiner les phénomènes d'insécurisation qui s'étendent ainsi aux plans culturel et identitaire et aboutissent à l'immobilisation de toute une tradition plongée dans un silence paralysant. Toutefois, des tentatives de reconquête, visant au dépassement de l'insécurité, voire à l'anéantissement culturel, linguistique et identitaire, sont mises en œuvre.

Les analyses menées sur les *Chroniques du Plateau Mont-Royal* de Michel Tremblay prouvent que la constellation linguistique québécoise se situe sur un plan différent comparativement aux contextes malien et martiniquais. En effet, au Québec, le plurilinguisme est articulé autour d'une double diglossie : le conflit anglais *vs* français est contrebalancé par le conflit, décidément plus aigu et au premier plan dans la production de Tremblay, qui oppose les multiples variétés de français. Les pôles français hexagonal - français québécois sont, en effet, destructurés dans leurs composantes : non seulement le français québécois est présenté comme un assemblage d'accents différents (de l'accent d'Outremont au joual), mais le français hexagonal aussi fait état d'un éclatement en ce qu'il n'est plus décrit comme un noyau homogène mais comme résultant de la mise en contact entre accents divers (l'accent normand et l'accent parisien pour nous tenir à ceux qui interviennent dans les ouvrages de Tremblay). Toutefois, loin de se traduire en une situation linguistique apaisée, le rapprochement dont font état les variétés linguistiques en jeu n'en produit pas moins des relations conflictuelles. L'infériorisation linguistique, dont les variétés québécoises font l'objet, est amplifiée par des phénomènes d'insécurité identitaire, d'autant plus intenses qu'aucune issue n'est proposée.

Par ailleurs, la transition vers une condition croissante d'insécurité linguistique et identitaire s'accompagne d'une démarcation spatiale de plus en plus nette. Espace ouvert à la circulation des langues qui l'habitent, le Mali est décrit par Hampâté Bâ comme un creuset de langues et de sonorités dont le voisinage et la superposition sont vécus dans la perspective d'un enrichissement linguistique et identitaire.

Dans le contexte créole, la corrélation entre clivages linguistiques et spatiaux est explicite : le créole est la langue du milieu familial ["Et tout le reste pour tout le monde (les joies, les cris, les rêves, les haines, la vie en vie...) était créole"[855]] alors que le français colonial s'impose à l'école ; du conteur Solibo Magnifique - qui prend la parole dans la savane sous les tamarins[856] - et de son public réduits au silence par le français bureaucratique et institutionnel de la police ; du peuple créole, représenté par Marie-Sophie Laborieux et par son père Esternome, qui subit à plusieurs reprises le refus de l'En-ville. Néanmoins, c'est avec le roman *Texaco* qu'on entrevoit une solution à la problématique des relations spatiales. Celle-ci consiste à envisager un espace-rhizome englobant mais non totalitaire ; un espace organisé sur le mode d'un réseau ouvert, en mesure d'accueillir le peuple sans prétendre à le faire fusionner dans une structure rigide, mais lui permettant de garder ses liens croisés. Il s'ensuit que si la déculturation atteint un degré plus profond que dans le panorama malien, les prémisses pour une reconstruction ne sont pas compromises. En revanche, dans le cadre québécois, quoique les langues en jeu soient marquées par une proximité plus serrée, les frontières ne sont pas pour autant effacées. Au contraire, celles-ci sont délinéées de manière nette, de sorte que chaque variété s'avère territorialisée. Nous pensons notamment à la dichotomie entre français hexagonal *vs* français québécois sur le plan ethnique, mais aussi au joual et à l'accent d'Outremont sur un plan social. Situées dans leur espace originaire, les variétés inférieurisées ne sont atteintes par les phénomènes d'insécurité-insécurisation que de manière réduite. C'est au moment où les frontières qui les séparent sont déplacées et les variétés délocalisées que les phénomènes d'insécurité atteignent des proportions plus graves.

En conséquence, la circulation réussie et harmonieuse entre les composantes multiples et initialement distantes du système linguistique malien se transforme en dynamique heurtée qui s'accompagne d'une condition d'insécurité linguistique et identitaire accrue, à mesure que l'on opère la transition vers les systèmes linguistiques créole et québécois, agencés autour de variétés plus proches.

Le degré de sécurité *vs* insécurité linguistique est aussi défini en fonction du dispositif de médiation. L'hypothèse avancée au début consistait à poser que, dans des contextes marqués par le contact entre langues, cultures et identités différentes, la présence / absence de

---

[855] *Chemin-d'école*, p.67.
[856] *Solibo Magnifique*, p.28.

figures chargées de rendre ces contacts plus aisés influence la qualité des relations. La typologie des figures médiatrices rencontrées dans les corpus choisis est révélatrice.

Dans le cadre malien, les médiateurs sont une présence centrale : le contact entre les cultures multiples et éloignées qui le composent n'est possible que grâce à la présence des médiateurs. Nombreux et diversifiés, ils s'inscrivent dans trois catégories principales d'appartenance : le maître de l'école des blancs, les interprètes et, enfin, le groupe bigarré des griots, conteurs et traditionalistes. Les différences de leurs tâches concernent le contenu ainsi que le public auquel ils s'adressent. Néanmoins, le maître français et le regroupement de conteurs et griots peuvent être rapprochés, dans la mesure où ils partagent le but commun de la transmission d'une culture. Les écarts ne peuvent, cependant, être négligés. Ceux-ci portent sur la culture transmise (culture française et traditions ethniques), sur les modalités de la transmission (dans le premier cas, l'outil médiateur est la langue française hexagonale ; dans le deuxième, les langues ethniques) et, enfin, sur les projets qui justifient la médiation même. En effet, œuvrant dans le contexte idéologique colonial, le maître cherche à ancrer la culture française hexagonale dans les esprits des sujets colonisés. En revanche, le dessein de griots, conteurs et traditionalistes est d'empêcher la disparition des traditions ancestrales, transmises aux jeunes générations afin d'assurer leur permanence dans le temps.

En fait, dans les deux cas, nous sommes confrontée à une transmission à sens unique : d'une part l'implantation de la culture coloniale auprès des colonisés ; de l'autre la diffusion des traditions vitales du passé dans le présent. Il serait donc plus exact de qualifier le maître et les griots de transmetteurs plutôt que de médiateurs au sens propre du terme.

Les interprètes, par contre, ne sont pas concernés par des enjeux culturels : leur rôle consiste, simplement, à rendre possible la transition d'un message d'une langue à l'autre. Du fait qu'ils sont positionnés au milieu des deux dimensions qu'ils sont supposés relier, les interprètes devraient actualiser l'opération de médiation mieux que les autres. Toutefois, loin de conserver une position effectivement intermédiaire, dans de nombreux cas ils profitent de la maîtrise de plusieurs codes linguistiques, en les manipulant à leur avantage. Le plus éclatant est, sans aucun doute, le cas de Wangrin. De ce point de vue, au lieu de favoriser un échange transparent, les médiateurs se métamorphosent au contraire en écran opaque.

L'espace créole aussi est marqué par une prolifération de figures médiatrices, positionnées à des niveaux différents et dont certaines - le maître et le conteur notamment - reproduisent, à quelques différences près, celles qui interviennent dans le cadre malien. En effet, bien que les processus de stigmatisation et d'anéantissement soient plus aigus à la Martinique qu'au Mali et qu'ils aboutissent à des résultats plus extrêmes, il est tout à fait possible de comparer le maître du négrillon au maître malien, pour ce qui est du projet colonial qui sous-tend leur mission. De la même manière, le conteur (Solibo Magnifique) se rapproche de la catégorie des griots, conteurs et traditionalistes maliens. L'analyse du contexte créole a aussi permis de remarquer l'absence des interprètes en tant que figure institutionnalisée. Leurs fonctions sont assumées, selon les circonstances, par des sujets qui comprennent le créole et le français hexagonal à la fois[857].

En revanche, une autre présence médiatrice domine le milieu créole : le marqueur de paroles. Ayant saisi que les conteurs sont les dépositaires des fondements de la créolité, le marqueur de paroles se propose d'assurer une médiation décidément plus radicale : c'est la parole même des conteurs qu'il envisage de transmettre afin de garantir sa survie dans le temps. Sa mission consiste à inventer des formes médiatrices entre des modalités orales - destinées à se perdre - et des formes d'inscription aptes non seulement à en évoquer le souvenir mais à en conserver la matérialité sonore. De ce point de vue, le questionnement du marqueur se rapproche de celui de l'héroïne de *Texaco*, Marie-Sophie Laborieux, autre personnage médiateur central dans la production de Chamoiseau. Dans les deux cas, le but est de transmettre une histoire dans laquelle se situent les assises du peuple créole : le premier cherche à puiser l'énergie vitale dans le passé ; la deuxième, à travers cette énergie, lutte pour enclencher le processus de la créolisation.

Par ailleurs, la médiation créatrice est une condition indispensable pour que soit garanti le processus de créolisation : "la créolisation, rappelle Glissant, emporte [...] dans l'aventure du multilinguisme et dans l'éclatement inouï des cultures. Mais l'éclatement des cultures n'est pas leur éparpillement, ni leur dilution mutuelle. Il est le signe violent de leur partage consenti, non imposé"[858].

La figure du marqueur de paroles complexifie la problématique de la médiation. Les voies qu'il parcourt en vue d'atteindre son objectif étant nombreuses, la médiation se trouve thématisée à plusieurs niveaux : le niveau du contenu (c'est-à-dire, la parole du conteur transmise et conservée) est enrichi par un niveau où la médiation est

---

[857] En dépit de son mépris du créole, c'est Bouaffesse qui, en l'occurrence, assure la fonction d'interprète lorsque les sujets créoles –retenus responsables de la mort de Solibo- prennent la parole. Voir *Solibo Magnifique*, pp.142-143.
[858] Glissant, É., *Poétique de la relation*, op.cit, pp.46-47.

confiée à des voix narratives multiples et, finalement, par celui de l'écriture.

Enfin, la relation de l'aire québécoise, telle qu'elle est représentée dans les *Chroniques du Plateau Mont-Royal* de Michel Tremblay, à la médiation est quasiment nulle : les langues en question n'étant que des variétés marquées par une proximité étroite, le risque de non-compréhension ne devrait pas subsister. En fait, non seulement des malentendus se produisent à plusieurs reprises, mais les réactions des sujets montrent que la rencontre entre identités différentes est loin de se dérouler sur un ton apaisé. Du moment qu'aucune solution conciliatrice n'est envisagée, les protagonistes se replient dans le cadre de leur langue sans parvenir à établir aucun échange constructif.

En conséquence, la transition de contextes composés de langues/variétés de langues éloignées à des contextes où la proximité est plus étroite s'accompagne d'une disparition des figures ayant un rôle médiateur. À mesure que les langues se rapprochent, le besoin de poser des barrières séparatrices, et donc la volonté de distinction, se fait plus évident. Il s'ensuit que l'effacement des figures médiatrices est à mettre en relation avec l'intensification des phénomènes d'insécurité linguistique et identitaire relevés. Cependant, la disparition du plan de la médiation est loin d'être progressive ; elle se déroule selon un mouvement discontinu articulé en trois phases principales : la présence de médiateurs dans les ouvrages de Hampâté Bâ, s'intensifie chez Chamoiseau pour s'éclipser dans la production romanesque de Tremblay.

Toutefois, la présence de voix médiatrices dans les cadres malien et créole se justifie en fonction d'enjeux différents : chez Hampâté Bâ, les nombreux plans dans lesquels s'exprime la médiation sont homogénéisés dans la narration et contribuent à créer une situation de circulation et d'échanges linguistique et identitaire heureux. Dans les romans et récits de Chamoiseau, par contre, la pluralité des voix s'inscrit en tant que réaction à une condition d'insécurité linguistique et identitaire grandissante. Enfin, Tremblay n'exclut pas la multiplicité des voix, mais celles-ci ne sont pas réunies dans un effort de conciliation. Elles restent disjointes sans qu'aucune médiation productrice ne soit possible ; presque antagonistes dans leur juxtaposition pluriglossique ; éclatées, malgré leur coprésence à l'intérieur d'une identité profondément fragmentée et contradictoire.

Au niveau de l'écriture, le dispositif de la médiation se traduit dans la mise au point de techniques permettant d'inscrire dans le tissu narratif des sonorités, ayant une valeur culturelle, identitaire et ethnique. Les trois contextes étudiés relèvent de trois formes d'écriture et de traitement de l'oralité différentes.

Par parenthèse, ce questionnement est d'autant plus central qu'il s'applique à un corpus littéraire francophone. Comme nous l'avons déjà suggéré en élaborant la problématique, les écrivains francophones entretiennent avec la langue française hexagonale un rapport de réflexion dynamique, de questionnement plus ou moins constructif. Nous tâcherons donc de résumer les voies dans lesquelles cette *surconscience* s'exprime selon les contextes considérés. Précisons toutefois que notre but n'est pas de parvenir à définir une norme à laquelle les écrivains francophones seraient susceptibles de se confronter. Notre réflexion se rapproche davantage d'une étude de cas, bien que la suite d'une enquête analogue pourrait être ébauchée dans le but d'élargir le panorama francophone exploré.

Le choix de la langue d'écriture est un premier indice de la *surconscience* des écrivains étudiés. Dans les trois cas considérés, c'est par le biais du français hexagonal que les écrivains choisissent de transmettre la recherche et la construction (ou re-construction) identitaires dont ils sont les acteurs. Néanmoins, le recours à la langue française s'accompagne d'une restructuration, plus ou moins profonde imposée aux structures du français hexagonal. Une telle intervention aboutit à la création d'une langue *culturalisée*, informée des valeurs culturelles et identitaires des locuteurs francophones[859].

L'analyse de la production romanesque malienne a permis de relever que Hampâté Bâ n'envisage nullement une *négrification* de la langue française hexagonale[860]. Les sonorités spécifiques du Mali (à partir de la voix des personnages jusqu'au paysage sonore) sont encadrées dans des structures propres au français hexagonal, sans pour cela être effacées. Des verbes simples et marqués, des commentaires sémantiques donnent à entendre aux lecteurs des sonorités plurielles mais rassemblées dans une unique voix centrale. De ce point de vue, l'identité sonore malienne se coule dans des formes d'écriture préexistantes sans qu'aucune tentative de création ne soit envisagée. Par de tels choix d'écriture, Hampâté Bâ s'éloigne d'autres écrivains africains[861] en ce qu'il opère un travail de fusion et d'harmonisation des sonorités et des traits prosodiques maliens avec des structures

---

[859] L'adjectif *culturalisé* est emprunté à Jean Derive, qui s'en sert au sujet des littératures orales. Nous estimons qu'il convient pour décrire la langue écrite élaborée par chacun des écrivains analysés tout au long de notre étude. Voir Derive, J. cité par Bogniaho, A. "Francophonie et diversité littéraire" in Huannou, A. (sous la direction de), *Francophonie littéraire et identités culturelles*, Actes du colloque du Grelef (Cotonou, 18-20 mars 1998), Paris, L'Harmattan, 2000, p.39.
[860] Beniamino, M., *La francophonie littéraire.*, *op.cit.*, p.245.
[861] Nous pensons notamment au travail *sur* la langue, ou mieux *dans* la langue, accompli par Ahmadou Kourouma. Voir Gauvin, L., *La fabrique de la langue*, *op.cit.*, pp.316-325.

occidentales en vue de rendre possible et leur conservation et leur diffusion à un public occidental. Loin d'être un miroir de la réalité qu'elle reflète, l'écriture à laquelle aboutit Hampâté Bâ doit être envisagée comme un pont favorisant la circulation culturelle et identitaire. À ce titre, il suffit de rappeler rapidement les choix stylistiques de l'écrivain dans la description des modulations sonores de la voix des personnages. La présence majoritaire d'adjectifs appartenant à la catégorie des étiquettes phonétiques dévoile le dessein de Hampâté Bâ de signaler les traits acoustiques des voix maliennes, permettant ainsi d'en recomposer le portrait sonore.

La problématique de la relation entre français hexagonal et langues ethniques se fait nettement plus complexe avec Patrick Chamoiseau, dont le projet vise non seulement à conserver le patrimoine d'une tradition, articulée autour de la parole orale, mais aussi à jeter les bases d'une parole créatrice apte à refléter une identité créole profondément ré-élaborée. Ces prémisses se traduisent, sur le plan de la création, par une écriture renouvelée, à savoir une écriture qui exploite les ressources du français hexagonal tout en les croisant avec des aspects inédits. De tels choix répondent à l'exigence de faire entendre des voix multiples, perçues dans leur matérialité sonore.

Le lien relevé sur le plan de la relation oralité-espace touche aussi au niveau de l'écriture, dans la mesure où l'oralité est profondément intégrée à l'espace textuel. Dans la production de Hampâté Bâ, les renvois à la dimension prosodique et sonore sont encadrés soit dans les répliques de discours direct soit dans la narration. Toutefois, les passages consacrés à la description des variations sonores et prosodiques se laissent identifier aisément. Citations et emprunts sont suivis, en général, de la traduction en français hexagonal de sorte que l'effet produit est celui d'une transcription. En revanche, dans les romans et récits de Chamoiseau, les barrières entre les langues qui participent de l'oralité créole s'affaiblissent de manière progressive et ouvrent à une polyphonisation globale du texte qui se retrouve subverti de l'intérieur. De plus, Chamoiseau dépasse aussi le stade de la transcription et parvient à créer un concert de voix polyphoniques et intégrées qui rendent compte d'une identité plurielle. Le déplacement des frontières spatiales, qui s'opère dans le contexte créole, s'accompagne d'un bouleversement des frontières réglant le rapport entre langue écrite et reproduction de la langue orale dans la narration.

La dimension orale occupe aussi une partie considérable de la production romanesque de Michel Tremblay. L'écrivain exploite les ressources du discours attributif et parvient à lui imprimer une marque personnelle : les aspects sonores, signalés par les verbes primaires et par le regroupement des étiquettes phonétiques, ressortent davantage comparativement aux corpus malien et créole. Encore une fois, les techniques classiques permettant de rapporter les inflexions prosodiques et sonores à l'écrit sont côtoyées par le recours à d'autres moyens, dont les déformations graphiques aptes à reproduire les détails phonétiques. Cependant, les résultats atteints se situent dans une perspective différente et aboutissent à une écriture dans laquelle se reproduit l'équivalence langue-espace. Plus précisément, distorsions graphiques et autres outils d'oralisation du texte ne dynamisent pas le texte en entier, mais reviennent selon les langues mobilisées (français québécois et joual). L'effet de réel, recherché par l'écrivain, n'est atteint que grâce à une mise en scène théâtralisée de la langue. En conséquence, la pluriglossie québécoise ne parvient ni à l'harmonie fusionnée et homogène réalisée par Hampâté Bâ, ni à l'harmonie intégratrice de Chamoiseau, mais se métamorphose en une polyphonie éclatée, dans laquelle, en l'absence de toute forme de médiation créatrice, les voix restent distinctes.

L'exploration des dynamiques linguistiques, harmonieuses ou diglossiques qu'elles soient, aboutit à la mise en relief des différents chemins empruntés par les écrivains afin de poser leurs voix dans une langue diverse et notamment dans la langue qui, dans l'espace francophone, coïncide avec la norme de référence. Si l'on adopte une perspective stylistique, il est évident que soit que l'écrivain choisisse la voie de la conciliation harmonique, ou qu'il s'engage dans une remise en cause créatrice en fonction d'un réseau relationnel, ou encore qu'il se replie sur des positionnements de clôture aiguisant ainsi une diglossie déjà dramatique, la langue française orale est envisagée en tant que laboratoire de recherche en vue de la création de formes linguistiques aptes à l'expression d'oralités complexifiées. Par ailleurs, c'est seulement au prix d'un décentrage scriptural et identitaire que les écrivains parviennent à créer cet espace interstitiel, apte à la mise en texte de ces voix inouïes qui demandent des réseaux relationnels pour se déployer. Le passage à l'écrit souligne, pourrait-on dire, cet aspect d'exploration et d'engagement dans de nouvelles voies/voix faisant de l'écrit - plus ou moins oralisé - un lieu privilégié où s'élaborent des dispositifs langagiers emblématiques d'imaginaires collectifs ethniques et identitaires. En effet, dans les cas examinés, la représentation de voix orales dans le tissu narratif est objet d'une réflexion qui ne s'épuise pas dans un cadre esthétique. Autrement dit, les choix d'écriture concernant les outils médiateurs de l'oralité sont à envisager dans leurs relations avec les conditions de sécurité *vs* insécurité culturelle, identitaire et ethniques des sujets.

BIBLIOGRAPHIE

Ouvrages romanesques

BALZAC, Honoré (de), *Le père Goriot*, Paris, Gallimard, coll. « Folio », 1988.
CHAMOISEAU, Patrick, *Chronique des sept misères*, Paris, Gallimard, coll. « Folio », 1986.
CHAMOISEAU, Patrick, *Solibo Magnifique*, Paris, Gallimard, coll. « Folio », 1988.
CHAMOISEAU, Patrick, *Une enfance créole I. Antan d'enfance*, Paris, Gallimard, coll. « Folio », 1996 ($1^{\text{ère}}$ éd. : Hatier, 1990).
CHAMOISEAU, Patrick, *Texaco*, Paris, Gallimard, coll. « Folio », 1992.
CHAMOISEAU, Patrick, *Une enfance créole II. Chemin-d'école*, Paris, Gallimard, coll. « Folio », 1996 ($1^{\text{ère}}$ éd. : 1994).
CHAMOISEAU, Patrick, *Biblique des derniers gestes*, Paris, Gallimard, coll. « Folio », 2002.
DIABATÉ, Massa Makan, *Le coiffeur de Kouta*, Paris, Hatier, 1980.
DIABATÉ, Massa Makan, *Le boucher de Kouta*, Paris, Hatier, 1982.
DIABATÉ, Massa Makan, *Le lieutenant de Kouta*, Paris, Hatier, 1989.
HAMPÂTÉ BÂ, Amadou, *L'étrange destin de Wangrin ou Les Roueries d'un interprète africain*, Paris, Union générale d'Éditions, 1973 et 1992.
HAMPÂTÉ BÂ, Amadou, *Amkoullel, l'enfant peul*, Arles, Actes Sud, 1991, 1992.
HAMPÂTÉ BÂ, Amadou, *Oui mon commandant !*, Arles, Actes Sud, 1994.
TREMBLAY, Michel, *La grosse femme d'à côté est enceinte*, Montréal, Leméac, coll. « Babel », 1995 ($1^{\text{ère}}$ éd. : 1978).
TREMBLAY, Michel, *Thérèse et Pierrette à l'école des Saints-Anges*, Montréal, Leméac, coll. « Babel », 1995 ($1^{\text{ère}}$ éd. :1980).
TREMBLAY, Michel, *La duchesse et le roturier*, Montréal, Bibliothèque québécoise, 1992 ($1^{\text{ère}}$ éd. : Leméac, 1982).
TREMBLAY, Michel, *Des nouvelles d'Édouard*, Montréal, Leméac, coll. « Babel », 1997, ($1^{\text{ère}}$ éd. : 1984).
TREMBLAY, Michel, *Le cœur découvert. Roman d'amours*, Montréal, Leméac, coll. « Babel », 1989.
TREMBLAY, Michel, *Un ange cornu avec des ailes de tôle*, Montréal, Leméac, coll. « Babel », 1994.
TREMBLAY, Michel, *La nuit des princes charmants*, Montréal, Leméac, coll. « Babel », Montréal, 1995.

TREMBLAY, Michel, *Le premier quartier de la lune*, Montréal, Leméac, coll. « Babel », 1998 (1ère éd. : 1989).
TREMBLAY, Michel, *Un objet de beauté*, Montréal, Leméac, 1997.

Ouvrages critiques

ABDALLAH-PRETCEILLE, Martine, *Vers une pédagogie interculturelle*, Paris, Anthropos, 1996.
ABDALLAH-PRETCEILLE, Martine, PORCHER, Louis, *Éducation et communication interculturelle*, Paris, P.U.F., 1996.
ALBERT, Christiane (sous la direction de), *Francophonie et identités culturelles*, Paris, Karthala, 1999.
BAKHTINE, Mikhaïl, *L'œuvre de François Rabelais et la culture populaire au Moyen Âge et sous la Renaissance*, Paris, Gallimard, coll. « Tel »,1970.
BAKHTINE, Mikhaïl, *Esthétique et théorie du roman*, Paris, Gallimard, coll. « Tel », 1978.
BALIBAR, Renée, LAPORTE, Dominique, *Le français national. Politiques et pratiques de la langue nationale sous la Révolution française*, Paris, Hachette, 1974.
BALLY, Charles, *Traité de stylistique française*, Paris, Librairie C. Kliencksieck, t. I, 1921, 3ème éd.
BATIANA, André, PRIGNITZ, Gisèle, *Francophonies Africaines*, Rouen, Publications de l'Université de Rouen, coll. « Dyalang », 1998.
BEBEL-GISLER, Dany, *La langue créole force jugulée. Étude sociolinguistique des rapports de force entre le créole et le français des Antilles*, Paris, L'Harmattan, 1981.
BERNABÉ, Jean, CHAMOISEAU, Patrick, CONFIANT, Raphaël, *Éloge de la créolité*, Paris, Gallimard, 1993.
BHABHA Homi K, *The location of culture*, London, Routledge, 1994.
BLACHÈRE, Jean-Claude, *Négritures. Les écrivains d'Afrique noire et la langue française*, Paris, L'Harmattan, 1993.
BONARDI, Christine, ROUSSIAU, Nicolas, *Les représentations sociales*, Paris, Dunod, coll. « Les Topos », 1999.
BOUDREAU, Annette, DUBOIS, Lise, MAURAIS, Jacques, McCONNEL, Grant, *L'écologie des langues / Ecology of languages. Mélanges William Mackey / Homage to William Mackey*, Paris, L'Harmattan, 2002.
BOURDET, Jean-François, "Fiction, identité, apprentissage", in *Étude de Linguistique Appliquée*, n°115, juillet-septembre 1999, pp.264-267.
BOURDIEU, Pierre, "L'économie des échanges linguistiques", in *Langue Française*, n° 34, mai 1977, pp.17-34.

BOURDIEU, Pierre, *Ce que parler veut dire. L'économie des échanges linguistiques*, Paris, Fayard, 1982.
BOURDIEU, Pierre, *Questions de sociologie*, Paris, Les éditions de Minuit, 1984.
BOURDIEU, Pierre, *Réponses. Pour une anthropologie réflexive*, Paris, Seuil, 1992.
BOURDIEU, Pierre, *Raisons pratiques. Sur la théorie de l'action*, Paris, Seuil, « coll. Points-Essais », 1994.
BOURGAIN, Dominique, "Des représentations sociales de la norme dans l'ordre scriptural", in *Langue Française*, n°85, février 1990, pp.82-101.
BOUTET, Josiane, "Courants en sociolinguistique française", in *Sociolinguistica*, 14, 2000, pp.214-224.
BOYER, H., "Matériaux pour une approche des représentations sociolinguistiques", in *Langue Française*, n°85, février 1990, pp.102-124.
BOYER, Henry, *Langues en conflit. Études sociolinguistiques*, Paris, L'Harmattan, 1991.
BOYER, Henry (sous la direction de), *Sociolinguistique. Territoires et objets*, Lausanne-Paris, Delachaux et Niestlé S.A., 1996.
BOYER, Henri (sous la direction de), *Plurilinguisme : « contact » ou « conflit » de langues ?*, Paris, L'Harmattan, 1997.
BROWN, Penelope, LEVINSON, Stephen, "Universals in language use : Politeness phenomena", in GOODY, Esther N., *Questions and politeness. Strategies in social interaction*, Cambridge, Cambridge University Press, 1978, pp.56-289.
BRUNOT, Ferdinand, *Histoire de la langue française des origines à 1900*, t. IX, Paris, Colin, 1936.
BURTON, Richard D.E., *Le roman marron : études sur la littérature martiniquaise contemporaine*, Paris, L'Harmattan, 1997.
CALVET, Louis-Jean, *Linguistique et colonialisme, petit traité de glottophagie*, Paris, Payot, 1974.
CALVET, Louis-Jean, *La tradition orale*, Paris, PUF, coll. « Que sais-je? », 1997, $2^{\text{ème}}$ éd.
CALVET, Louis-Jean, *La sociolinguistique*, Paris, PUF, coll. « Que sais-je? », 1998 ($3^{\text{ème}}$ éd.).
CALVET, Louis-Jean, *La guerre des langues et les politiques linguistiques*, Paris, Hachette, 1999.
CALVET, Louis-Jean, *Pour une écologie des langues du monde*, Paris, Plon, 1999.
CAMILLERI, Carmel, COHEN-EMERIQUE, Margalit, *Chocs de cultures : concepts et enjeux pratiques de l'interculturel*, Paris, L'Harmattan, 1989.

CAMILLERI, Carmel, KASTERSZTEIN, Joseph, LIPIANSKY, Edmond Marc, MALEWSKA-PEYRE, Hanna, TABOADA-LEONETTI, Isabelle, VASQUEZ, Ana, *Stratégies identitaires*, Paris, P.U.F., coll. « Psychologie d'aujourd'hui », 1999 (3ème éd.).

CAPPELLO, Sergio, *Le réseau phonique et le sens. L'interaction phono-sémantique en poésie*, Bologna, Clueb, 1990.

CARROLL, Raymonde, *Les évidences invisibles*, Paris, Seuil, 987.

CENTRE D'ÉTUDES FRANCOPHONES, *Littératures francophones : langues et styles*, Actes du Colloque International organisé par Papa Samba Diop, Paris, L'Harmattan, 2001.

CHAMOISEAU, Patrick, *Écrire en pays dominé*, Paris, Gallimard, 1997.

CHAMOISEAU, Patrick, Confiant, Raphaël, *Lettres créoles. Tracées antillaises et continentales de la littératures . Haïti, Guadeloupe, Martinique, Guyane. 1635-1975*, Paris, Gallimard, coll. « Folio-Essais », 1999.

CHAMOISEAU, Patrick, "Devenir des fondateurs... Pladoyer pour une guerrier", in *Les périphériques vous parlent*, n°13, printemps 2000, pp.10-17.

CHANCÉ, Dominique, *L'auteur en souffrance. Essai sur la position et la représentation de l'auteur dans le roman antillais contemporain (1981-1992)*, Paris, P.U.F., coll. « Écritures Francophones », 2000.

CHAUDENSON, Robert, *Des Îles, Des Hommes, Des Langues. Essai sur la créolisation linguistique et culturelle*, Paris, L'Harmattan, 1992.

CHAUDENSON, Robert, *Les créoles*, Paris, Puf, coll. « Que sais-je? », 995.

CHAURAND, Jacques, *Nouvelle histoire de la langue française*, Paris, Seuil, 1999.

CHIVALLON, Christine, "*Texaco* ou l'éloge de la « spatialité »", in *Notre Librairie*, n°127, juillet-septembre 1996, pp.88-108.

CHIVALLON, Christine, "Du territoire au réseau : comment penser l'identité antillaise?", in *Cahiers d'Études Africaines*, 148, XXXVII-4, 1997, pp.767-794.

CIGADA, Sergio, "I meccanismi del senso : il culminatore semantico", in RIGOTTI, Eddo, CIPOLLI, Carlo (sous la direction de), *Ricerche di semantica testuale*, Brescia, La Scuola, 1988, pp.25-70.

CIGADA, Sergio (sous la direction de) *Il linguaggio metafonologico. Ricerche sulle tecniche retoriche nell'opera narrativa di G. Cazotte, M.G. Lewis, E.A. Poe, G. Flaubert, O. Wilde*, Brescia, La Scuola, 1989.

COMBE, Dominique, *Poétiques francophones*, Paris, Hachette, coll. « Contours littéraires », 1995.

CONDÉ, Maryse, COTTENET-HAGE, Madeleine (sous la direction), *Penser la créolité*, Paris, éd. Karthala, 1995.

CORBEIL, Jean-Claude, "Origine historique de la situation linguistique québécoise", in *Langue française*, n° 31, septembre 1976, pp.6-19.

CORBETT, Noël (sous la direction de), *Langue et identité. Le français et les francophones d'Amérique du Nord*, Québec : Les Presses Universitaires de Laval, 1990.

COSTE, Daniel, HÉBRARD, Jean, (sous la direction de) *Vers le plurilinguisme?*, Paris, Hachette, coll. « F », 1991.

COULON, Alain, *L'ethnométhodologie*, Paris, Puf, coll. « Que sais-je? », 1996, (4ème éd.).

DARGNAT, Mathilde, *Michel Tremblay. Le « joual » dans Les Belles-Sœurs*, Paris, L'Harmattan, 2002.

DUCROT, Oswald, SCHAEFFER, Jean-Marie, *Nouveau dictionnaire encyclopédique des sciences du langage*, Paris, Seuil, coll. « Points-Essais », 1995.

DUMONT, Pierre, MAURER, Bruno, *Sociolinguistique du français en Afrique francophone. Gestion d'un héritage, devenir d'une sience*, Paris, Edicef, coll. « Universités Francophones », 1995.

DURRER, Sylvie, *Le dialogue romanesque. Style et structure*, Genève, Librairie Droz, 1994.

DURRER, Sylvie, *Le dialogue dans le roman*, Paris, Nathan Université, coll. « 128 », 1999.

ENCREVÉ, Pierre, "Présentation : linguistique et sociolinguistique", in *Langue française*, n°34, mai 1977, pp.3-16.

FÓNAGY, Ivan, "La vive voix : dynamique et changement", in *Journal de psychologie normale et pathologique*, n° 3-4, juillet-décembre, 1976, pp.273-303.

FÓNAGY, Ivan, *La métaphore en phonétique*, Ottawa, Didier, coll. « Studia Phonetica », 1979.

FÓNAGY, Ivan, "Reported speech in French and Hungarian" in *Direct and indirect speech*, Mouton de Gruyter, Berlin : F. Coulmas ed., 1986, pp.255-309.

FRANCARD, Michel (éd.), *L'insécurité linguistique dans les communautés francophones périphériques*, Actes du colloque de Louvain-la-Neuve, 10-12 Novembre 1993, Cahiers de l'Institut de linguistique de Louvain, Louvain-la-Neuve, 1993, vol. I.

FRANCARD, Michel (éd.), *Le français de référence. Constructions et appropriations d'un concept.* Actes du colloque de Louvain-la-Neuve, 3-5 Novembre 1999, Cahiers de l'Institut de Linguistique de Louvain 27, 1-2, vol. II, Louvain-la-Neuve, 2001.

GADET, Françoise, *Le français ordinaire*, Paris, A. Colin, 1989.

GADET, Françoise, "Variabilité, variation, variété : le français d'Europe", in *Journal of French Language Studies*, n. 6, march 1996, Cambridge University Press, pp.75-98.
GADET, Françoise, *Le français populaire*, Paris, P.U.F., coll. « Que sais-je ? », 1997 (2ème éd.).
GAJO, Laurent, "Disponibilité sociale des représentations : approche linguistique", in *Travaux neuchâtelois de linguistique*, n°32, 2000, pp.39-53.
GALAZZI, Enrica, "Plaisir des sons, diversité des voix. Le langage métaphonologique dans « L'Enfirouapé » et « Le Matou » d'Y. Beauchemin", in *Africa, America, Asia, Australia*, n°7, 1990, pp.39-69.
GALAZZI, Enrica, "Il francese in Europa, tra cacofonia e polifonia. Riflessioni che l'Europa multilingue ispira a una fonetista", in *Réalités et perspectives francophones dans une Europe plurilingue*, Actes du XIXe Colloque de la « Società Universitaria per gli Studi di Lingua e Letteratura Francese », Saint-Vincent, 6-9 mai 1993, pp.45-62.
GALAZZI, Enrica, "Les voies de la voix. Phonétique et dialogues littéraires dans le roman français du XIXe siècle", in *Discorrere il metodo. Il contributo della francesistica agli studi metodologici*, Atti del Convegno della Società Universitaria degli Studi di Lingua e Letteratura Francese, Ferrara, 28-29 ottobre 1994, Ferrara, éd. Centro Stampa Università, 1995, pp.179-208.
GALAZZI, Enrica, "(D)'Écrire la voix", in PERROT, J. (sous la direction de), *Polyphonie pour Ivan Fónagy*, Paris, L'Harmattan, 1997, pp.149-162.
GAUVIN, Lise, "Problématique de la langue d'écriture au Québec de 1960 à 1975", in Langue Française, n° 31, septembre 1976, pp.74-90.
GAUVIN, Lise, *L'écrivain francophone à la croisée des langues. Entretiens*, Paris, éd. Karthala, 1997, pp.35-47.
GAUVIN, Lise, *Langagement. L'écrivain et la langue au Québec*, Montréal, Boréal, 2000.
GAUVIN, Lise, *La fabrique de la langue. De François Rabelais à Réjean Ducharme*, Paris, éd. du Seuil, coll. « Points-Essais », 2004.
GEERTZ, Clifford, *Savoir local, savoir global, les lieux du savoir*, Paris, P.U.F., 1999 (2ème éd.).
GELAS, Nadine, "Dialogues authentiques et dialogues romanesques", in COSNIER, Jacques, GELAS, Nadine, KERBRAT-ORECCHIONI, Catherine, *Échanges sur la conversation*, Paris : C.N.R.S. éd., 1988, pp.323-333.
GENETTE, Gérard, *Figures III*, Paris, Seuil, coll. « Poétique », 1972.
GLISSANT, Édouard, *Le discours antillais*, Paris, Seuil, 1981.

GLISSANT, Édouard, *Introduction à une poétique du divers*, Paris, Gallimard, 1996.
GLISSANT, Édouard, *Soleil de la conscience. Poétique I*, Paris, Gallimard, 1997.
GLISSANT, Édouard, *L'intention poétique. Poétique II*, Paris, Gallimard, 1997.
GLISSANT, Édouard, *Poétique de la Relation. Poétique III*, Paris, Gallimard, 1999.
GODIN, Jean Cléo (sous la direction de), *Nouvelles écritures francophones. Vers un nouveau baroque ?*, Montréal, Les presses universitaires de Montréal, « coll. Espace littéraire », 2001.
GOFFMAN, Erving, *Les rites d'interaction*, Paris, Les Éditions de Minuit, 1974.
GOFFMAN, Erving, *Stigmate. Les usages sociaux des handicaps*, Paris, Les Éditions de Minuit, 1975.
GOFFMAN, Erving, *Façons de parler*, Paris, Les Éditions de Minuit, 1987.
GUEUNIER, Nicole, GENOUVRIER, Émile, KHOMSI, Abdelhamid, *Les Français devant la norme*, Paris, Champion, 1978.
GUILLAUME-HOFNUNG, Michèle, *La médiation*, Paris, P.U.F., coll. « Que sais-je ? », 2000 (2ème éd.).
GUMPERZ, John, *Engager la conversation. Introduction à la sociolinguistique interactionnelle*, Paris, Les Éditions de Minuit, 1989.
GUMPERZ, John, *Sociolinguistique interactionnelle. Une approche interprétative*, La Réunion, L'Harmattan, 1989.
HALL, Edward T., *La dimension cachée*, Paris, Seuil, coll. « Points-Essais », 1978.
HALL, Edward T., *Le langage silencieux*, Paris, Seuil, coll. « Points-Essais », 1984.
HALL, Edward T., *Au-delà de la culture*, Paris, Seuil, coll. « Point-Essais », 1987.
HAMIDOU KANE, Cheikh, "Langue française et identité culturelle", in *Le Soleil* (Dakar), supplément *Arts et Lettres* des 14 et 21 octobre 1977.
HAMPÂTÉ BÂ, Amadou, *Aspects de la civilisation africaine*, Paris, Présence Africaine, 1972.
HAMPÂTÉ BÂ. Amadou, "Préface", in *Notre Librairie*, n°75-76, juillet, 1984, pp.7-11.
HAMPÂTÉ BÂ, Amadou, *Sur les traces d'Amkoullel l'enfant peul*, Arles, Actes Sud/Leméac, 1998.

HAZAËL-MASSIEUX, Marie-Christine, "À propos de *Chronique de sept misères* : une littérature en français régional pour les Antilles", in *Études Créoles. Culture, langue, société*, vol.XI, n°1, 1988.
HAZAËL-MASSIEUX, Marie-Christine, "La littérature créole : de l'oralité à l'écriture", in *Lalies. Actes des sessions de linguistique et de littérature* 10, Paris, Presses de la Sorbonne Nouvelle, 1988, pp.61-78.
HAZAËL-MASSIEUX, Marie-Christine, *Écrire en créole. Oralité et écriture aux Antilles*, Paris, L'Harmattan, 1993.
HAZAËL-MASSIEUX, Marie-Christine, "Chamoiseau écrit-il en créole ou en français ?", in *Études créoles*, vol. XXI, n° 2, 1998, pp.111-124.
HUANNOU, Adrien, *Francophonie littéraire et identités culturelles*, Actes du colloque du Grelef (Cotonou, 18-20 mars 1998), Paris, L'Harmattan, 2000.
HYMES, Dell H., *Fondamenti di sociolinguistica. Un approccio etnografico*, Bologna, Zanichelli, 1980.
JODELET, Denise (sous la direction de), *Les représentations sociales*, Paris, P.U.F., coll. « Sociologie d'aujourdh'hui », 1997 (5ème éd.).
JUNZO, Kawada, *La voix. Étude d'ethno-linguistique comparative*, Paris, École des Hautes Études en Sciences Sociales, 1998.
KERBRAT-ORECCHIONI, Catherine, "Universali e variazioni culturali nei sistemi conversazionali", in GALIMBERTI, C. (sous la direction de), *La conversazione. Prospettive sull'interazione psico-sociale*, Milano, Guerini e Associati éd., 1992, pp.157-184.
KERBRAT-ORECCHIONI, Catherine, *Les Interactions Verbales*, t. II, Paris, Colin, 1992.
KERBRAT-ORECCHIONI, Catherine, *Les interactions verbales. Variations culturelles et échanges rituels*, t. III, Paris, A. Colin/Masson, 1998 (2ème éd.)
LABOV, William, *Sociolinguistique*, Paris, Les Éditions de Minuit, 1976.
LADMIRAL, Jean-René, LIPIANSKY, Édmond-Marc, *La communication interculturelle*, Paris, A. Colin, 1989.
LAFONTAINE, Dominique, *Le parti pris des mots*, Bruxelles, Pierre Mardaga éditeur, 1986.
LAFONTAINE, Dominique, "Le parfum et la couleur des accents", in *Le français moderne*, 1988/2, pp.60-73.
LARONDE, Michel (sous la direction de), *L'écriture décentrée. La langue de l'Autre dans le roman contemporain*, Paris, L'Harmattan, 1996.
LAROUSSI, Foued, BABAULT, Sophie (sous la direction de), *Variations et dynamisme du français. Une approche polynomique de*

l'espace francophone, Paris, L'Harmattan, coll. « Espaces Discursifs », 2001.
LAVER, John, "Labels for voices", *Journal of the International Phonetic Association*, n°2, t. IV, 1974, pp.62-75.
LAVER, John, *The phonetic description of voice quality*, Cambridge, Cambridge University Press, 1980.
LAVER, John, *The gift of speech. Readings in the analysis of speech and voice*, Edinburg, Edinburg University Press, 1996.
LÉVI-STRAUSS, Claude, *Anthropologie structurale*, Paris, Plon, coll. « Agora », 1958 et 1974.
LUDWIG, Ralph (sous la direction de), *Les créoles français entre l'oral et l'écrit*, Tübingen, Gunter Narr Verlag, 1989.
LUDWIG, Ralph (sous la direction de), *Écrire la parole de nuit. La nouvelle littérature antillaise*, Paris, Gallimard, coll. « Folio-Essais », 1994.
MAINGUENEAU, Dominique, *L'énonciation littéraire III. Le contexte de l'œuvre littéraire. Énonciation, écrivain, société*, Paris, Dunod, 1993.
MANESSY, Gabriel, *Créoles, pidgins, variétés véhiculaires. Procès et genèse*, Paris, CNRS éd., 1995.
MARCELLESI, Jean-Baptiste, "Bilinguisme, diglossie, hégémonie : problèmes et tâches", in *Langages*, n°61, mars 1981, pp.5-11.
MARIMOUTOU, Jean-Claude Carpanin, "Créolisation, créolité, littérature", in *Études Créoles*, vol. X, n°1, 1987, pp.5-7.
MESCHONNIC, Henri, "La critique du rythme", in *Lalies. Actes des sessions de linguistique et de littérature III* (Aussois, 1er- 6 septembre 1981), Paris, Presses de l'École Normale Supérieure, 1984, pp.115-132.
MESCHONNIC, Henri, *La rime et la vie*, Verdier, Lagrasse, 1989.
MOLINARI, Chiara, *Il linguaggio metafonologico nell'opera narrativa di Gérard de Nerval (Contes et Facéties, Les Illuminés, Les Filles du feu, Pandora, Aurélia)*, Mémoire de maîtrise sous la direction de M. S. Cigada, Univ. Catholique, Milan, 1995.
MOLINARI, Chiara, *Le langage métaphonologique dans le roman du XXe siècle et ses applications didactiques dans le cadre du français langue étrangère*, mémoire pour l'obtention de D.E.A. en Didactologie des Langues et des Cultures, sous la direction de M. Louis Porcher et de M. Pierre-Edmond Robert, Université de Paris III-Sorbonne Nouvelle, U.F.R. de Français Langue Étrangère, 1997.
MOLINARI, Chiara, "Working with dialogue, literatures and cultures", in *L'analisi linguistica e letteraria* 2, anno VII, 1999, pp.495-507.

MOLINARI, Chiara, "Faits prosodiques dans le roman du XXe siècle : analyse et applications pédagogiques", in GUIMBRETIÈRE, E. (sous la direction de), *Apprendre, enseigner, acquérir : la prosodie au cœur du débat*, Rouen, Publications de l'Université de Rouen, coll. « Dyalang », 2000, pp.185-204.

MOREAU, Marie-Louise (éd.), *Sociolinguistique. Les concepts de base*, Sprimont, P. Mardaga éd., 1997.

MOUDILENO, Lydie, *L'écrivain antillais au miroir de sa littérature. Mises en scène et mise en abyme du roman antillais*, Paris, Karthala, 1997.

MOUGEON, Raymond, BENIAK, Édouard (publié par), *Les origines du français québécois*, Sainte-Foy (Québec), Les Presses Universitaires de Laval, 1994.

NGAL, Georges, "Présupposés théoriques et méthodologiques à une théorie de la littérature africaine" in *African literature and literary theory*, Münster/Hambourg, J.Gugler, H-J. Lüsebrink, J. Martini éd., 1993.

OKPEWHO, Isidore, *Littérature orale en Afrique Subsaharienne*, Paris, éd. Mentha, 1992.

ONG, Walter J., *Oralità e scrittura. Le tecnologie della parola*, Bologna, Il Mulino, 1986.

ORLANDI PUCCINELLI, Eni, *Les formes du silence dans le mouvement du sens*, Paris, Éd. des Cendres, 1996.

PRINCE, Gérald, "Le discours attributif et le récit", *Poétique* n°35, septembre 1978, pp.305-313.

PRUDENT, Lambert-Félix, "Diglossie et interlecte", in *Langages*, n°61, mars 1981, pp.13-38.

PRUDENT, Lambert-Félix, *Des baragouins à la langue antillaise. Analyse historique et sociolinguistique du discours sur le créole*, Paris, L'Harmattan, 1999.

ROBILLARD, Didier (de), Beniamino, Michel (sous la direction de), *Le français dans l'espace francophone. Description linguistique et sociolinguistique de la francophonie*, tome I et II, Paris, Champion, 1993, 1996.

ROUSSET, Jean, "Une langue à part : le paralangage dans le roman. Stendhal, Balzac, Proust", in Jean Rousset, *Laurea Honoris Causa in Lingue e Letterature Straniere*, 4 mai 1995, Università Ca' Foscari, Facoltà di Lingue e Letterature Straniere : éd. Dipartimenti di francesistica, 1996.

SALINS, Geneviève-Dominique (de), *Une approche ethnographique de la communication. Rencontres en milieu parisien*, Paris, Hatier, 1988.

SALINS, Geneviève-Dominique (de), *Une introduction à l'ethnographie de la communication. Pour la formation à l'enseignement du français langue étrangère*, Paris, Didier, 1992.

SALINS, Geneviève-Dominique (de), "Ethnographie de la communication : "la voix" et ses valeurs socio-culturelles", in Guimbretière, Elizabeth (sous la direction de), *Apprendre, enseigner, acquérir : la prosodie au cœur du débat*, Rouen, Publications de l'Université de Rouen, coll. « Dyalang », 2000, pp.261-292.

SAPIR, Edward, *Anthropologie*, Paris, Les Éditions de Minuit, 1967.

SARRAUTE, Nathalie, *L'ère du soupçon*, Paris, Gallimard, coll. « Folio-Essais », 1956.

TANNEN, Deborah, SAVILLE-TROIKE, Muriel (edited by), *Perspective on silence*, New Jersey, Ablex Publishing Corporation, 1985.

TEULIÉ, Gilles (textes recueillis par), *Afrique, musiques & écritures*, Montpellier, Presses de l'Université Paul Valéry, Montpellier III, coll. « Les carnets du Cerpanac », n°1, 2001.

TODOROV, Tzvetan, *Nous et les autres. La réflexion française sur la diversité humaine*, Paris, Seuil, coll. « Points-Essais », 1989.

VEDENINA, Ludmilla, "La transmission par la ponctuation des rapports du code oral avec le code écrit", in *Langue Française*, n°19, septembre 1973, pp.33-40.

WHORF, Benjamin Lee, *Linguistique et anthropologie. Les origines de la sémiologie*, Paris, Denoël, 1969.

WINKIN, Yves, *La nouvelle communication*, Paris, Seuil, coll. « Points », 1981.

WINKIN, Yves, *Anthropologie de la communication. De la théorie au terrain*, Paris, Bruxelles, De Boeck & Larcier, 1996.

Dictionnaires

ROBERT, Paul, *Le Robert. Dictionnaire alphabétique et analogique de la langue française*, Paris, éd. Dictionnaires Le Robert, 1981.

IMBS, Paul, *Trésor de la langue française. Dictionnaire de la langue du XIXe et du XXe siècle (1789-1960)*, Paris, éd. du Centre National de la recherche scientifique, 1971-1994.

PINALIE, Pierre, *Dictionnaire élémentaire franco-créole*, Paris, L'Harmattan, Presses Universitaires Créoles, 1992.

MENEY, Lionel, Dictionnaire Québécois Français, Montréal, Guérin, 1999.

TABLE DES MATIERES

INTRODUCTION   7

CHAPITRE I - LE SYSTÈME LINGUISTIQUE MALIEN : UNE POLYPHONIE INTÉGRATRICE   33

1. Prémisses   33
2. La constellation linguistique malienne : une configuration complexe   33
3. La constellation linguistique malienne et la visibilité identitaire des locuteurs   38
4. Le français hexagonal, le français des tirailleurs et la figure de l'interprète   39
4.1. Wangrin : un interprète hors du commun   41
4.2. La prononciation de Wangrin : un choc dans le marché linguistique malien   43
5. L'école dans le contexte polyphonique et plurilingue malien : une voie de promotion du français hexagonal   45
5.1. L'école des otages *vs* l'école de Fantirimori   46
5.2. L'*école orale traditionnelle* : une école "chantée" en plein air   47
5.3. De l'école coranique à l'école des blancs   50
5.3.1. D'un écart...   50
5.3.2. À un lien possible...   52
5.4. L'école française et les langues ethniques   54
6. Vers une revendication de l'identité ethnique malienne   56
6.1. Les exhibitions musicales : un événement central dans la vie malienne   57
6.1.1. Griots et griottes : une personnification de la "tradition orale"   59
6.2. L'apport des instruments de musique à la visibilité ethnique malienne   62
6.3. Les sonorités du paysage : un couronnement de la visibilité ethnique malienne   63
7. De l'évocation des voix et des sonorités maliennes à leur intégration dans la réalité textuelle : une transition possible ?   64
7.1. Bilan récapitulatif : l'oralité à la source d'un questionnement multiple   64

7.2. Le choix de la langue d'écriture. Quelle langue pour quelles voix ?   65
7.3. Du choix de la langue aux techniques de transcription des sonorités maliennes   67
7.3.1. Un premier degré d'analyse : un aperçu quantitatif   67
7.3.2. Un deuxième degré d'analyse : une enquête qualitative   68
7.3.3. Vers une tentative de polyphoniser le texte   76

CHAPITRE II - LE SYSTÈME LINGUISTIQUE MARTINIQUAIS : UNE POLYPHONIE CRÉATRICE   81

1. De l'Afrique subsaharienne aux Antilles : vers une approche complexifiée de la Voix   81
2. La constellation linguistique martiniquaise : de ses composantes à leur articulation dans les yeux et dans l'ouïe de Chamoiseau-enfant   82
2.1. Le contact avec les langues ancestrales   82
2.2. La relation à la langue maternelle : l'émergence du créole   83
2.3. La période scolaire   85
2.3.1. L'école maternelle : une phase de transition   85
2.3.2. L'école primaire : un espace apte à l'émergence du français officiel   86
2.4. Vers une problématisation de la constellation linguistique   90
2.5. Le jeu des sonorités : un miroir du jeu identitaire   92
2.6. La langue française : une menace pour la visibilité identitaire créole   98
3. Du silence des enfants au silence des conteurs : le cas de *Solibo Magnifique*   106
3.1. Solibo Magnifique : le dernier représentant des conteurs créoles   106
3.2. L'*enquête-évocation* : vers une ébauche du portrait de Solibo   108
3.2.1. Solibo Magnifique : un conteur hors du commun   111
3.2.2. La prise de parole : un *rituel sacré*   115
3.2.3. De la *parole* au silence   122
3.3. L'enquête officielle : *qui a tué Solibo ?*   125
3.3.1. Un portrait des policiers : une identité ambiguë   126
3.3.2. Les démarches officielles : un avancement réel ou illusoire ?   127
3.4. Vers une solution du mystère   130
4. *Texaco* ou le lieu d'une *errance enracinée*   133

4.1. La *Parole* : source d'une recherche identitaire, spatiale
et linguistique 134
4.2. Les réseaux spatial et linguistique : deux espaces pour un
projet identitaire ouvert 136
4.2.1. Espace et langue-racines *vs* espace et langue-émiettés : une
divergence insurmontable 137
4.2.2. L'*espace-rhizome* et la *langue-rhizome* : vers un dépassement
de la dichotomie 139
4.3. La dimension écrite et la langue-rhizome : une relation
conflictuelle ? 142
4.3.1. La recherche d'un espace écrit pour la langue-rhizome : un
premier degré de complexification 143
5. Le Marqueur de Paroles : une réaction au silence du
monde créole 145
5.1. Le marqueur de paroles et l'oral : une tentative de
conservation 146
5.2. Le marqueur de paroles et l'écrit : une relation ambiguë 147
5.3. Le marqueur de paroles et Solibo Magnifique : un rapport
conflictuel 150
5.4. Le Marqueur de Paroles et Marie-Sophie Laborieux : un
questionnement partagé 152
6. La transposition à l'écrit de la langue-rhizome : une
possibilité envisageable ? 153
6.1. Les tentatives de Marie-Sophie Laborieux 153
6.2. La langue du marqueur : un espace ouvert à la
créolisation 154
7. Bilan récapitulatif : l'oralité à la source d'un
questionnement multiple 157
7.1. La langue, véhicule de l'identité créole : une langue
ouverte… 158
7.2. … et dynamisée 159

CHAPITRE III - LE SYSTÈME LINGUISTIQUE QUÉBÉCOIS : VERS UNE PROBLÉMATISATION DE LA POLYPHONIE 173

**1. La constellation québécoise dans le système
gravitationnel francophone** 173
1.1. Les composantes de la constellation linguistique
québécoise et leur articulation 174

2. LE MARCHÉ LINGUISTIQUE QUÉBÉCOIS ET LA REMISE EN QUESTION IDENTITAIRE   **179**
2.1. VERS UN RENIEMENT LINGUISTIQUE ET IDENTITAIRE : LE CAS DE L'INSTITUTION SCOLAIRE   180
2.2. LE RETOUR À SA PROPRE LANGUE : LE VOYAGE D'ÉDOUARD À PARIS   181
2.2.1. Le départ d'Édouard ou Édouard dans l'espace clos du bateau   182
2.2.1.1. Vers une complexification des dynamiques linguistiques et identitaires   186
2.2.1.2. Synthèse d'une dynamique linguistique conflictuelle : vers un recadrage du marché linguistique   196
2.2.2. Édouard à Paris : un Rastignac québécois   198
3. L'ORALITÉ ET SES ENJEUX IDENTITAIRES : UN DYNAMISME APPARENT OU RÉEL ?   **207**
3.1. L'ORALISATION DE LA NARRATION   207
3.1.1. Techniques adoptées et effets produits   207
3.1.2. Un choix linguistique, stylistique et idéologique pour une contre-affirmation identitaire   215

CONCLUSION   219

BIBLIOGRAPHIE   229

OUVRAGES ROMANESQUES   **229**
OUVRAGES CRITIQUES   **230**
DICTIONNAIRES   **239**

TABLE DES MATIÈRES   241

CRITIQUE LITTERAIRES ET ESSAIS
à l'Harmattan

Bataille conservateur
Emprunts intimes d'un bibliothécaire
CORNILLE Jean-Louis
Georges Bataille, qui avait une formation d'archiviste, occupa durant sa vie divers postes de bibliothécaire. Si l'auteur fut un véritable rat de bibliothèque, comme l'attestent les registres où furent consignées ses innombrables lectures, il resterait à établir la liste, tout à fait officieuse, des lectures d'oeuvres le plus souvent littéraires qu'il pratiquait dans les marges de ses propres romans et récits, avant de chercher à discrètement les y intégrer. Mais c'est derrière ces oeuvres littéraires "empruntées" que se développeront les récits propres à Bataille.
(13 euros, 142 p.)   *ISBN 2-7475-7633-7*

Louis Aragon, la théâtralité de l'oeuvre dernière
VALLIN Marjolaine
Toute l'oeuvre de Louis Aragon trahit la tentation du théâtre. Le théâtre s'y inscrit d'abord comme genre, dramatisant la forme comme l'écriture, mais l'oeuvre n'imite les codes génériques que pour mieux s'en démarquer: le Théâtre aragonien est avant tout métaphorique, se traduisant par la pluralité du sujet, la présence de figures du double, une intertextualité dramatique essentiellement mythique et tragique, enfin un imaginaire baroque.
(Coll. critiques littéraires, 30 euros, 370 p.)   *ISBN 2-7475-7819-4*

Lecture de Mandiargues
LAROQUE-TEXIER Sophie
André Pieyre de Mandiargues (1909-1991) commence à écrire vers 1935 les poèmes de L'Age de craie. Entre l'étude et les lectures, il voyage en Europe et dans l'Orient méditerranéen et publie son premier livre en 1943. Cette *lecture* interroge tous les écrits de Mandiargues : poème, conte, récit, théâtre et essai à partir de la poétique, et montre en quoi cet ensemble importe comme oeuvre. Elle analyse l'imagination qui détermine une relation au monde de nature fortement visuelle et la singularité d'une parole incarnée.
(Coll. Critiques Littéraires, 23,80 euros, 276 p.)   *ISBN 2-7475-7846-1*

Le roman algérien de langue française de l'entre-deux-guerres
Discours idéologique et quête identitaire
HARDI Ferenc
Le roman algérien de langue française de l'entre-deux-guerres est méconnu aussi bien du grand public que des spécialistes des littératures francophones du Maghreb. Ce travail constitue une présentation originale et une nouvelle approche de la production romanesque algérienne de cette période. En s'appuyant sur les concepts de Bakhtine de "dialogisme" et "d'idée d'inachevée", il propose de lire l'entreprise romanesque de ces oeuvres comme fondée sur la rencontre de deux sphères culturelles plutôt que sur la question de l'assimilation.
(Coll. Critiques Littéraires, 23 euros, 270 p.)   *ISBN 2-7475-7834-8*

En quête du Français d'Egypte
LUTHI Jean-Jacques
Préface de Daniel LANCON
De 1860 à 1960 environ, le français était la langue des échanges en Egypte. Des circonstances internes et internationales sont à l'origine de ce phénomène: le projet du Canal de Suez, le commerce extérieur, entre autres. Les écoles françaises religieuses et laïques implantées depuis la moitié du 19e siècle, ont formé et forment encore des générations de francophones. Poètes, conteurs, romanciers, ont produit une oeuvre aussi abondante qu'intéressante. Toutefois, on ne peut guère pénétrer les ouvrages des écrivains francophones d'Egypte sans l'aide de cette étude sur la langue française d'Egypte.
(25 euros, 292 p.)   *ISBN 2-7475-7806-2*

Le proverbe en Afrique
Forme, fonction et sens
BOUNFOUR Abdellah, BAUMGARDT Ursula
En interrogeant le sens des proverbes africains, et en maintenant ouvertes leurs contradictions et leurs tensions, de nombreux critiques et chercheurs (tels que A.MOHAMADOU, S.NIRHY-LANTO, S.RUELLAND, ou A.BOUNFOUR) ont tenté dans cet ouvrage de remettre en question la définition des proverbes comme vecteurs de vérités générales. En prononçant le proverbe, l'énonciateur met en relation l'énoncé avec un contexte spécifique, ce qui fait du proverbe le genre littéraire contextualisé par excellence.
(Coll. Bibliothèque des Etudes Africaines, 19 euros, 202 p.) ISBN 2-7475-7629-9

Travaux de linguistique fonctionnelle
CLAIRIS Christos
Ce volume présente un ensemble de réflexions sur les aspects fondamentaux de la recherche linguistique: les classes et les fonctions syntaxiques, la dynamique linguistique, le changement linguistique, les procédures de mise en valeur, l'élaboration de grammaires modernes. Deux débats sont menés autour des ouvrages la "Grammaire fonctionnelle du français" et la "Grammaire du néo-hellénique", et un dossier sur les grammairiens alexandrins vise à montrer le besoin d'apprendre ce qui est déjà connu. Dans l'ensemble de l'ouvrage se manifeste le souci d'apporter des précisions théoriques et méthodologiques qui rendent encore plus opératoires les outils de travail d'une linguistique descriptive générale moderne.
(31 euros, 348 p.)   *ISBN 2-7475-7808-9*

La traduction entre philosophie et littérature
La traduzione fra filosofia e letteratura
Bilingue Français/Italien
LAVIERI Antonio
Dans cet ouvrage se croisent les chemins de la philosophie et de la littérature, par la question clef du traduire. Linguistes, philosophes, spécialistes de poétique, d'esthétique et de littérature s'interrogent sur les mécanismes, les possibilités et les limites mêmes de la compréhension, et de l'interprétation. Entre théories et pratiques, les contributions ici réunies livrent au lecteur une réflexion riche et exemplaire sur les enjeux de la traduction dans la formation des cultures et des sociétés. A la fin, on trouvera un répertoire bibliographique sur la traductologie italienne.
(Coll. Indagini e Prospettive, 19,50 euros, 196 p.)   *ISBN 2-7475-7453-9*

564365 - Avril 2014
Achevé d'imprimer par